高职高专规划教材
物流管理系列

仓储管理实务

主　编　王兴伟　王　凯
副主编　齐　晗　梁艳明　周　爽

北京师范大学出版集团
BEIJING NORMAL UNIVERSITY PUBLISHING GROUP
安徽大学出版社

图书在版编目(CIP)数据

仓储管理实务/王兴伟,王凯主编.—合肥:安徽大学出版社,2022.12
高职高专规划教材.物流管理系列
ISBN 978-7-5664-2379-5

Ⅰ.①仓… Ⅱ.①王…②王… Ⅲ.①仓库管理－高等职业教育－教材 Ⅳ.①F253

中国版本图书馆 CIP 数据核字(2022)第 001894 号

仓储管理实务

王兴伟　王　凯 主编

出版发行:	北京师范大学出版集团 安 徽 大 学 出 版 社 (安徽省合肥市肥西路3号 邮编230039) www.bnupg.com www.ahupress.com.cn
印　　刷:	合肥创新印务有限公司
经　　销:	全国新华书店
开　　本:	787 mm×1092 mm　1/16
印　　张:	14.5
字　　数:	355 千字
版　　次:	2022 年 12 月第 1 版
印　　次:	2022 年 12 月第 1 次印刷
定　　价:	45.00 元

ISBN 978-7-5664-2379-5

策划编辑:邱　昱　　　　　　装帧设计:孟献辉
责任编辑:邱　昱　　　　　　美术编辑:李　军
责任校对:姚　宁　　　　　　责任印制:陈　如　孟献辉

版权所有　侵权必究

反盗版、侵权举报电话:0551－65106311
外埠邮购电话:0551－65107716
本书如有印装质量问题,请与印制管理部联系调换。
印制管理部电话:0551－65106311

《仓储管理实务》编委会

主　编　王兴伟　王　凯
副主编　齐　晗　梁艳明　周　爽
编委会（排名不分先后，以姓氏笔画为序）
　　　　　王兴伟　王　凯　刘雪梅　齐　晗
　　　　　李逸群　周　爽　曹宝亚　梁艳明

总 序

自20世纪70年代末引入"物流"概念以来,我国物流业有了较快的发展。物流业已成为我国国民经济的重要组成部分,对国民经济的拉动作用越来越明显;为促进物流业健康快速发展,国家层面不断出台支持政策,推动着物流行业量质齐升。

当前,我国物流业市场规模持续扩大、需求稳中向好,与民生、绿色经济等相关的物流规模保持快速增长。今后一段时期,我国物流业仍将处于重要的战略机遇期,特别是呈现出智慧物流、绿色物流和开放共享上的发展趋势。但是,我国物流业的理论研究与实际运作还存在一定的差距,这就造成了部分高等职业学校在物流人才培养上存在相对滞后性,以致现代物流技术技能型人才匮乏,不能完全满足物流业发展需求。

"职教物流类系列教材"(项目编号:2017ghjc400)是2017年安徽省教育厅省级质量工程项目立项的规划教材,编写本系列教材的原因主要有以下几点。

第一,适应经济形势的变化。当前世界经济领域发生深刻的变化,国际经济合作正从过去较为单一走向全面合作,各国经济联系愈益深入,无论是相互投资、技术服务合作还是其他形式的合作都呈现出蓬勃发展之势。经济全球化发展需要物流业的支持,也对现代物流业的发展不断提出新的要求。习近平总书记提出的"一带一路"倡议更是高瞻远瞩,对我国的扩大开放和对世界经济的发展都具有重大的意义和影响。编写本系列教材的目的就是努力体现习近平新时代中国特色社会主义思想在经济发展中的重要成就,努力反映和探求当今世界形势最新的变化,以在教学中体现"与时俱进",凸显教学内容的新变化。

第二,努力适应新的教学要求。高等职业教育应当始终紧跟时代发展形势,面向未来、面向现代化建设。国家鼓励和支持高等职业学校专业教材的建设,鼓励和支持编写出具有各专业特色的、适合各地高等职业学校不同学生要求的高质量教材,以培养出能够适应新时代发展要求的既具有前瞻性眼光,又具有实践操作能力的技术技能型人才。《普通高等学校高等职业教育(专科)专业目录(2015年)》中把物流类细分为七个专业,不但反映了我国物流业的发展现状,而且积极指导了各地高等职业学校物流类专业的建设,为此,相应的物流类专业教材建设也在积极推进。

本系列教材编写团队由一批多年从事高等职业教育教学且科研水平较高的专业教师组成,他们满怀热情、扎实肯干。但是,本系列教材编写缺点、不足依然不免存在,恳请各位读者、专家赐教。

本系列教材在编写中参考了国内外大量的文献资料,引用了一些专家学者的研究成果,在此对这些文献作者表示诚挚的谢意!

最后,衷心地希望本系列教材,能够为高等职业教育物流类专业建设和人才培养起到积极重要的推动和引导作用!

中国物流与采购联合会教育培训部主任　郭肇明
全国物流职业教育教学指导委员会秘书长

目 录

项目一　仓储管理认知 1

　　任务一　仓储与仓储管理的概念 2
　　任务二　仓库的种类 9
　　任务三　仓储设施与设备 16

项目二　仓储管理与规划 37

　　任务一　组织结构与人员配备 38
　　任务二　仓库布局与规划 43
　　任务三　仓储合同管理 54
　　任务四　仓储作业安全管理 58
　　任务五　仓储系统规划与设计 62

项目三　入库作业管理 74

　　任务一　入库作业基础知识 75
　　任务二　入库作业规划及设计 81
　　任务三　入库作业实施与管理 86

项目四　在库作业物品的养护与管理 98

　　任务一　在库作业基础知识 99
　　任务二　货物堆码与苫垫 101
　　任务三　货物的保管与养护作业 104
　　任务四　在库货物盘点 129
　　任务五　库存控制管理 132

项目五　出库作业管理 144
任务一　货物出库准备 145
任务二　订单处理 152
任务三　拣选计划与实施 159
任务四　出库复核 165
任务五　装载与发运 166
任务六　补货作业 167
任务七　退货处理 171

项目六　仓储成本与绩效管理 183
任务一　仓储成本管理 185
任务二　仓储绩效管理 197

项目七　仓储管理系统 212
任务一　仓储管理系统发展概述 214
任务二　仓储设备发展趋势 218

参考文献 222

后记 224

项目一
仓储管理认知

学习目标

知识目标

1. 明确仓储的概念、性质、功能和作用,明确仓储管理的概念、内容和特点,理解仓储管理的目标、任务和原则;
2. 掌握仓库的分类;
3. 掌握常见的仓储设施设备的分类及特点。

技能目标

1. 能够复述仓储的概念、性质和功能,叙述仓储管理的内容;
2. 能够按仓库的不同用途对仓库进行分类;
3. 能够识别常见的仓储设施设备,掌握基础设施设备的操作。

重点、难点

本项目重点为仓储及仓储管理的概念,仓库的分类,常见的仓储设施设备的识别;难点为根据实际作业需要,合理选择物流设施设备,提高物流设施设备作业效率。

任务情境

苏宁押宝物流红利渐显,仓储渐成"顶梁柱"

2018年上半年,苏宁在新零售领域发力。而作为撑起新零售的重要业务,物流在苏宁众多业务中地位也日益凸显,苏宁未来的规划部署着眼于仓储布局,苏宁在物流板块还将进一步发力。

苏宁在披露的未经审计的半年报告中显示,2018年上半年,公司营业收入为1107.86亿元,同比增长32.29%。值得注意的是,报告还披露了苏宁在物流仓储方面的成绩:截至2018年6月末,苏宁物流及旗下的天天快递拥有仓储及相关配套合积面积735万平方米,拥有快递网点超过2.3万个,物流网络覆盖全国352个地级城市、2910个区县城市。

报告特别指出,基于公司完整的物流基础设施网络,公司已经形成了涵盖中心仓、平行仓、城市仓到门店仓、服务站、快递点等的完整仓储配送体系,配送服务网络进一步完善。而围绕供应链物流、仓配一体服务,苏宁物流社会化营业收入(不含天天快递)同比增长

118.49%。这一数据也表明,多层次的物流基础设施布局,成为拉动苏宁供应链物流、仓配一体服务快速增长的重要引擎。

就在2018年7月底召开的苏宁控股集团半年度工作会议上,集团董事长张近东宣布,苏宁物流持续深化平行仓、前行仓等现代化物流仓储设施建设,并特别提出要打造"场景互联网+智能供应链"。

而就接下来的规划来看,除了着眼于"场景"深耕智能化仓储,继续推进发挥协同效应的仓储网络建设,也将会是苏宁在物流板块的重点。依据苏宁物流"百川计划",苏宁将加速骨干仓网和社区仓网的建设,通过科技、社会化协同的方式全面搭建服务于多领域合作伙伴的基础网络。在骨干仓网方面,截至2020年,苏宁物流建设完成了超过1000个专业物流中心,实现了仓储面积新增1000万平方米的目标。

当然,仓储建设毕竟是烧钱的工程,倘若坚持动用自身资金输血,则难以避免陷入亏损的局面,对公司业绩表现而言并非好事。为此,苏宁早在2017年11月就已与深创投不动产基金管理(深圳)有限公司联合发起设立总规模300亿元的物流地产基金。彼时苏宁方面表示,此举将有效盘活存量资产,加快资金循环速度,实现轻资产、高周转运营,最终推动公司物流仓储规模快速扩张。

(资料来源:中国物流网,文字有删改)

任务一　仓储与仓储管理的概念

一、仓储认知

(一)仓储的概念、性质和作用

1. 仓储的概念

仓储是物流系统中一个不可或缺的构成要素。仓储是货物流通的重要环节之一,也是物流活动的重要支柱。2007年5月颁布的《中华人民共和国国家标准物流术语》(GB/T18354—2006)对于仓储的定义是:利用仓库及相关设施设备对货物进行的入库、存储和出库的活动。仓储的含义可以从两方面进行解释,即狭义的仓储和广义的仓储。狭义的仓储是指通过仓库对物料进行存储和保管。"仓"指仓库,是存放、保管货物的建筑物或场所的总称。它可以是房屋建筑物、大型容器、洞穴或特定的场地等,具有存放和保护货物的功能。"储"表示将储存对象收存起来以备使用,有收存、保管、交付使用的意思。广义的仓储是指在原产地、消费地,或者在这两地之间存储包括原材料、在制品、成品等货物,并向管理者提供有关存储货物的状态、条件和处理情况等信息,是企业物流系统的一部分。仓储的对象可以是生产资料,也可以是生活资料,但必须是实物动产。

2. 仓储的性质

(1)仓储具有生产性。仓储在生产领域和流通领域都具有生产性,主要体现在以下两点。①仓储活动是社会再生产中不可或缺的一环。产品从脱离生产到进入消费,一般需要仓储来调节供需在时间上的差异,因此仓储是社会再生产过程的中间环节。②仓储活动具有生产三要素。仓储活动的劳动者是仓库作业人员,劳动资料是各种仓库设施设备,劳动对象是储存保管的货物。

(2)仓储具有非生产性。仓储活动与一般物质活动相比,具有非生产性,主要体现在以下三点。①仓储活动并不改变货物的性能、性质和使用价值,而只保持和延续仓储货物的使用价值。在仓储过程中消耗的一切活劳动和物化劳动将导致货物价值的增加。②仓储活动具有服务性,生产和消费同时进行,既不能储存也不能积累。③仓储活动具有不均衡性和不连续性。仓储活动服务于生产和销售,是根据用户需要进行的相关业务活动,需求的变动导致仓储活动不均衡和不连续。

3. 仓储的作用

(1)仓储的正面作用。仓储是物流不可或缺的环节。在物流体系中,运输和仓储被称为两大支柱。运输承担着改变货物空间状态的重任,仓储则承担着改变货物时间状态的重任。

①仓储是整个社会物质生产的必要条件之一。

②仓储能保证进入下一环节的货物质量。

③仓储是保持物资使用价值和物资使用合理化的重要手段。

④仓储是加快资金周转,节约流通费用,降低物流成本,提高经济效益的有效途径。通过仓储的合理化,企业可以加快物资流通和资金周转的速度,从而节省费用支出,降低物流成本,开拓"第三利润源泉"。

(2)仓储的负面作用。仓储是物流系统中一项必要的活动,但它也经常影响物流系统效益和运行。甚至有人明确提出,库存是企业的"癌症",这是因为仓储可能会使企业付出巨大代价。这些代价主要如下。

①固定费用和可变费用支出。

仓储要求企业在仓库建设、仓库管理、仓库工作人员工资及福利等方面支出大量的费用,增加成本。

②机会损失。

仓储要占用资金及资金利息,如果将资金用于其他项目则可能会有更高的收益。

③陈旧损失与跌价损失。

随着储存时间的增加,存货会变得陈旧、发生变质,严重的甚至会完全丧失价值及使用价值。同时,存货一旦错过有利的销售期,则又会因必须低价贱卖而不可避免地出现跌价损失。

④保险费支出。

为了分担风险,很多企业会为储存物缴纳保险费。保险费支出在仓储物资总值中占了相当大的比例。在信息经济时代,随着社会保障体系和安全体系日益完善,保险费的比例会呈上升的趋势。

(二)仓储的功能

从物流的角度看,仓储的功能可以分为基本功能和增值服务功能两部分。仓储的基本功能是储存、保管、调节和检验。仓储的增值服务功能是指利用货物在仓库存储时间,开发和开展多种服务来提高仓储附加值、促进货物流通、提高社会效益,主要包括交易中介、流通加工、配载和配送功能。

1. 基本功能

(1)储存功能。现代社会生产的一个重要特征就是专业化和规模化生产,劳动生产率极高,产量巨大,绝大多数产品不能被及时消费,需要经过仓储手段进行储存,以避免生产过程堵塞,保证生产过程继续进行。对于生产过程来说,适当的原材料、半成品的储存,可以防止缺货造成的生产停顿。而对于销售过程来说,储存尤其是季节性储存可以为企业的市场营销创造良机。储存是仓储最基本的功能,也是仓储产生的根本原因。储存功能如图 1-1 所示。

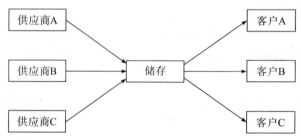

图 1-1　储存功能示意图

(2)调节功能。仓储在物流中起着"蓄水池"的作用,一方面仓储可以调节生产与消费在时间和空间上的不平衡,保证社会再生产顺利进行;另一方面,由于不同运输方式在运向、运程、运力和运输时间上存在差距,利用一种运输方式一般不能直接将货物运达目的地,需要在中途改变运输方式、运输路线、运输规模、运输工具,而且为协调运输时间和完成货物倒装、转运、分装、集装等物流作业,还需要在运输中途停留。仓储的调节功能就是对货物进行仓储或流转作出安排,确定储存时间和储存地点。

(3)保管功能。生产出的产品在消费之前必须保持其使用价值,否则将会被废弃。这项任务就需要由仓储来承担,通过仓储对产品进行保护、管理,防止产品损坏而丧失价值。为了保证仓储物的质量不变,保管人员需要采用先进的技术、合理的保管措施,妥善地保管仓储物。如水泥受潮易结块,使其使用价值降低,因此在保管过程中要选择合适的储存场所,采取合适的养护措施。仓储物在发生危险时,保管人员不仅要及时通知收货人,还需要及时采取有效措施减少损失。

(4)检验功能。在物流过程中,为了保证货物的数量和质量,分清事故责任,维护各方面的经济利益,货物必须进行严格的检验,以满足生产、运输、销售以及用户的要求。仓储为组织检验提供了场所和条件。

2. 增值服务功能

（1）交易中介功能。仓储经营人利用与货物使用部门广泛的业务联系，为存货人提供交易中介服务，这不仅能加快商品周转速度、增加利润，还能吸引更多的仓储业务。

（2）流通加工功能。现代生产发展趋势之一就是生产规模大型化、专业化，而需求却向多样化和差异化方向发展。为了方便生产和促进销售，企业通常将包装、分割、计量、分拣、组装等简单作业延迟到仓储环节进行，使得仓储成为流通加工的重要环节。仓库承担少量制造任务，可以帮助生产企业实现加工延迟，起到降低企业风险和存货水平的作用。

（3）配载功能。通过配载，仓库可将来自不同企业的产品或材料按同一运输方向整合成一个单元的原则，进行一票装运，从而提高车辆利用率，降低运输费率，并减少多个供应商同时向同一客户送货带来的收货站拥塞问题。

（4）配送功能。供应商将大批量货物满载运输到仓库。仓库再根据客户生产和销售的需要，将小批量的货物送到不同客户的手中。配送业务的发展有利于企业降低库存和运输成本，实现准时制生产。

（三）仓储活动的类型

由于仓储功能、处理方式和仓储对象的不同，不同的仓储活动具有不同的特点。只有正确划分仓储的种类，才能更好地进行仓储活动。

1. 按仓储的对象划分

按仓储的对象划分，仓储可以分为普通商品仓储和特殊商品仓储，如表1-1所示。

表1-1 按仓储对象划分的仓储种类

类型	特点
普通商品仓储	仓储商品不需要特殊保管，无须特殊装备和设置特殊保管条件。
特殊商品仓储	仓储商品在保管中有特殊要求或需要满足特殊条件，如危险品、生鲜食品等。

2. 按仓储的处理方式划分

按仓储的处理方式划分，仓储可以分为保管式仓储、加工式仓储和消费式仓储，如表1-2所示。

表1-2 按仓储处理方式划分的仓储种类

类型	特点
保管式仓储	它是以保管物原样保持不变的方式所进行的仓储。保管物除自然损耗和自然减量外，数量、质量不发生变化。
加工式仓储	它是保管人在仓储期间根据存货人的要求对保管物进行一定加工的仓储。加工活动一般包括对外观、形状、成分构成及尺寸等的加工。
消费式仓储	保管人在接收仓储物的同时也接收了其所有权，保管人在仓储期间有权对仓储物行使所有权，在仓储期满时保管人将相同种类、品种和数量的替代物交还委托人。消费式仓储具有一定的保值和增值功能，适用于保管期短、市场供应情况变化大的商品。

3. 按仓储的功能划分

按仓储的功能划分，仓储可以分为储存仓储、物流中心仓储、配送仓储、运输转换仓储、保税仓储、守备仓储,如表1-3所示。

表1-3 按仓储功能划分的仓储种类

类型	特点
储存仓储	它是较长期的仓储。仓储地点一般较偏远;储存商品品种较少但存量大。
物流中心仓储	它是以物流管理为目的的仓储。仓储地点一般位于经济地区的中心或交通较便利、储存成本较低的地区;仓储对象品种较少,批量较大,整批进分批出;吞吐能力强,设备较先进。
配送仓储	它是商品在配送交付消费者之前进行的短期仓储。仓储地点一般在商品的消费经济区间内进行,仓储对象品种繁多,批量少;批量入库少量出库,注重存量控制;有拆包、组配等增值作业。
运输转换仓储	它是为保证不同运输方式的高效衔接,减少运输工作的装卸和停留时间,在不同运输方式衔接处进行的仓储。储存商品大量入库大量出库;存期短;注重周转率。
保税仓储	它是以商家延期交税、避免交税和出口退税为功能的仓储。
守备仓储	它提供质押监管服务,存货人用物权凭证作为贷款的担保,从而有利于中小公司利用存货从银行融资。

二、仓储管理认知

(一)仓储管理的概念、内容和特点

1. 仓储管理的概念

仓储管理就是对仓库和仓库中储存的货物进行管理,是仓储机构为充分利用仓储资源,提供高效的仓储服务所进行的计划、组织、控制和协调的过程。具体包括仓储资源的获得、仓库管理、经营决策、商务管理、作业管理、仓储保管、安全管理、人力资源管理、财务管理等一系列工作。

仓储管理工作是随着储存货物种多样化和仓库结构、技术设备的科学化而不断发展变化的,主要经历了三个发展阶段,如图1-2所示。

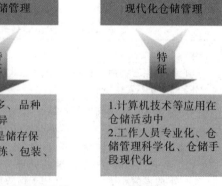

图1-2 仓储管理的发展阶段

2. 仓储管理的内容

仓储管理的内涵随着其在社会经济领域中作用的不断扩大而变化。现代化仓储管理应包括的内容如表1-4所示。

表1-4 现代化仓储管理的内容

类型	具体内容
仓库选址与建筑	属于仓库管理战略问题,影响仓库长期经营过程中的服务水平和成本。例如,仓库的选址原则、仓库建筑面积的确定、库内运输道路与作业的布置等。
仓库机械设备选择与配置	恰当选择机械设备有利于降低仓储作业人工劳动量,提高流通顺畅性和保障商品质量。例如,根据仓库作业特点、储存货物的种类及理化特性,选择机械装备,确定应配备的机械装置数量,对机械进行管理等。
仓库业务管理	属于仓储日常管理的基本内容。例如,组织货物入库前验收,合理存放入库货物,对在库货物进行保管养护、发放出库等。
仓库库存管理	合理库存有利于企业降低成本,提高效率。例如,根据企业生产的需求状况和销售状况,储存合理数量的货物,既不因储存量过小而使生产或销售中断造成损失,又不因储存量过大而占用过多的流动资金等。
仓库组织管理	合理的组织管理是仓储管理目标得以实现的基本保证。例如,仓储成本核算、仓储经济效益分析、申请保税仓库的一般程序等。
仓库信息技术	信息技术是现代化物流管理的重要内容。例如,仓库管理中信息化技术的应用及仓储管理信息系统的建立和维护等。

此外,仓储业务考核、新技术新方法在仓库管理中的运用、仓库安全与消防等,都是仓储管理所涉及的内容。

3. 仓储管理的特点

仓储管理的特点是由仓储管理的内容决定的。随着社会的发展、科技的进步,仓储管理呈现出经济性、技术性和综合性的特点。

(1)经济性。因为仓储活动具有生产性,是社会化大生产的重要组成部分,所以仓储管理具有经济性。并且随着仓储活动内容的增加,货物价值的实现范围也将逐渐扩大。

(2)技术性。随着科学技术的进步,仓储管理的科技含量有了进一步的提高。例如,各种电子信息技术、现代机械设备在仓储作业中广泛应用。

(3)综合性。仓储管理必须考虑各行各业的具体需求,利用经济管理理论、新技术、新设备对货物进行综合管理。仓储管理因涉及行业和学科领域广泛,故具有综合性的特点。

(二)仓储管理的目标、任务和原则

1. 仓储管理的目标

仓储管理的目标是快进、快出、储存量大、保管好和费用省,使仓储功能以最经济的方式实现,即实现仓储合理化。仓储合理化的具体标志如表1-5所示。

表 1-5　仓储合理化标志

标志类型	仓储合理化内容
质量标志	科学地保管保养货物,保证货物具有使用价值,是实现仓储合理化的基本要求。仓库可通过质量控制来保证仓储质量。
数量标志	货物数量控制体现了整个仓储管理过程的科学化和合理化程度。合理的仓储数量应达到满足需求和成本最低的要求。
时间标志	仓储物应处于动态的、不断周转的状态下,时间标志反映了仓储的动态管理程度。仓库要在保证仓储功能实现的基础上,确定合理的储存时间。
结构标志	储存货物品种、规格、花色的比例关系。
费用标志	仓储费、维护费、保管费、损失费和资金占用利息等实际费用的比例。
分布标志	不同地区仓储数量的比例关系反映了需求的满足程度和对整个物流系统的影响程度。

2. 仓储管理的任务

分析仓储管理的目标,可以发现仓储管理的基本任务就是满足客户需求,科学合理地做好货物的入库、保管保养和出库等工作,为客户创造价值,为企业创造利润。具体来说,仓储管理的任务包括以下内容。

(1)利用市场经济的手段获得最大的仓储资源的配置。配置仓储资源也应遵循市场经济资源配置的原则,即实现资源最大效益。仓储管理需要营造仓储机构的局部效益空间,吸引资源的进入。其具体任务包括:根据市场供求关系确定仓储的建设规模;依据竞争优势选择仓储的地址;以产品差别决定仓储专业化分工和确定仓储功能;以所确定的功能决定仓储布局;根据设备利用率决定设备配置;等等。

(2)以高效率为原则组织管理机构。管理机构是开展有效仓储管理的基本条件,是仓储管理活动的保证和依托。生产要素(特别是人的要素)只有在良好组织的基础上才能发挥作用,实现整体的最大化效率。仓储组织机构的确定需围绕着仓储经营目标,以实现仓储经营的最终目标为原则,依据管理幅度、因事设岗、责权对等的原则,建立结构简单、分工明确、互相合作和促进的管理机构和管理队伍。

(3)以高效率、低成本为原则组织仓储生产。仓储生产包括货物入仓、堆存、出仓的作业,仓储物验收、理货交接,在仓储期间的保管照料、质量维护、安全防护等。仓储生产的组织应遵循高效、低耗的原则,充分利用机械设备、先进的保管技术、有效的管理手段,实现仓储快进、快出,提高仓储利用率,降低成本,不发生差、损、错事故,保持连续、稳定地生产。生产管理的核心在于充分使用先进的生产技术和手段,建立科学的生产作业制度和操作规程,实施严格的监督管理,采取有效的激励机制。

(4)以不断满足社会需要为原则开展商务活动。商务活动是仓储管理中对外的经济联系,包括市场定位、市场营销、交易和合同关系、客户服务、争议处理等。仓储商务是物流企业经营收入和仓储资源得到充分利用的保证。仓储管理者要不断掌握市场的发展变化,不断开展创新,提供适合经济发展的仓储产品。

3. 仓储管理的原则

(1)保证质量。仓储管理的一切活动,都必须以保证在库货物的质量为中心。没有质量的数量是无效的,甚至是有害的。为了完成仓储管理的基本任务,仓储活动中的各项作业必须有质量标准,并严格按标准执行。此外,要融入世界经济市场,仓储企业还必须实施ISO9002质量标准的认证。

(2)注重效率。仓储效率影响整个物流系统的效率和成本。整个仓储过程都要充分发挥仓储设施设备的作用,提高利用率;要充分调动仓库生产人员的积极性,提高劳动生产率;要加速在库货物的周转,缩短货物在库时间,提高库存周转率。

(3)确保安全。仓储活动中不安全因素有很多。有的来自库存物,有的来自装卸搬运作业过程,还有的来自人为破坏。因此要特别加强安全教育,提高人员安全意识,制定安全制度,贯彻执行"安全第一,预防为主"的安全生产方针。

(4)讲求经济。仓储活动中所耗费的物化劳动和活劳动的补偿是由社会必要劳动时间决定的。为实现一定的经济效益目标,仓库必须力争以最少的人财物消耗,及时准确地完成最多的储存任务。因此,对仓储生产过程进行计划、控制和评价是仓储管理的主要内容。

任务二 仓库的种类

从现代物流系统的角度来看,仓库是从事储存、包装、分拣等物流作业活动的物流节点设施。一个国家、一个地区、一个企业的物流系统中需要有各种各样的仓库,它们的结构形态各异,服务范围和对象也有着较大差异。根据不同的标准,仓库可分为不同的类型。

一、按营运形式不同分类

(一)自营仓库

自营仓库是指由企业或各类组织自营自管,为自身提供储存服务的仓库(根据GB/T18354—2006《物流术语》)。仓库的建设、保管货物的管理以及出入库等业务均由公司自己负责。所保管货物的种类、数量相对确定,仓库结构和装卸设备与之配套(如图1-3所示)。

图1-3 自营仓库

（二）公共仓库

公共仓库是指面向全社会提供货物储存服务,并收取费用的仓库(根据 GB/T 18354—2006《物流术语》)。它是一种社会化的仓库,面向社会,以经营为手段,以营利为目的。与自营仓库相比,公共仓库的使用效率更高(如图 1-4 所示)。

图 1-4　公共仓库

二、按保管形态不同分类

（一）综合库

综合库是用于存放多种不同属性货物的仓库。

（二）专业库

专业库是用于存放某一种或某一大类货物的仓库。

三、按仓库保管条件分类

（一）普通仓库

普通仓库是指用于存放无特殊保管要求的货物的仓库(如图 1-5 所示)。

图 1-5　普通仓库

（二）保温、冷藏、恒湿恒温库

保温、冷藏、恒湿恒温库是指用于存放要求保温、冷藏或恒湿恒温的货物的仓库（如图1-6所示）。

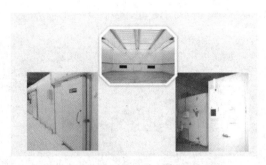

图1-6　保温、冷藏、恒湿恒温库

（三）危险品仓库

危险品仓库通常是保管危险品并能对危险品起一定防护作用的仓库（如图1-7所示）。

图1-7　危险品仓库

（四）气调仓库

气调仓库是指用于存放要求控制库内氧气和二氧化碳浓度的货物的仓库（如图1-8所示）。

图1-8　气调仓库

四、按建筑结构分类

(一)平房仓库

平房仓库的构造比较简单,建筑费用便宜,人工操作比较方便(如图1-9所示)。

图1-9 平房仓库

(二)楼房仓库

楼房仓库是指二层楼及二层楼以上的仓库,它可以减少土地占用面积,进出库作业可采用机械化或半机械化方式(如图1-10所示)。

图1-10 楼房仓库

(三)罐式仓库

罐式仓库构造特殊,呈球形或柱形,主要是用来储存石油、天然气和液体化工品等(如图1-11所示)。

图 1-11 罐式仓库

（四）简易仓库

简易仓库的构造简单、造价低廉，一般是在仓库不足而又不能及时建库的情况下临时代用的，包括一些固定或活动的简易货棚等（如图 1-12 所示）。

图 1-12 简易仓库

（五）高层货架仓库

高层货架仓库本身是平房结构，但仓库棚顶很高，内部设施层数多，可保管 10 层以上托盘。在作业方面，高层货架仓库主要使用电子计算机控制，能实现机械化和自动化操作（如图 1-13 所示）。

图 1-13 高层货架仓库

五、按仓库建筑封闭程度分类

(一)封闭式仓库

封闭式仓库俗称"库房"。该仓库的结构封闭性强,便于对库存物进行维护保养,适宜存放保管条件要求比较高的货物(如图 1-14 所示)。

图 1-14　封闭式仓库

(二)半封闭式仓库

半封闭式仓库俗称"货棚"。其保管条件不如库房,但出入库作业比较方便,且建造成本较低,适宜存放对温湿度要求不高且出入库频繁的货物(如图 1-15 所示)。

图 1-15　半封闭式仓库

(三)露天式仓库

露天式仓库俗称"货场"。其最大优点是装卸作业极其方便,适宜存放较大型的货物(如图 1-16 所示)。

图 1-16 露天仓库

六、按仓库功能分类

现代物流管理力求与发货同期化,使仓库管理从静态管理转变为动态管理,仓库功能也随之改变,这些新型仓库站点有了以下新的称谓。

(一)集货中心

将零星货物集中成批量货物称为"集货"。集货中心可设在生产点数量很多但每个生产点产量有限的地区。只要某一地区的产品的总产量达到一定水平,就可以设置这种有集货作用的物流站点。

(二)分货中心

将大批量运到的货物分成批量较小的货物称为"分货"。分货中心是主要从事分货工作的物流站点。企业可以采用大规模包装、集装货散装的方式将货物运到分货中心,然后按企业生产或销售的需要进行分装。利用分货中心可以降低运输费用。

(三)转运中心

转运中心的主要工作是承担货物在不同运输方式间的转运。转运中心可以实现两种及多种运输方式的转运,在名称上有的被称为"卡车转运中心",有的被称为"火车转运中心",还有的被称为"综合转运中心"。

(四)加工中心

加工中心的主要工作是进行流通加工。设置在供应地的加工中心主要进行以物流为主要目的的加工,设置在消费地的加工中心主要进行以销售、强化服务为主要目的的加工。

(五)储调中心

储调中心以储备为主要工作内容,其功能与传统仓库基本一致。

（六）配送中心

配送中心是从事配送业务的物流场所或组织，它基本符合下列要求：主要为特定的用户服务；配送功能健全；信息网络完善；辐射范围小；货物品种多、批量小；以配送为主，储存为辅。（根据 GB/T 18354－2006《物流术语》）。

（七）物流中心

物流中心是从事物流活动的场所或组织，它基本符合下列要求：主要面向社会服务；物流功能健全；信息网络刊完善；辐射范围大；货物品种少、批量大；存储、吞吐能力强；统一经营管理物流业务。（根据 GB/T 18354－2006《物流术语》）。

任务三　仓储设施与设备

仓储设施是指用于仓储活动的库场建筑物，包括仓库的主体建筑、辅助建筑和附属设施等。仓储设备是指能够满足仓储保管需要而在货物存储区进行作业活动的技术装置和设备器具，包括各种托盘、货架、叉车、起重机、货物检验器具和货物保管及维护工具等。

仓储设施设备是仓储系统的重要组成部分，是仓储作业的物质基础，影响着仓储活动的每一个环节，在仓储活动中处于十分重要的地位，仓储系统的顺利运行离不开科学高效的仓储设施设备。

仓储设施设备是现代仓储管理活动中不可或缺的物质基础，其形式多样、种类繁多，基本上可以分为五大类，如表1-6所示。

表1-6　常见的仓储设施设备

序号	设备种类	示例
1	存储设备	货架、托盘、自动化立体仓库
2	装卸搬运设备	叉车、托盘搬运车、手推车、输送机、自动导引车
3	分拣设备	自动分拣系统
4	信息设备	条码扫描器、RF手持终端
5	其他设备	通风、照明、保暖设备，保管养护设备，消防设备

一、存储设备

存储设备是仓储系统的重要组成元素，担负着储存、放置货物的重要任务，在仓储活动中处于十分重要的地位。科学高效的存储设备规划，可以有效地提高仓库的空间利用率，降低仓储成本，提高存储、拣货、理货、盘点等作业的效率。

（一）货架

1. 货架的概念

货架是基本的仓储设备，是现代企业仓库、物流中心、配送中心的重要组成部分。国家标准《物流术语》(GB/T 18354—2006)对货架的定义为:"用支架、隔板或者托架组成的立体储存货物的设施。"在土地资源稀缺、仓库租金不断上涨的形势下,货架的使用能够有效改善仓库功能、提高仓库的空间利用率,便于货物的仓储管理。

2. 货架的种类

货架的种类很多,常见的货架有托盘货架、轻型货架、阁楼式货架、重力式货架、旋转货架等。

(1)托盘货架(图1-17)。托盘货架专门用于存放已经码放到托盘上的货物,其结构简单,安装简易,费用经济,可以任意调整组合;货物出入库不受先后顺序的影响;配合叉车使用,可有效地提高仓储作业效率。

图1-17 托盘货架

(2)轻型货架(图1-18)。轻型货架应用非常广泛,在商城、超市、图书馆等场所经常使用,也是人工作业仓库的重要存储设备,用以存放轻小型货物。轻型货架结构简单,适用性强,有利于提高空间利用率,货物存取方便。

图1-18 轻型货架

(3)阁楼式货架(图1-19)。阁楼式货架可以利用支柱、货架、楼板将存储空间分为两层,从而提高了对高层空间的利用效率,有效地增加了库房的容积。阁楼式货架的上层部分因为楼板承重有限、装卸搬运不方便,所以通常用来存放轻小型货物或者周转速度较慢的货物。

图1-19 阁楼式货架

(4)重力式货架(图1-20)。重力式货架的横梁具有一定的斜度并安装有滚轮式轨道,货物从高端放入,从低端拣出,保证货物先进先出。此外,重力式货架的拣货端和补货端分离,拣货作业和补货作业互不干扰,有助于提高拣货效率和作业安全性,被广泛应用于配送中心的拣货作业区。

图1-20 重力式货架

(5)旋转货架(图1-21)。旋转货架分为水平旋转货架和垂直旋转货架,能够将货物旋转输送到指定位置,货架之间无须预留通道,以节省存储空间,提高库房的空间利用率。旋转货架通常用于存放轻小型货物,多用于配送中心少量多样货物拣选,实现"物就人"的拣货作业,缩短拣货人员的行走距离,降低拣货人员的工作强度,提高拣货作业效率。

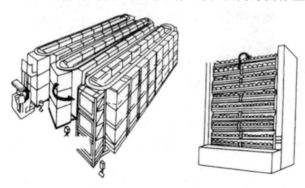

图1-21 旋转货架

(二)托盘

1. 托盘的概念

托盘又称栈板,是指用于集装、堆放、搬运和运输、放置,作为单元负荷货物的水平平台装置。托盘是重要的集装设备,与叉车配合使用,形成科学高效的装卸搬运系统,极大地提高了装卸搬运的效率,也提高了装卸搬运作业的机械化水平。目前,托盘作为单元化货物储存运输的重要集装形式,极大地提高了仓储、运输、配送等物流作业的效率,其应用范围越来越广泛。

2. 托盘的种类

按照托盘的结构划分,托盘可以分为平托盘、柱式托盘、箱式托盘、轮式托盘等。

(1)平托盘(图1-22)。平托盘又称为通用托盘,其使用范围最广,通用性最强,是最常用的托盘。它由双层板或者单层板另加底角支撑构成,在承载面和支撑面之间有纵梁,可提高托盘的承载能力,配合叉车或者托盘搬运车进行作业。

图1-22 平托盘

平托盘按照承托货物的台面可以分为单面型、单面使用型、双面使用型。根据叉车叉入方式,有单向叉入型、双向叉入型、四向叉入型等。按照托盘的材质不同又可以分为木托盘、塑料托盘、金属托盘、纸托盘、复合托盘等。不同材质的托盘性质有所不同,如表1-7所示。

表1-7 各种材质托盘的特点

材质类别	托盘特点
木托盘	制造方便,维修简易,自重轻,有较好的缓冲减震性能,是目前使用最广泛的平托盘,但是需要消耗大量木材,与绿色物流理念不符。
塑料托盘	易于成型,造型统一美观,自重较轻,耐腐蚀,易冲洗,使用寿命长,但制造成本较高,是目前正迅速发展的平托盘。
金属托盘	承载能力强,不易损坏和变形,使用寿命长,但是制造成本高,易腐蚀,自重较大,人工搬运困难,限制了金属托盘的使用范围。
纸托盘	以纸浆、纸板为原材料制作,具有制造成本低、自重低、环保性能好等优点,不过承载能力较弱,耐水性和防火性差,且使用寿命短,使用范围较小。
复合托盘	以两种或者两种以上的材料加工复合而成,具有强度高、耐高温、耐腐蚀、抗老化等优点,具有良好的发展前景。

(2)柱式托盘(图1-23)。柱式托盘是在平托盘基础上发展起来的,其基本结构是在托盘的4个角有钢制立柱,柱子上端还可用横梁连接,形成框架以避免对货物的重压。柱式托盘既可以利用立柱支撑重物,增加堆码高度,又可稳固货物,防止货物在运输和装卸过程中发

生塌垛现象。柱式托盘还可以作为可移动的货架、货位，不用时可叠套存放，节省空间，近年来被广泛使用。

图1-23　柱式托盘　　　　　　　图1-24　箱式托盘

（3）箱式托盘（图1-24）。箱式托盘是在平托盘上安装上部构造物，制成箱式设备，多用塑料、钢板、木板或钢木结合制成，按照结构可以分为带盖、无盖、板式、格式、网式、固定式、可拆卸式和折叠式等多种类型。箱式托盘有护板护栏，防护能力强，装运范围大，装货稳定性好，能有效防止塌垛，减少货损，可用于装载各种散装物料及粉状和颗粒状物料等。

（4）轮式托盘（图1-25）。轮式托盘是在柱式托盘或箱式托盘的底部装入滑轮而成的托盘。轮式托盘可以利用底部的滑轮进行短距离的移动。轮式托盘可以对大多数的货物进行集装，尤其适用于需要短距离移动的较为沉重的货物。但是因为有底部滑轮，所以轮式托盘不可以多层码垛，只能单层存放，不利于提高库房的空间利用率，限制了其使用范围。

图1-25　轮式托盘

3. 托盘标准化

我国的托盘规格种类繁多，标准规格托盘的占有率非常低，为了提高物流系统的整体运作效率，降低物流成本，我国于2008年3月1日起正式在国内实施1200mm×1000mm和1100mm×1100mm两种标准规格的托盘，并优先推广使用1200mm×1000mm规格的托盘。

国际标准化组织（International Organization for Standardization，ISO）承认如下4种国际规格的托盘。

（1）1200mm×800mm，欧洲规格。

（2）1200mm×1000mm，欧洲部分国家、加拿大、墨西哥规格。

（3）1219mm×1016mm，美国规格。

(4)1100mm×1100mm,亚洲规格。

（三）自动化立体仓库

1. 自动化立体仓库概述

自动化立体仓库也称自动存取系统（Automated Storage and Retrieval System,AS/RS），它是一种用高层立体货架存储货物，用巷道堆垛机进行存取作业，用计算机控制管理的仓库（如图1-26所示）。自动化立体仓库除了具有传统仓库的基本功能外，还具有自动分拣、理货的功能，以及在不直接进行人工处理的情况下自动存储和取出货物的功能。

图1-26　自动化立体仓库

2. 自动化立体仓库的分类

(1)自动化立体仓库按建筑形式可分为整体式和分离式两种。其中，整体式立体仓库是指货架除了存储货物以外，还作为建筑物的支撑结构，构成建筑物的一部分，即库房货架一体化结构，一般整体式立体仓库高度在12m以上。这种仓库结构重量轻，整体性好，抗震能力强。分离式立体仓库中存放货物的货架在建筑物内部独立存在。分离式立体仓库的高度在一般12m以下，适用于利用原有建筑物做库房，或在厂房和仓库内单建高层货架的场所。

(2)按照操作对象的不同，自动化立体仓库可以分为托盘单元式自动化仓库、箱盒单元式自动化仓库、拣选式高层货架仓库、单元/拣选式自动化仓库、高架叉车仓库。其中，采用托盘集装单元方式来保管货物的自动仓库，被国内企业较为广泛地采用。

(3)按照储存货物的特性进行分类，自动化立体仓库可分为常温自动化立体仓库、低温自动化立体仓库、无尘自动化立体仓库、防爆型自动化立体仓库等。

3. 自动化立体仓库的优点

(1)提高空间利用率。早期立体仓库的建设基本出发点就是提高空间利用率，充分节约有限且宝贵的土地。自动化立体仓库的空间利用率与其规划设计紧密相连。一般来说，自动化立体仓库的空间利用率是普通平库的2～5倍。

(2)便于形成先进的物流系统，提高企业生产管理水平。传统仓库只是货物储存的场所，保存货物是其唯一的功能，是一种"静态储存"。自动化立体仓库采用先进的自动化货物搬运设备,不仅能使货物在仓库内按需要自动存取,而且可以与仓库以外的生产环节进行有机连接,将自动化立体仓库与外界环境的物流、信息流连接在一起,形成货物的"动态储存",这也是当今自动化仓库发展的重要技术趋势,有利于企业形成先进的物流系统,从而提高企业的整体管理水平。

(3)可以提高仓储作业的自动化水平,降低人力成本。自动化立体仓库的货物上架、下架、输送、拣选、盘点等作业都是在仓储管理系统的控制引导下完成的,这些作业环节不仅使人员需求量大大减少,而且降低了人员的劳动强度,节省了巨大的人力成本。

(4)科学高效的库存管理,降低库存成本。自动化立体仓库管理与控制系统可以对立体仓库所有出入库货物的信息进行收集和处理,并对各种货物的周转量、资金占用率等数据进行统计分析,以利于最大限度地降低库存量及资金的占用,加快资金周转速度。

(5)利于货物的先进先出管理。自动化立体仓库对仓库中的货物、货位等基本信息进行管理,管理货物的在库情况,能够按照系统设置要求,根据"先进先出"的原则,实现仓库中货物的自动出入库操作和存储操作。

二、装卸搬运设备

装卸搬运设备是指物流作业活动中用来搬移、升降、装卸和短距离输送货物的机械设备,是实现装卸搬运机械化、自动化的基础,是仓储作业中重要的机械设备,在货物出入库、组托上架、拣选、整仓、补货等作业中发挥重大的作用。

(一)叉车

1. 叉车概述

叉车是物流中心最常用的装卸搬运设备,我国国家标准《物流术语》对叉车的定义是:"具有各种插具,能够对货物进行升降和移动以及装卸作业的搬运车辆。"它机动灵活,适用性强,效率高,既可用于运输工具装卸作业、货物垂直堆码作业,又可用于小距离的水平运输,配合各种叉车属具,能够完成不同品种、形状、体积的货物的装卸搬运作业,广泛地应用于各种装卸搬运场合。但多数叉车轮压较大,对场地承载能力要求高,且回转半径较大,需要预留较宽的作业通道,不利于提高货场、仓库的面积利用率。

2. 叉车种类

叉车是货物装卸搬运的主要工具,规格多样,种类繁多,按其动力装置可分为内燃叉车、电瓶叉车和人力叉车;按其结构可分为平衡重式叉车、前移式叉车和侧叉式叉车;按照使用环境,又可分为室内用叉车与室外用叉车两类。下面重点介绍三种叉车。

(1)平衡重式叉车(图1-27)。平衡重式叉车是使用最广泛、用量最大的一种叉车。平衡重式叉车的货叉位于驾驶室正前方,货叉从前进方向叉取货物,使用橡胶轮胎或充气轮胎,具有很强的爬坡能力与地面适应能力。使用平衡重式叉车时,货物重心位于叉车行走轮支承面以外,由于没有支撑臂,需要较长的轴距与较大的配重来平衡载荷,所以无论是电动型还是内燃型平衡重式叉车,叉车的车身尺寸均较大,需要较大的作业空间。因此,平衡重式叉车多用于室外装卸、搬运作业。平衡重式叉车按照操作方式不同,又可以分为步行式平衡重叉车、立式平衡重叉车、坐式平衡重叉车。

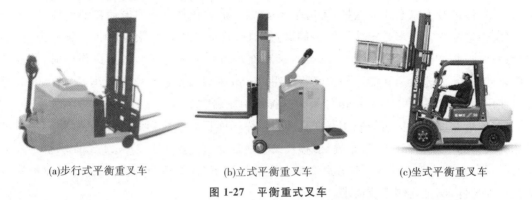

(a)步行式平衡重叉车　　　　(b)立式平衡重叉车　　　　(c)坐式平衡重叉车

图1-27　平衡重式叉车

(2)前移式叉车(图1-28)。前移式叉车有两条前伸的支腿,支腿前段装有车轮,作业时,起升机构沿着支腿内侧轨道向前移动,叉取货物后,稍微起升一定高度,沿着支腿内侧轨道缩回,然后可以继续进行搬运或者升降作业。因为前移式叉车可以使货物的重心落在车辆支撑面以内,无须依靠车重或者配重来平衡货物重量,所以车身自重小、外形小巧、结构简单、转弯半径小,适用于车间、库房等室内作业。

图1-28　前移式叉车　　　　图1-29　侧叉式叉车

(3)侧叉式叉车(图1-29)。侧叉式叉车的门架和货叉位于车体的同侧,货叉既可以上下运动,也可以前后伸缩。叉取货物时,先使液压支腿着地,门架向外推出,叉取货物后,货叉起升,门架缩回,然后降下货叉,货物即可自动放置在叉车一侧的前后(货叉两侧)车台上。由于货物沿叉车纵向放置,特别适合装卸长大件货物,减少长大件货物对通道宽度的要求,且货物重心位于车轮支承面之内,所以侧叉式叉车行驶时稳定性好,速度高,司机视野比平衡重式叉车好。

3. 叉车的选择

影响叉车选择的因素很多,其中,叉车的工作环境、搬运距离、通道宽度等因素对叉车的选择有着重要影响。

(1)工作环境。工作环境对叉车动力形式的选择有较大的影响。比如,室内作业时,作业空间有限、通道较窄,且空间相对封闭,而电动叉车运转平稳,噪声小,不排废气,检修容易,正适用于这种通道较窄、路面好、起重量较小、车速不要求太快的室内作业。因为内燃叉车作业持续时间长,功率大,爬坡能力强,对路面要求低,所以更适用于室外作业,尤其是在路面不平、坡度较大以及作业繁忙、搬运距离较长的场合,内燃叉车具有明显的优势。

(2)搬运距离。叉车是多功能的装卸搬运机械,作业范围往往限定在某一场地内,而并非长途运输,其行驶速度多小于20km/h。叉车在较近距离内完成装卸搬运作业时,主要是发挥装卸功能,而非搬运功能。相关经验表明,100m距离内多选择电动叉车,100～200m距离可使用内燃叉车,而200～500m距离多选择牵引车、挂车。

(3)通道宽度。库房内的通道宽度直接影响库场面积的有效利用,库场的面积利用率也是选择叉车的重要指标。一般来说,前移式叉车所需通道宽度为2.7～3.2m,而平衡重式叉车所需通道宽度为3.5～5m,在通道宽度一定的情况下,选择适当种类的叉车,可以更好地适应场地条件,满足仓储作业需求。

(二)托盘搬运车

托盘搬运车主要用于托盘集装货物水平方向的搬运作业。托盘搬运车可分为手动托盘搬运车和电动托盘搬运车两种。电动托盘搬运车又可分为自走式、站驾式和坐驾式三种。

1. 手动托盘搬运车

手动托盘搬运车(图1-30)俗称"地牛",前端由货叉作为载物构件,由液压装置作为货叉的起升机构,利用搬运车的推拉手柄来驱动液压油缸。货叉能方便地插入托盘下面,货叉起升后便可使托盘和货物升起,由人力驱动搬运车行走。它是托盘运输工具中最简便、最有效、最常见的装卸搬运工具,广泛应用于物流、仓库、工厂、车站机场等短距离托盘搬运场合。

图1-30 手动托盘搬运车

2. 电动托盘搬运车

电动托盘搬运车是一种在国内外应用广泛且市场潜力巨大的轻小型仓储工业车辆。它以蓄电池为动力,直流电机驱动,有液压提升装置,由操纵手柄集中控制,站立式驾驶。承载能力为1.6～3t,作业通道宽度一般为2.3～2.8m。电动托盘搬运车作业方便、平稳、快捷;外形小巧、操作灵活;低噪声、低污染,能在商场、超市、仓库、货场、车间等场所作业,尤其适合在食品、纺织、印刷等轻工行业使用。

电动托盘搬运车按液压提升机构动力来源,可分为两种:一种是半电动托盘搬运车[图1-30(a)],由操作人员手动驱动液压提升,步行操作电动行走;另一种为全电动托盘搬运车[图1-30(b)],也称为电动起升行走式托盘搬运车,其升降、水平行走均由电力控制,可加装载人踏板以供驾驶员站立驾驶。

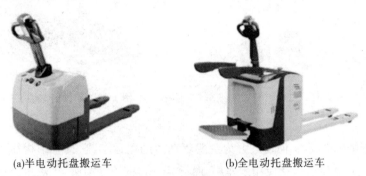

(a)半电动托盘搬运车　　　　(b)全电动托盘搬运车

图1-31　电动托盘搬运车

3.手动托盘搬运车与电动托盘搬运车的选择

手动托盘搬运车与电动托盘搬运车都是用于平面点到点搬运的工具。小巧灵活的体型使手动托盘搬运车适用于大部分场所。但由于是人工操作,当搬运2t左右较重的货物时比较吃力,手动托盘搬运车通常用于平面搬运距离在15m左右的短距离频繁作业,尤其是装卸货区域。此外,手动托盘搬运车也常在各个运输环节之间起衔接作用,在货运车辆上配备手动托盘搬运车,可使装卸作业快捷方便且不受场地限制。当平面搬运距离在30m左右时,步行式电动托盘搬运车为最佳选择,其行驶速度通过手柄上的无级变速开关控制,适应操作人员的搬运速度,在降低人员疲劳度的同时,保证操作的安全性。当平面搬运路线距离为30~70m时,可以采用带折叠式踏板的电动托盘搬运车,供驾驶员站立驾驶,最快速度可较手动托盘搬运车提高近60%。

(三)手推车

手推车是靠人力来驱动行驶的搬运车,是最传统、最常见的人力搬运车。它造价低廉、维护简单、操作方便、自重轻,能在机动车辆不便使用的地方工作,在短距离搬运较轻的货物时十分方便。常见的手推车有二轮杠杆式手推车、手推台车、登高式手推台车等。

1.二轮杠杆式手推车

二轮杠杆式手推车(图1-32)俗称"老虎车",一般由车架、托架、车轮、杠杆、推手柄等结构组成。杠杆式手推车是最古老、最实用的人力搬运车,它轻巧、灵活、转向方便,但因为靠体力装卸、保持平衡和移动,所以仅适用于货物装载较轻、搬运距离较短的场合。

 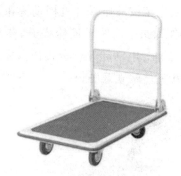

图 1-32　二轮杠杆式手推车　　　　图 1-33　手推台车

2. 手推台车

手推台车(图 1-33)是一种以人力为主要驱动力的搬运车,它具有结构简单、轻巧灵活、易操作、回转半径小等优点,广泛应用于库房、商场、车站、机场等场所,是短距离运输轻小货物的一种方便而经济的搬运工具。一般每次搬运量不超过 500kg,搬运速度在 30m/min 以下。

3. 登高式手推台车

登高式手推台车(图 1-34)是当需要向较高的货架内存取轻小型货物时,所采用的带梯子的手推台车,以提高仓库的空间利用率,适用于对图书、标准件等货物进行拣选、搬运、上架、下架等作业。

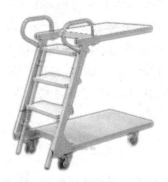

图 1-34　登高式手推台车

(四)输送机

1. 输送机概述

输送机指在一定线路上连续输送货物的传送搬运机械。输送机的输送线路一般是固定的,输送能力大、运距长、持续性强,可以在输送过程中完成加工、包装、拣选等作业,在仓储作业过程中应用广泛。

2. 输送机的种类

根据输送机的结构,输送机可以分为带式输送机、辊筒输送机、链式输送机、悬挂输送机等,其结构和运作方式不同,适用于不同的物流作业场合。

(1)带式输送机(图 1-35)。带式输送机利用连续而具有挠性的输送带进行货物输送,输送带常用的是织物芯橡胶带。不同的工作环境和输送对象对橡胶带的耐酸碱、耐热、耐低温等要求不同,在特殊的工作环境下,还可使用钢带、塑料网带或钢丝网带作为传输带。带式输送机主要用于输送散装、块状、颗粒状物料,也可输送中小型包装的货物。

(a)固定带式输送机　　　　　　　　　(b)可移动带式输送机

图1-35　带式输送机

(2)辊筒输送机(图1-36)。辊筒输送机是依靠转动着的辊子和货物间的摩擦使货物向前移动,主要由辊子、机架、支架、驱动部分等组成。辊筒输送机可以分为动力辊筒输送机和无动力辊筒输送机,前者具有动力驱动装置以带动货物移动,后者自身未配置动力系统,由人力推动货物前行。辊筒输送机结构简单、可靠性高、输送量大、速度快、承载能力强,可以满足多品种货物共线分流输送的要求。辊筒输送机适用于各类箱、包、托盘等件货的输送,散料、小件货物或不规则的货物可以放在托盘上或周转箱内,再利用辊筒输送机进行输送。

图1-36　辊筒输送机　　　　　　　　　图1-37　链式输送机

(3)链式输送机(图1-37)。链式输送机是利用链条牵引、承载,或由链条上安装的板条、金属网带、辊道等承载货物的输送机。链式输送机因被运物的性质不同,结构有较大差别。链式输送机又可分为鳞板输送机、刮板输送机和埋刮板输送机。刮板输送机常用来输送粒状和块状、流动性好的物料。鳞板输送机输送能力大,运转费用低,常用来完成量大质重的散装固体及具有磨琢性物料的输送任务。埋刮板输送机主要用于输送粉状、块状、片状和粒状的物料。

(4)悬挂输送机(图1-38)。悬挂输送机主要由链条、轨道、吊具、支架、传动座和调整座等组件组成,其运行轨道和支架大部分悬挂于建筑物上,主要用于库房、车间内的物料空中输送,能将仓库、装配线等相关节点有机地结合起来,可在最大程度上理顺车间的物流环节,产生更大的效益。悬挂输送机的工作构件可以根据需要进行设计,可以配上吊钩、挂架、斗或桶等各种形式的附件，因而所输送货物的形状和性质不受限制。悬挂输送机能有效地利用空间、节省人力、提高工作效率，广泛适用于各种货物的远距离输送、楼层提升、空中储存、送料等工作场合以及制造企业的流水线生产。

图 1-38　悬挂输送机

（五）自动导引车

自动导引车（Automated Guided Vehicle，AGV），是一种低速无人驾驶的货物搬运机动车辆，采用自动或者人工方式装卸货物，通常需要与导向系统、自动装卸系统、通信系统、安全系统、管理控制系统等构成自动导引车系统（AGVS），以更好地发挥作用，满足仓储搬运作业自动化、柔性化的要求（如图 1-39 所示）。

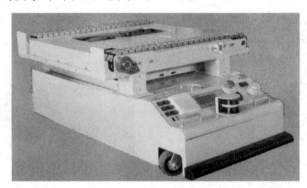

图 1-39　自动导引车

自动导引车按导引方式分为电磁导引、激光导引和视觉导引等几大类，其运行路径可以由管理控制系统进行设置，机动性较强，具有高柔性化、高智能化、高集成化等特点。通过安装不同功能的构件，自动导引车可以满足不同货物的搬运需要，具有较强的适应性。另外，AGVS 的组成系统可以根据仓储作业的需要进行调整，相比于传送带、输送机等传统的输送系统，对场地布置、导引路线的变更简单易行，能够充分利用仓库内的人行通道和叉车通道，提高库房的面积利用率。

三、信息设备

信息设备主要包括条码扫描器、RF 手持终端、POS 终端及 GPS 终端等。下面主要介绍条码扫描器及RF手持终端。

（一）条码扫描器

条码扫描器,又称为条码阅读器、条码扫描枪、条形码扫描器、条形码扫描枪或条形码阅读器。它是用于读取条码所包含信息的阅读设备,利用光学原理,把条形码的内容解码后通过数据线或者无线的方式传输到电脑或者别的设备(如图1-40所示)。

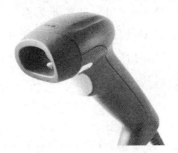

图1-40　条码扫描器

（二）RF手持终端

1. RF手持终端的概念

RF(Radio Frequency)手持终端是指利用无线射频技术完成数据采集、传输等功能的便携式数据处理终端。RF手持终端是集微型计算机、扫描器于一体的智能化条码采集、信息处理设备,通过RF通信技术,与仓储管理信息系统相连接。一方面,将系统分配的任务下载到手持终端,以引导作业人员进行仓储作业,完成组托、上架、下架、拣选、返架、转移、盘点等任务流程;另一方面,将作业过程中产生的数据传输到仓储管理系统,为仓储作业的顺利进行提供决策依据(如图1-41所示)。

图1-41　RF手持终端

2. RF手持终端的功能

在仓库管理的应用过程中,RF手持终端设备通常具备以下几点功能。

(1)信息传输功能。RF手持终端利用RF通信技术与仓储管理系统相连,并与系统的数据库进行实时数据交换,将仓储作业指令发送到手持终端,引导作业人员进行各种仓储作业,也可以将仓储人员的作业信息即时传入仓储管理系统,缩短信息收集和信息处理的时间差,提高仓储作业的效率。

（2）信息采集功能。RF手持终端一般都配有条形码扫描器,以识别单据条形码、货物条形码、储位条形码等。比如,在货物入库时,利用RF手持终端扫描货物条形码,输入货物的数量并上传到管理信息系统;在组托上架时,需要利用RF手持终端扫描托盘及储位条形码等,以提高信息采集的准确性、即时性、便利性。

（3）信息存储和处理功能。利用手持终端的系统软件和仓库管理系统等应用软件,RF手持终端也可以对仓储作业信息进行存储和处理。比如,在盘点、整仓过程中,对货物的数量信息、储位信息进行修改更正,导入、导出仓储作业数据等。

（4）其他功能。RF手持终端根据其软件、硬件配置往往具有其他功能。比如,有的手持终端通过安装条码打印装置,可以实时打印货物条形码;有的手持终端可以与打印机无线连接,可以即时打印各种作业单据,提高单据处理的便利性。

四、分拣设备

分拣设备是完成仓库、配送中心拣选、分货、分放作业的自动化设备,是大型物流中心、配送中心进行分拣、配送作业的强有力的技术保证。

（一）自动分拣系统概述

自动分拣系统(Automatic sorting system)通常由控制系统、分拣信息识别系统、计算机管理系统、输送设备和分拣设备组成,能够依据货物的类别、批次、流向等信息,迅速准确地将货物从仓储系统或输送设备中拣取出来,并按照指令自动完成分类、集中、配装等作业。自动分拣系统是仓库、配送中心进行拣选、分货、配装作业的现代化设备,是分拣、配送作业的强有力的技术保证,反映了较高的拣选技术水平。

（二）自动分拣系统组成

1. 信号标记装置

信号标记装置负责在货物的外包装上贴上或打印表明货货物种、规格、数量、货位、货主等信息的标签。

2. 信号识别装置

信号识别装置的作用是识别和传递分拣信号,根据分拣信号的要求指示自动分拣装置对货物进行分拣。货物的标签信息通过电磁识别、光学识别等多种方式输入分拣控制系统中,分拣控制系统根据对分拣信号的判断,决定货物流向。

3. 控制中心

控制中心的作用是接收和处理分拣信号,根据系统设置、作业要求对输送装置和分拣装置下达作业指令,完成相应作业。

4. 输送装置

输送装置主要组成部分是传送带或输送机,其作用是沿固定线路使货物通过控制装置和分拣装置。在输送装置的两侧,一般要连接若干分拣口,以便于将分拣后的货物输送到不同位置,进行后续作业。

5. 自动分拣装置

自动分拣装置(图 1-42)根据控制中心传来的指令,改变符合指令要求的货物运行方向,使货物进入其他输送机或者分拣口。常见的分类装置有滑块推出型、倾斜型、浮出型、皮带送出型等。

(a)滑块推出型分拣装置

(b)倾斜型分拣装置

(c)浮出型分拣装置

(d)皮带送出型分拣装置

图 1-42　自动分拣装置

6. 辅助装置

自动拣货系统除了上述典型装置外,还需要辅助装置予以配合,以便满足不同拣货作业的需要。辅助装置包括动力装置、上货装置、排出装置(即滑道,如图 1-43 所示)、装车卸货装置等。

图 1-43　排出装置

（三）自动分拣系统运行

自动分拣系统在分拣作业环节可以自动运行，并不意味着完全无人化作业，实际上，自动分拣系统需要人员予以管理、维护和协助，比如：

送货车辆抵达自动分拣线的进货端时，由人工接货；

由人工控制分拣系统的运行；

分拣线末端由人工将分拣出来的货物进行集载、装车；

由人工进行自动分拣系统的经营、管理与维护。

（四）自动分拣系统使用效益

自动分拣系统的推广使用，能够提高仓储、配送企业分拣作业的效率，缩短拣货作业时间，降低工人的劳动强度，具体而言，自动分拣系统的使用能够为仓储企业带来以下效益。

1. 连续、大批量地分拣货物

由于采用企业生产中使用的流水线自动作业方式，自动分拣系统不受环境、时间、人的体力等因素的限制，可以连续运行。通常情况下，自动分拣系统可以连续运行100个小时以上，每小时可分拣7000件包装货物，如用人工则每小时只能分拣150件左右，同时分拣人员也不能在这种劳动强度下连续工作8小时，因此与传统的人工拣货作业相比，自动分拣系统更能满足持续时间长、作业批量大的拣货作业要求。

2. 降低分拣作业错误率

利用传统的人工键盘或语音识别方式输入信息并人工拣货，工作量大，耗费时间长，且误差率较高，甚至会超过3%。自动分拣系统的分拣误差率主要取决于所输入分拣信息的准确性，而分拣信息的准确性又取决于分拣信息的输入机制，目前自动分拣系统主要采用条形码技术来识别货物，除非条形码本身有差错，否则不会出错，极大地降低了拣货作业的错误率。

3. 降低分拣作业的人工成本

建立自动分拣系统的目的之一就是减少人员的使用，减轻员工的劳动强度，提高人员的拣货效率，而自动分拣系统在信息输入、识别、传递、货物寻找、计数、分流等环节，无须人工干预，由系统自动完成，最大限度地减少人员的使用，基本做到无人化，从而降低拣货作业的人力成本。

五、仓储设备的选择与配置

"工欲善其事，必先利其器。"仓储设备是仓储企业提高作业效率、实现安全生产、提高企业经济效益的重要基础。随着现代仓储技术的发展，仓储设备在仓储作业中的作用和影响日益扩大，仓储设备的选择与配置直接关系到仓储作业的现代化和自动化程度，对减轻工人劳动强度、提高劳动生产率具有十分重要的意义。因此，仓储设备的选择和配置是仓储企业管理决策的重要内容，科学合理配置设备对于控制仓储企业的成本和提升仓储作业的效率都有着重要影响。

（一）仓储设备选择的原则

1. 合理性原则

选择仓储设备时，应该根据仓储作业的特点，结合企业的自身情况，按照系统化的思想，选择技术先进、经济合理的仓储设备，满足仓储作业的需要。避免不顾成本，盲目追求功能和数量，或只考虑节约成本而非实际需求，导致设备配备数量或功能不足，影响仓储作业顺利进行。

2. 适用性原则

应该根据仓储管理的实际需要，合理选择机械化、智能化设备，使所选设备与仓储作业的要求和作业量的规模相匹配，保证仓储作业的顺利完成。此外，在选择设备时，不必盲目追求功能的多样性、先进性，否则设备难以被充分利用，容易造成资源浪费，增加成本。物流设备要实现合理化应用，创造高效益，应该具有良好的适应性，如与物流作业的要求相适应、符合处理货物的特性、适应现场工作条件等。

3. 前瞻性原则

在选择仓储设备时，企业不仅要考虑目前的仓储作业要求，而且要考虑企业的长远发展和仓储技术的进步，适当选择技术先进、功能超前的仓储设备，以提高仓储作业效率、降低工人劳动强度，保证技术领先性。首先，从物流系统的建设方面来看，物流系统具有一次性建设的特点，建成后不易扩充，因此在仓储设备选择的过程中，需要一次性确定较大的保障能力余量，避免企业在规模扩大及生产能力提升时，设备的技术和功能跟不上。其次，在购置设备时，企业应该尽量购置可升级、可扩展的设备，以为后期设备升级扩展奠定基础，以较低的成本实现设备的升级改造。

4. 标准化原则

物流设备标准化对于提高物流运作效率和降低仓储成本起着至关重要的作用。首先，统一的标准有利于各种设备之间的相互衔接配套，有利于物流企业之间的业务合作，从而缩短物流作业时间，提高生产效率，改善物流服务质量，进而减少物流成本在生产总成本中所占的比重。其次，标准化设备的有效利用，可以扩大设备的适用范围，减少备用零件、配件的存储数量，使设备的使用和维修保养人员更易熟悉设备性能，既降低设备的采购维护费用，又降低人力成本。

5. 安全性原则

使用仓储设备的目的是减轻劳动强度，提高工作效率，但仓储设备在生产、使用、维护过程中的某些因素会影响仓储设备的安全性，导致设备在使用过程中的人身伤害和经济损失。为了避免这些事故，仓库在仓储设备选择时，应该严格遵循安全性的原则，对设备的安全性进行分析和控制，检查设备的自动应急装置，如自动切断电流、自动停车装置等，以降低事故发生概率和减轻事故危害。

（二）仓储设备选择的依据

1. 仓储作业目标

仓储设备在选购之前，必须明确用途和使用范围，即明确设备是用来做什么的，只有确定仓储作业的目标和设备的用途，才能够保证所选设备与仓储作业相匹配，避免因盲目购置大量设备而产生高昂费用却难以满足仓储作业的需要。

2. 购置成本

仓储设备的成本可以分为两大类：固定成本和变动成本。简单而言，固定成本可以认为是设备的购置成本；变动成本可以认为是仓储设备的使用成本，即仓储设备在使用过程中产生的各种费用。仓库应该综合考虑设备的固定成本和变动成本，在满足仓储作业需求的前提下，选择产品生命周期总成本最低、效益最高的设备。

3. 设备质量

仓储设备质量是满足仓储作业需要的能力体现。进行仓储设备选择时，应该注意收集市场信息和设备质量信息，充分考虑所选择设备的功能、材质、使用期限、售后服务等影响质量的因素，选择质量可靠、品质过硬的仓储设备。

4. 使用条件

仓储设备是在一定的场所和条件下使用的，因而在进行设备选择时，应该注意仓储设备的使用条件。一方面，作业环境可能会对设备选用提出要求，如室内作业要求设备噪声和尾气排放符合环保等方面要求，而存放易燃易爆品的危险品仓库往往要求设备具有防爆特性；另一方面，设备也会对使用条件有某些要求，如堆高车对楼层高度的要求、叉车和托盘搬运车等重型设备对地面承载能力的要求等。因此，在进行设备选择时，仓库应该综合考虑设备使用环境和使用条件，以保证选择的设备与其使用条件相符。

六、仓储设备的管理

（一）设备的管理方式

由于仓储设施设备比较繁杂，且功能各异，所以大部分设备都是分散使用的。设备的管理通常是在统一管理的基础上，采取分级管理、专人操作、专业部门负责的方式。当然，由于不同企业各自的情况不同，在仓库规模、设备数量、设备集中与分散、固定与流动等方面也不同，所以企业应根据自身的情况选择适合的设备管理方式。

（二）设备的技术管理

对于仓库中的设备必须建立管理、使用、维修、保养制度。这是仓储管理工作中的一项重要环节，尤其是一些大型仓库中的机械设备较多，更应加强管理。其中装卸搬运机械管理工作有以下管理要点：制定必要的规章制度、操作规程，并认真贯彻执行；加强对操作人员、维修人员的安全教育和技术培训，实行使用、维修相结合的方法，不断提高技术水平；加强技术资料的管理工作,建立设备技术档案;及时总结推广先进经验,努力节约原材料、燃料,降低装卸搬运成本。

项目小结

本章主要讲述仓储和仓储管理的基本知识,仓库的分类,常见的仓储设施设备及其特点,介绍不同类型的仓库,常用的存储设备、装卸搬运设备、分拣设备和信息处理设备。学生应能根据货物的特性、存储量选择合适的设施设备。

同步练习

一、单项选择题

1. 以下属于仓储基本功能的是(　　)。
   A. 流通加工功能　　B. 配送功能　　C. 储存保管功能　　D. 配载功能

2. 封闭式仓库适合存放和保管(　　)。
   A. 对温度和湿度要求不高且出入库频繁的货物
   B. 较大型的货物
   C. 要求比较高的货物
   D. 出入库频繁的货物

3. 自营仓库是指由企业或各类组织自营自管,(　　)。
   A. 经营储运业务的仓库　　　　　B. 为自身提供储存服务的仓库
   C. 面向社会提供储存服务的仓库　D. 以营利为目的的仓库

4. (　　)是基本的仓储设备,是现代企业仓库、物流中心、配送中心的重要组成部分。
   A. 托盘　　B. 货架　　C. 叉车　　D. 输送机

5. (　　)主要用于输送散装、块状、颗粒状物料,也可输送中小型包装的货物。
   A. 带式输送机　　B. 辊筒输送机　　C. 链式输送机　　D. 悬挂输送机

二、多项选择题

1. 仓储管理的核心目标是(　　)。
   A. 充分、有效地利用现有的空间　　B. 控制货物在库数量
   C. 提高仓库空间利用率　　　　　　D. 提高仓库的吞吐量和货物在库完好率

2. 仓库是指储存和保管货物的场所,以下属于仓库的有(　　)。
   A. 露天堆场　　　　　　　B. 半封闭货棚
   C. 全封闭普通仓库　　　　D. 综合库

3. 国际标准化组织承认的4种国际规格托盘包括(　　)。
   A. 1200mm×800mm　　　　B. 1200mm×1000mm
   C. 1219mm×1016mm　　　 D. 800mm×1000mm
   E. 1100mm×1100mm

4.托盘货架的特点是(　　)。

A.结构简单　　　　　　　　B.可调整组合

C.安装简易　　　　　　　　D.费用经济

E.出入库方便

5.按仓库保管条件不同分类,仓库可分为(　　)。

A.普通仓库　　　　　　　　B.自营仓库

C.公共仓库　　　　　　　　D.危险品仓库

E.气调仓库

三、简答题

1.简述仓储的功能。

2.简述仓储管理的任务。

3.简述几种典型货架、叉车的使用特点。

4.仓库按照功能可划分成哪几类?

任务实训

仓储人员岗位角色认知

一、实训组织

以小组的形式进行,每组5人,可根据班级具体人数确定分组数量,多出的同学任评委。从学生中推选出一名主持人(也可由教师担任),每组每人从主持人手中抽取一个牌子,牌子上写有仓储岗位,但不写职责内容。每组抽签决定活动顺序。

二、实训步骤

1.主持人宣讲游戏规则,宣布比赛开始。

2.猜角色名称:主持人随机安排同学按相关资料读出某一岗位的职责,并据此请同学说出自己所扮演的角色名称。

3.岗位职责认知:主持人宣布开始,各组同学从主持人手中抽取一个牌子,并按照牌子上写的仓储岗位,说出该岗位的职责,而后再重新抽取牌子,重新认知岗位。反复几次,直至大家都熟悉各岗位职责为止。

三、实训考核

1.评委评比:猜角色名称正确性(35%);岗位职责认知正确性(65%);综合给出各组排名。

2.教师点评。

项目二 仓储管理与规划

学习目标

知识目标

1. 掌握仓储管理的人员、机构、合同、作业计划、安全等各项要素的基础知识；
2. 掌握仓库布置及仓库储位划分及编码等基本知识；
3. 了解仓储布局的作用。

技能目标

1. 能够叙述仓储管理基本的要素，描述组织结构的形式；
2. 能够对仓库布置和储位划分提出合理的建议；
3. 能够叙述仓储合同的主要内容；
4. 能够复述安全措施，根据仓库类型进行仓库布局。

重点、难点

本项目重点为仓储企业组织机构及人员配备，仓库布局的基本原则和基本形式；难点为仓储合同的概念与仓储合同的主要内容，根据仓库布局的基本原则和实际需求，进行合理的仓库布局。

任务情境

开拓发展、创新变革中的云南白药物流中心

云南白药物流中心总建筑面积约为3.6万平方米，是区域型、批零兼营并支持第三方物流的大型现代化医药物流配送中心。它结合省医药公司物流特点，严格按照国家最新GSP认证标准进行设计，巧妙运用目前国内领先的物流管理信息系统，低价采购世界先进的物流设备，积极发展壮大第三方物流平台。

首先在规划方面，云南白药公司对物流中心未来有规模倍增的可能进行了充分考虑，有针对性地对物流中心用地、物流功能区、办公区、物流动线进行详细规划，保证物流中心最大限度地满足节约性、先进性、功能需求可拓展性的需要。目前该项目的预留空地，完全可以再建一个同样规模的物流中心，届时物流中心的存量、销量将至少扩充一倍。

其次在系统方面，云南白药物流中心建立了先进的物流中心系统，优化企业内部物流；

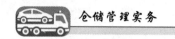

建立了自动化物流仓储系统,同企业 MES(制造执行系统)、POS(销售终端)相结合,实现了药品的入库、仓储、拣配、发货动态管理,合理配置药品库存,减少了库存资金占用,提高了物流服务水平,降低了总物流成本。

物流中心内安装了自动化立体仓库堆垛机、立体存储货架、U 形在线拣选平台、八层 A 品拣选平台、八层螺旋输送线、电动叉车、电子标签拣选系统、PDA 指纹识别器、温湿度自动调控设备等大量先进的物流设备。库区全部采用中央空调和温湿度自动实时监控系统,药品分别储存于阴凉库、低温库(冷藏库、冷冻库);所有药品实施批号管理,物流全过程有货物进出跟踪记录并由计算机完成物流信息一体化管理;通过自动化系统,物流中心能够随时了解作业进度和环境结构,同时提高对订单拣选发货的快速响应程度;整箱与拆零作业的分离,大大提高了作业效率;无须专业人员就能进行作业的简单工作环境,有效防止了人为错误发生;标准化作业流程有效确保了物流中心客户服务的专业性和一致性。

任务一 组织结构与人员配备

一、组织结构建立的原则

(一)任务目标原则

仓储企业组织结构的设立,应以仓储管理任务和经营目标为依据,为最终实现企业目标而服务。仓储管理任务和经营目标是组织结构设置的出发点。组织结构是一种手段,部门、机构的设置及责权的划分,只能根据任务、目标的需要来决定。

(二)精简原则

机构臃肿庞大,必然造成协调困难,反应迟钝,管理成本加大,因此在完成仓储任务目标的前提下,组织结构应当力求紧凑精干,结构越简单、人员越少越好。这就要求加强人员培训,提高人员的素质。

(三)专业分工与协作原则

专业分工与协作是社会化大生产的客观要求,仓储管理的各岗位之间、各部门之间有着紧密联系,任何一项管理都离不开其他部门或人员的配合。因此,组织结构设置分工要适当,责任要明确,既要协作又要避免相互扯皮。

(四)指挥统一原则

组织结构设置要保证行政命令和生产指挥的集中统一,应该做到从上到下垂直领导,一级管一级,不越级指挥,避免多头领导。仓储企业组织结构遵循统一指挥原则,实质是建立仓储企业管理组织的合理纵向分工。仓储企业管理层次一般有三级,即决策层、执行监督层和仓库作业层。

(五)责权利相结合原则

所谓责权利相结合,就是指每一个职位或岗位的职责、职权、经济利益相统一,形成责权利相一致的关系。仓储企业组织要围绕仓储任务建立岗位责任制,明确规定每一个管理层次、每一个管理岗位、每一名管理人员的责任、权利与义务,并且将责任制与经济利益挂钩。

(六)有效管理幅度原则

管理幅度是指一名上级领导者直接领导的下级人员的数量。管理幅度直接关系仓储组织设置的管理层次。一般而言,越是基层的领导工作,越是优秀的管理者,科学技术越发达,管理幅度越大;反之,管理幅度越小。同等规模的组织,管理幅度越大,设置的管理层次越小,管理幅度与管理层次成反比。

(七)稳定性和适应性相结合原则

组织结构应有稳定性,以便各环节、各岗位、各类人员相互配合,保持工作正常运行。但当仓储企业外界环境和内部条件发生较大变化时,就要进行必要的调整,以适应新条件下的要求。

二、典型的仓储企业组织结构形式

现代企业组织结构形式不断演变,这使仓储企业的组织结构形式也不断发生变化。下面是几种典型的仓储企业组织结构形式。

(一)直线型组织结构形式

直线型组织结构形式是一个上级直接管理多个下级的一种组织结构形式。其优点是:从上到下垂直领导,不设行政职能部门,组织精简,指令传达迅速,责任权限明确,主管的管理意图得到充分执行。其缺点是:管理中的各种决策易受管理者自身能力的限制,对管理者的要求较全面,在业务量大、作业复杂的情况下,主管会感到压力太大、力不从心。因此,直线型组织结构形式适合规模小、人员不多、业务简单的小型仓储企业。

图 2-1 直线型组织结构形式

(二)直线职能型组织结构形式

直线职能型组织结构形式是在直线型的基础上加上职能部门,各职能部门分管不同专业,各个职能结构都是某种职能的组合体。其优点是:克服了直线型组织结构形式中管理者的精力和工作时间有限的缺点。其缺点是:各职能部门之间有时会发生矛盾,因此需要协调配合。直线职能型组织结构形式被大中型仓储企业普遍采用,是一种有效的组织结构形式。

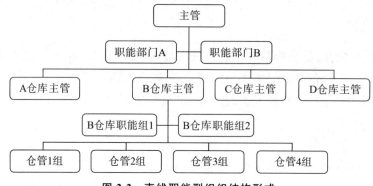

图 2-2　直线职能型组织结构形式

（三）事业部制组织结构形式

事业部制组织结构形式是一种较为复杂的仓储组织结构形式,它是在总公司领导下,以某项职能(或项目)为事业部,实行统一管理、分散经营的管理方法。其优点在于管理决策程序完善,运行效率高,各事业部内部权力相对集中,有独立经营管理能力。事业部制组织结构形式适用于大型仓储企业。

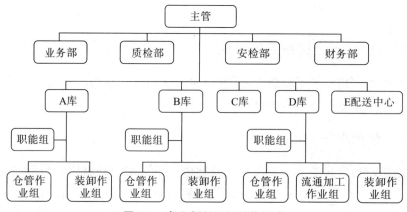

图 2-3　事业部制组织结构形式

三、仓储从业人员的岗位要求

合理配备仓储企业的各类人员,就是根据仓储企业各项工作的需要,给不同的工作配备相应工种的人员,以保证各项工作正常有序进行。

（一）仓储企业人员岗位工作内容

仓储企业中一般包括保管员、理货员、货物养护员等岗位(根据《中华人民共和国职业分类大典》)。每个工作岗位均有自己的工作特点,正所谓"术业有专攻",每个工作岗位的工作内容不尽相同。

项目二 仓储管理与规划

1. 保管员

保管员是指对储存货物进行保存、维护管理的人员。

保管员从事的工作主要包括:

(1)核对货物的入库凭证,清点入库货物,与送货人员办理交接手续;

(2)对入库货物进行数量、质量和包装验收,发现问题,做好事故记录;

(3)安排货物的存放地点,登记保管账、卡和货位编号;

(4)定期盘点、清仓查库,向存货部门反映并催其处理积压、呆滞、残损、变质等异状货物。

2. 理货员

理货员是指从事货物整理、拣选、配货、包装、复核、置唛、交接、验收、堆码等的人员。

理货员从事的工作主要包括:

(1)核对货物品种、数量、规格、登记、型号和重量等;

(2)按照凭单拣选货物;

(3)对拣出的货物进行复核;

(4)检验货物的包装、标志,对出库待运的货物进行包装、拼装、改装或加固包装,对经拼装、改装和换装的货物填写装箱单;

(5)在出库货物的外包装上设置收货人的标记;

(6)按货物的运输方式、流向和收货地点将出库货物分类管理、分单集中,填写货物起运单,通知运输部门提货发运;

(7)对货物进行搬运、整理、堆码;

(8)鉴定货运质量,分析货物残损原因,划分运输事故责任;

(9)办理货物交接手续。

3. 货物养护员

货物养护员是指对库存货物进行保养维护的人员。

货物养护员从事的工作主要包括:

(1)检查货物储存场所与环境,使其符合安全储存的要求;

(2)使用化学试剂、测潮仪等检测仪器或凭感官检测入库货物的质量、包装,若发现问题,则应做好记录;

(3)使用温度和湿度测量仪测量、记录库内温度与湿度;

(4)控制、调节库房内的温度与湿度;

(5)检查在库货物的储存状况,做好检查记录;

(6)对发生异状的货物进行翻垛通风、摊开晾晒、挑选整理、药剂除虫等处理,并提醒保管员催销催调。

(二)仓储企业人员职业资质要求

在仓储企业中,不同职位的人员有不同的资质要求,具体可以分为仓库管理员和仓储经

理两个级别(根据 GB/T 21010—2007《仓储从业人员职业资质》)。

1. 仓库管理员

仓库管理员是仓库内从事与货物仓储作业管理有关工作的一线操作人员的统称,包括直接从事货物收发、出入库、分拣、理货等工作的人员,不含装卸工,简称仓管员。仓管员应掌握的基本知识和基本技能如下。

(1)基本知识。

①仓储作业流程。了解货物验收规则及出入库程序和分管库房的情况;了解温湿度变化对仓储作业的影响;掌握储存分区、分类、货位编号、定量堆码、动碰复核、盘点对账等工作内容与方法。

②库存货物。具有与本岗位有关的物理、化学基本知识;了解所保管货物的性能、特点;了解所保管货物的储存技术标准及温湿度要求。

③仓储工具设备。懂得常用仪器、设备、工具的使用方法和保养知识;掌握计算机相关知识。

④安全防护。掌握消防安全基本知识和操作规程;了解仓库安全的内容及要求;懂得货物包装储运图示标志及一般消防器材的使用方法。

(2)基本技能。

①仓储作业。按照有关规范,准确开展日常的货物收、发、保管业务,根据订单进行分拣、拆零、加工、包装、备货等作业;能准确填表、记账和盘点对账;合理地选择仓储设备;合理地进行分区分类、货位编号和堆码苫垫;用感官或其他简易方法鉴别货物的质量,正确记录和合理调节库房温湿度;对库存货物进行一般性保管和养护。

②设备工具的使用。会操作计算机;能正确使用一般装卸搬运、计量、保管、养护、检验、消防、监控设备与设施。

③管理技能。发现差错和问题,及时处理,准确办理查询、催办及报亏等手续;熟知消防、防盗等有关电话号码及消防器材的存放地点和使用方法,出现情况能迅速报警,对火灾采取有效办法及时进行扑救;利用仓储管理信息系统(WMS)进行货物出入库、在库等信息的处理(传输、汇总、分析等);指导装卸和搬运人员安全、规范地进行作业;结合本职工作撰写书面总结分析报告。

2. 仓储经理

(1)仓储经理除具有仓库管理员应掌握的相关基本知识外,还应该掌握以下基本知识。

①熟悉仓储作业流程、操作规范,能够运用管理软件;

②熟悉所保管货物的质量标准、储存技术标准、包装技术标准以及货物质量鉴别方法;

③熟悉常用仪器、仪表及工具、消防器械的基本性能、特点、使用和日常保养知识;

④熟悉计算机及仓储管理信息系统相关知识。

(2)理论知识。

①掌握现代仓储管理、现代仓储技术与设备等方面的知识,基本掌握供应链管理、现代物流管理、现代运输管理等知识;

②掌握国家物流、仓储、运输等方面的政策、标准；
③全面系统地掌握仓库消防安全各种制度、规定、措施及其操作规程；
④掌握仓储成本核算与控制、合理库存与绩效管理等仓储管理的基本知识；
⑤具有一般企业管理所需的财务管理、客户关系管理、质量管理、市场营销、融资管理等方面的知识；
⑥具有公共关系管理和项目管理知识；
⑦掌握国内外仓储行业发展的基本情况与动态，了解国内外物流业现状与发展趋势。

（3）技能要求。

仓储经理除具有仓库管理员应具有的基本技能外，还应该具有以下能力。

①组织领导能力。能科学调度、配置生产要素资源，能理论联系实际，总结分析业务活动情况，并撰写书面报告。

②方案设计能力。能够根据客户需要，对仓库运作流程、客户开发方案、客户满意度等不断进行改造和提升，为客户量身定制个性化服务方案，能根据有关仓储信息向客户提供信息咨询服务。

③人力资源管理能力。组织员工专业培训和人才开发，编写业务技术专业资料，对仓库管理员进行专业培训，提高仓库管理员的业务素质，改善组织内的人力资源结构。

④制度建设能力。能够根据业务的现实和发展要求，制定和完善相关业务运作管理、服务质量管理、安全生产管理和分配激励管理等规章制度，并有效地组织执行和实施。及时发现和指导处理各种突发性事件、异常现象和事故隐患，并能正确分析原因，提出预防和改进措施。

⑤过程控制和质量管理能力。熟练掌握品质控制（QC）和ISO9000质量管理体系要求，加强现场和细节管理，提升发现、分析和处理问题的能力，提高客户满意度。

⑥运作成本核算能力。科学分析客户质量要求和运作成本的关系，保证质量，节约成本。

⑦信息技术管理能力。运用现代信息技术手段，进行仓储经营与管理，分析、预测在整个仓库管理及保管养护活动中可能发生的各类问题，并采取相应的预防措施。

⑧具有一定的谈判、沟通、营销能力。

任务二　仓库布局与规划

仓库主要由以下几部分组成：货物储存作业区，验收、分发作业区，管理室及生活间，其他辅助设施等。仓库布局包括仓库平面布置和空间布置，是指一个仓库的各个组成部分，如库房、货棚、货场、辅助建筑物、铁路专运线、库内道路、附属固定设备等，在规定的范围内，进行平面和立体的合理安排。

仓库一般尽可能采用单层设备，单层设备的造价低，从而使资产的平均利用率高；货物在出入库时一般做单向直线运动，这样能避免逆向操作和大幅度转向的低效率运作；仓库应采用高效率的物料搬运设备,采用有效的存储计划;在满足搬运设备转弯半径要求的基础上,尽量减少通道所占用的空间;尽量利用仓库高度,也就是说,有效利用仓库的容积,如采用货架存储货物。

一、仓库平面布置

仓库平面布置是指对仓库的各个部分——存货区、入库检验区、理货区、流通加工区、配送备货区、通道以及辅助作业区在规定范围内进行全面合理的安排。仓库平面布置是否合理,将对仓储作业的效率、储存质量、储存成本和仓库盈利目标能否实现产生很大影响。

（一）影响仓库平面布置的因素

1. 仓库的专业化程度

仓库专业化程度主要与库存货物的种类有关。库存货物种类越多,仓库的专业化程度越低,仓库平面布置的难度越大;反之,难度越小。因为仓库储存货物的种类多,各种货物的理化性质有所不同,所以储存保养方法及装卸搬运方法也就有所不同。因此,在进行仓库平面布置时,必须考虑不同的作业要求。

2. 仓库的规模及功能

仓储的规模越大、功能越多,则需要的设施设备就越多,设施设备之间的配套衔接成为平面布置中的重要问题,从而增加布置的难度。

（二）仓库平面布置的要求

1. 仓库平面布置要适应仓储作业过程的要求,要有利于仓储作业的顺利进行

(1)仓库平面布置的货物流向应该是单一的。仓库内货物的卸车、验收、存放地点之间的安排要适应仓储生产需要,按一个方向流动。

(2)最短的搬运距离。根据作业方式、仓储货物品种、地理条件等,合理安排库房、专用线与主干道的相对位置,尽量减少迂回运输。

(3)最少的装卸环节。减少在库货物的装卸搬运次数,货物的卸车、验收、堆码作业最好一次完成。

(4)最大限度地利用空间。仓库平面布置属于立体设计,应有利于货物的合理储存和充分利用库容。

2. 仓库平面布置要有利于提高仓储经济效益

要因地制宜,充分考虑地形、地质条件,利用现有资源和外部协作条件,根据设计规划和库存货物的性质更好地选择和配置设施设备,以便最大限度发挥效能。

3. 仓库平面布置要有利于保证安全和职工的健康

仓库在建设时应严格执行《建筑设计防火规范》,留有一定的防火间距,并有防火防盗安全设施;作业环境的安全卫生标准要符合国家的有关规定,有利于职工的身体健康。

（三）仓库布置的原则

1. 单层仓库平面布置原则

（1）重大件货物，周转量大和出入库频繁的货物，宜靠近出入口布置，以缩短搬运距离，提高出入库效率；

（2）易燃的货物，应尽量靠外面布置，以便管理；

（3）要考虑充分利用面积和空间，使布置紧凑；

（4）有吊车的仓库，吊车出入库的运输通道最好布置在仓库的横向方向，以减少辅助面积，提高面积利用率；

（5）仓库内部主要运输通道一般采用双行道；

（6）仓库出入口附近一般应留有收发作业用的区域；

（7）仓库内若设置管理室及生活间，则应该用墙将管理室及生活间与库房隔开，且管理室及生活间位置应靠近道路一侧的入口处。

2. 多层仓库平面布置原则

多层仓库平面布置除必须符合单层仓库平面布置原则外，还必须满足下列要求：

（1）多层仓库最大占地面积、防火隔间面积、层数，应根据储存货物类别和建筑耐火等级，遵照现行《建筑设计防火规范》来确定；

（2）一座多层库房占地面积小于 $300m^2$ 时可设一个疏散楼梯，面积小于 $100m^2$ 的防火隔间可设置一个门；

（3）多层仓库建筑高度超过 24m 时，应按高层库房处理；

（4）多层仓库存放货物时应遵守上轻下重原则，周转速度慢的货物应分布在底层；

（5）当设地下室时，地下室净空高度不宜小于 2.2m；

（6）楼板载荷应控制在 $2t/m^2$ 为宜。

二、货位布局形式

货位布局的目的，一方面是提高仓库平面和空间利用率，另一方面是提高货物保管质量，方便出入库作业，从而降低货物的仓储处置成本。

（一）货位布局的依据

在确定货物存放位置时，应将货物分区分类存放。

1. 分区分类应考虑的因素

（1）货物所需的储存条件。仓库中储存的货物在理化性质和生物特性上存在着较大差异，理化性质及生物特性不同的货物对储存环境有着不同的要求。在确定货区货位时必须考虑货物自身的特性及货物之间的特性差异，应严格遵守"四一致原则"，即"属性一致、养护方法一致、作业手段一致、消防方法一致"。

（2）仓库空间利用率。仓库空间利用率是衡量仓库经营管理水平的重要指标。对货物分区分类时,在保证货物安全的前提下尽可能提高仓库空间利用率,以降低成本,提高利润。

(3)地面载荷。地面载荷即每平方米地面所能承受的最大设计压力(t/m^2)。地面载荷一般为$2t/m^2$,加强型地面载荷为$5t/m^2$以上,在确定粗大笨重货物货位时,一定要考虑地面的承受能力。若地面载荷承受不了巨大的压力(也就是通常所说的超载),地面就会塌陷,使货架或货物倾覆。地面载荷是在规划和设计仓库时,根据仓库储存对象而规划确定的,并不是越大越好,这是因为地面载荷越大,仓库施工费用越高。不同仓库的地面载荷不同,同一仓库也可以按地面载荷不同划分不同的区域。

(4)仓库设施条件。仓库设施条件是在对货物分区、分类时所考虑的一个重要因素。由于货物在属性、尺寸、单位重量、包装形态上存在着差异,有些货物可露天堆码存放,有些货物必须入库上架存储,有些货物可在常温常湿条件下储存,有些货物在储存时需要恒温恒湿条件,所以仓库在对货物分区分类时一定要考虑现有的仓库设施条件,既科学地分区、分类,又经济、合理、高效地利用仓储设施设备。

2. 分区分类方法

(1)按货物种类和性质分区、分类,即按货物的自然属性归类。在化学品、危险品存放归类时,应注意事故发生的可能性。

(2)按不同货主分区、分类。当仓库为几个不同的货主服务时,为方便货物存取,避免货物混淆,往往采用这种方式。

(3)按货物流向分区、分类。这种方式多适用于短期中转储存的货物,如在各种场、站、码头、机场的中转库一般可采用这种方式。

(4)按货物必要的储存条件分区、分类。这种方式在货主没有特殊要求时,被普遍采用。

(5)按货物的流时分区、分类。这种方式主要适用于长期储存货物和短期储存货物混存在同一仓库时,长期储存货物与短期储存货物应严格分开,一般将短期储存货物存放在离库门比较近的地方,以方便货物出入。

(二)货位布局的形式

仓库内部布局包括平面布局和空间布局。

仓库内部平面布局是指对保管场所内的货垛(架)、通道、垛(架)兼具、收发货区等进行合理规划,并正确处理它们的相对位置。保管面积是库房使用面积的主体,是货垛、货架所占面积的综合。货垛、货架的排列形式决定了库内平面布局的形式。仓库内部平面布局一般有以下形式。

1. 垂直布置之横列式

所谓横列式就是指货位、货架或货垛与库房横向平行排列布置。其特点是货垛整齐美观,存取查点方便,通风采光良好,但仓库空间利用率较低。

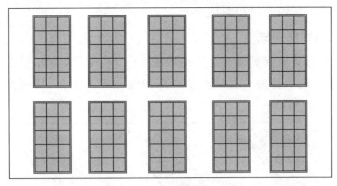

图 2-4　垂直布置之横列式

2. 垂直布置之纵列式

所谓纵列式就是指货位、货架或货垛与库房横向垂直排列布置。其特点是仓库空间利用率较高,主干道货位利于存放周转期短的货物,支干道货位利于存放周转期长的货物,但不利用通风采光及机械化作业。

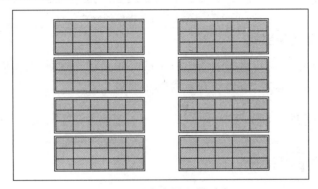

图 2-5　垂直布置之纵列式

3. 混合式

所谓混合式就是指在同一座库房内采用横列式和纵列式混合布置货位或货架的一种形式。它兼有上述两种方式的特点。混合式是最常用的一种方式。

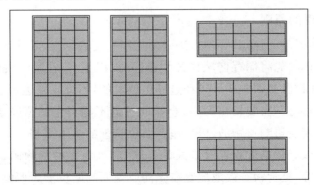

图 2-6　混合式

露天货场的货位多与货场的主作业通道垂直排列,以便于装卸和搬运。货位布局既要考虑操作的需要,又要考虑货物的安全,还要留出一定的垛距、墙距等,要合理、充分利用库房面积,尽量提高仓库、货场的面积利用率。

4. 倾斜布局之货垛倾斜式

这种布局方式是指货垛或货架与仓库侧墙成60°、30°、45°的夹角布局。其优点主要是便于叉车操作,缩小叉车的回转角。其缺点是仓库内存在很多死角,从而浪费仓储面积,降低仓库面积利用率。

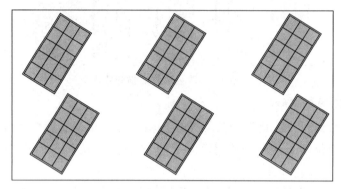

图2-7 倾斜布局之货垛倾斜式

5. 倾斜布局之通道倾斜式

这种布局方式是指通道与仓库侧墙成一定的夹角布局。这种布局方式利用通道对仓库进行区分,便于货物分类管理,但会使仓库内部布局较为复杂。

三、货物储位管理

（一）货物储位管理概述

1. 货物储位管理的定义

货物储位管理就是利用储位来使货物处于"被保管状态"并且能够明确显示所储存的位置,同时当货物的位置发生变化时能够准确记录,使管理者能够随时掌握货物的数量、位置以及去向。

2. 货物储位管理的原则

储位管理与其他管理一样,其管理方法必须遵守一定的原则,其基本原则有以下三个。

(1)储位标识明确。先将储存区域详细划分,并加以编号,让每一种预备存储的货物都有位置可以存放。此位置必须是明确且经过储位编码的,不可以是边界含糊不清的位置,如走道、角落或货物旁边等。需要指出的是,仓库的过道不能当作储位来使用,虽然在短时间内会得到便利,但长期会影响货物的进出,违背储位管理的基本原则。

(2)货物定位有效。依据货物保管方式的不同,应该为每种货物确定合适的储存单位、储存策略、分配规则等,把货物有效地配置在先前所规划的储位上,例如,冷藏货物应该放在冷藏库,流通速度快的货物应该放置在出口处,日化用品不能和食品放在一起,等等。

(3)及时变动更新。当货物被有效地配置在规划好的储位上,接下来的工作就是储位的维护,也就是说,不管是因拣货取出还是货物被淘汰,抑或是受其他作业的影响,只要货物的位置或数量发生了改变,就必须及时地将变动情况记录下来,以使记录数据与实物数量能够完全吻合,如此才能进行有效管理。变动记录工作非常烦琐,仓库管理人员在繁忙的工作中会产生惰性。如何准确及时记录变动情况,这是储位管理中最困难的部分,也是目前各仓库储位管理作业成功的关键。

(二)货物储位规划管理

1. 货物储位管理的范围

在仓库的所有作业中,所用到的保管区域均是储位管理的范围。根据作业方式的不同,货物储位可分为预备储区(暂存区)、保管储区、动管储区,如图2-8所示。

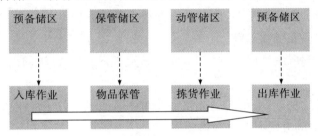

图2-8 货物的储位规划管理

(1)预备储区(暂存区)。预备储区是指货物进出仓库时的暂存区,货物在此预备进入下一保管区域。虽然货物在此区域停留的时间不长,但是不能在管理上疏忽大意,以免给下一项作业程序带来麻烦。

在预备储区,仓库不仅要对货物进行必要的保管,还要将货物打上标识、分类,根据要求将货物归类,摆放整齐。为了在下一作业程序中节省时间,标识与看板的颜色要一致。

对于入库暂存区,货物在进入暂存区前应先分类,暂存区也应先行标示区分,并且配合看板上的记录,依据分类和入库上架顺序,将货物分配到预先规划好的区域储存。

对于出库暂存区,每一车或每一区域路线的配送货物必须排放整齐并且加以分隔,摆放在事先标示好的储位上,再配合看板上的标示,按照出货单的顺序进行装车。

(2)保管储区。这是仓库中面积最大、最主要的区域,货物在此区域以比较大的存储单位进行保管,并且保管时间较长,因此此区域是整个仓库的管理重点。为了最大限度地增加储存容量,仓库要考虑合理运用储存空间,提高空间利用率。为了对货物的摆放方式、位置及存储量进行有效控制,仓库应考虑储位分配方式、储存策略的合理性,并选择合适的储存和搬运设备,以提高作业效率。

(3)动管储区。动管储区是指拣货作业时所使用的区域,此区域内的货物大多在短时期内被拣取出库,货物在储位上流动频率很高。

为了让拣货时间及距离缩短、降低拣错率,拣货员须在拣货时就方便迅速地找到货物所在位置,因此仓库内的储存的标示与位置指示非常重要。而要让拣货顺利进行及降低拣错率,仓库必须依赖先进的拣货设备。例如,计算机辅助拣货系统(CAPS)、自动拣货系统等。

现在的仓库大多具有少量多样高频率进出货的特征,传统的仓库基本作业方式已经不能满足现实需要,而动管储区的出现恰恰满足了少量多样高频率进出货的需求,动管储区作业效率管理已成为仓库作业管理重要的一部分。

动管储区的主要功能是对储区货物进行整理和对拣货单进行处理,将寻找货物的时间缩短,并缩短货物的行走距离,从而提升效率。一般仓库的拣货作业,真正花费在拣货上的时间很短,但花费在寻找货物上的时间特别多,若能有效地对货物进行整理,并将货架编号、货物编号、货物名称简明地标示,再利用颜色进行分区,不但可以提高拣货效率,而且可以降低拣错率。但仓库对于货物的变动及储位的变更,一定要及时记录,以掌握正确的信息。

2. 货物储位管理方法与步骤

储位管理基本方法就是对储位管理原则的灵活运用,具体步骤如下。

(1)先了解储位管理的原则,接着应用原则来判别货物储放需求。

(2)对储放空间进行规划配置,同时选择储放设备及搬运设备。

(3)进行储位编码和货物编号。

(4)把货物分配到所编号码的储位上,可选择人工分配、计算机辅助分配、计算机全自动分配等分配方法。

(5)对储位进行维护,可采用人工表格登记等方法。维护工作要持续不断地进行,就要借助一些核查与改善的方法来监督与鼓励。

另外,在确定储位时还应注意以下几点:根据货物特性来储存,大批量货物应使用大储区,小批量货物应使用小储区;笨重、大体积的货物应储存在较坚固的层架底层及接近出货区;相同或相似的货物应尽可能靠近储放;滞销的货物或小、轻及容易处理的货物应放在距离出入口较远的储区;周转率低的货物应尽量远离进货区、出货区,周转率高的货物应尽量接近出货区存放。

(三)储位编码管理

储位编码是将库房、货场、货棚、货垛、货架按货物存放的具体位置顺序,统一编列号码,并作出明显标志。

1. 储位编码的总要求

合理的储位编码应做到"标志明显易找,编排循规有序"。

(1)标志设置要适宜。在无货架的库房内,走道、支道等的标志,一般设置在水泥或木板地面上;在有货架的库房内,货位标志一般设置在货架上。

(2)标志制作要规范。标志如果随心所欲地制造,易造成单据串库、货物错收错发等事故。统一使用阿拉伯数字制作标志,可以避免以上问题。

为了将库房、走道、支道等加以区别,标志可在数字大小、颜色上进行区分,也可在数字外加上括号、圆圈等符号加以区分。

(3)编号顺序要一致。一般以进门的方向左边单数右边双数或按自左向右数字从小到大的顺序进行编号。

(4)段位间隔要恰当。段位间隔应取决于货物品种及批量。

此外,走道、支道不宜经常变更位置及变更编号,因为这样不仅会打乱原来的货位编号,而且会使保管员不能迅速收发货。

2. 储位编码管理常用的方法

(1)地址法。利用保管区中的现成参考单位,如楼栋、区段、排、行、层、格等,按相关顺序编号。通常采用的编号方法为"三号定位法""四号定位法"。

①库区储位编码。

"四号定位"(图 2-9)是指采用 4 个数字号码对应库房(货场)、货架(货区)、层次(排次)、货位(垛位)进行统一编号。例如:"5－3－2－11"指 5 号库房(5 号货场)、3 号货架(3 号货区)、第 2 层(第 2 排)、11 号货位(11 号垛位)。

编号时,为防止出现错觉,可在第一个数字后加上拼音字母"K""C"或"P"来表示,这 3 个字母分别代表库房、货场、货棚。如13K－15－2－26,即为 13 号库、15 号货架、第 2 层、第 26 号。

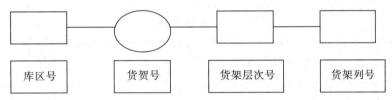

图 2-9　货架货位的四号定位法

A. 库区号(如图 2-10 所示)。

A通道

3	2	1
4	5	6

B通道

9	8	7
10	11	12

图 2-10　库区号编制

把整个仓库的所有储存场所,依地面位置按顺序编号。库区的号码可统一写在库房外墙上或库门上。编号要清晰、醒目,易于查找。

B. 货架号:面向货架从左至右编号。

C. 货架层次号(如图 2-11 所示):从下层向上层依次编号。

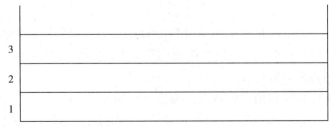

图 2-11　货架层次号编制

D. 货架列号:面对货架从左向右横向依次编号。

如:二号库存一号货架第三层第四列用"2—1—3—4"表示;A 库房二号货架第三层第一列用"AK—2—3—1"表示。

以排为单位的货架货位编号:将库房内所有的货架,以进入库门的方向,自左至右安排编号,继而对每排货架的夹层或格眼,在排的范围内按自上至下、自前至后的顺序编号。

如:5 号库存设置 6 排货架,每排上下 4 层,共有 16 个格眼,其中第 8 排货架、第 7 号格眼用"5—8—7"表示。

以品种为单位的货架货位编号(如图 2-12 所示):先将库房内的货架,以货物的品种划分储存区域后,再按不同货物占用储存区域的大小,在分区编号的基础上进行格眼编号。

1	2	3	4	5

图 2-12 货架列号编制

以货物编号代替货架货位编号:适用于进出频繁的零星散装货物;在编号时要注意货架格眼的大小、数量应与存放货物的体积、数量相适应。

如:某类货物的编号为 10101—10109 号,储存货格的一个格眼可放 10 个编号的货物,则在货架格眼的木档上制作 10101—10 的编号,并依次类推。

②货场储位编号。

货场储位编号(如图 2-13 所示)一般有两种方法。

A. 先按照储位的排列编成排号,再在排号内顺序编号。

B. 不编排号,采取自左至右和自前至后的顺序编号。

如:C 库房二号位三排一位用"CK—2—3—1"表示。

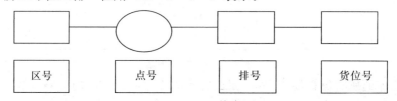

图 2-13 货场货位表示法

(2)区段法。区段法是指先把保管区域分成不同的区段,再对每个区段进行编码。这种编码方法以区段为单位,每个号码所代表的储区较大。保管区域的大小应根据物流量大小而定。

(3)品类群发。品类群发是指把相关货物经过集合后,先区分成几个品项群,再对每个品项群进行编码。这种方法适用于容易按货物群保管和品牌差距大的货物保管场合。例如:服饰、五金制品、食品等货物群。

(4)坐标式。坐标式是利用空间概念来编排储位的方式,此种编排方式对每个储位定位切割细小,在管理上比较复杂,对于流通率很低、可以存放很长时间也就是生命周期较长的货物比较适用。

3. 储位编码管理常用方法的应用

（1）绘制物资货位图。为便于管理和提高工作效率，仓库可根据储存区域与货架分布情况绘制物资货位图。常见的表示方法有两种（如图2-14、图2-15所示）。

```
物资货位图
A库：货架1、2、3、4、5——玩具类
     货架6、7、8、9、10——办公用品类
     货架11、12、13、14——体育健身用品类
B库：洗涤用品类
C库：货架1、2、3——女性服装类
     货架4、5、6——儿童用品类
D库：家用电器类
```

图2-14　物资货位图

品名	编号	库区号	货架号	货架层、列号
玩具熊	0015	A	1	3-1
城堡积木	0021	A	2	1-1

图2-15　物资货位图示

（2）货位编号的应用。

①物资入库后，仓库应将物资对应的编号及时登记在保管账、卡的"货位号"栏中，采用计算机管理的要将资料输入电脑。货位输入的准确性直接决定出库货物的准确性，仓库工作人员应认真操作，避免差错。

②当物资所在的货位变动时，账、卡应同时调整，以便"见账知物"和"见物知账"。

③为提高货位利用率，一般同一货位可以存放不同规格的物资，但必须采用具有明显区别的标识，以免造成差错。

④走道、支道不宜经常变动，否则不仅会打乱原来的货位编号，而且要调整库房照明设备。

4. 货位编号注意事项

（1）正确批注货位编号。入库货物在完成堆垛后，保管员必须准确无误地在仓储账页和货卡上批注存货位置，以供账务员（业务会计）签发存货凭证。若货物移位，则要及时更改货卡和保管账的货位编号。

批注货位编号时，应先区分库房、货棚、货场，并把仓库、楼房、库房的编号连写在一起，然后分别以连接线连接库房走道、支道及段位编号。例如：水壶储存在2号楼5层3库房、第6支道、第10段位，整个货位编号的批注应是253－6－10。

（2）熟悉货位编号及其位置。保管员必须熟悉保管区内库房（棚、场）走道、支道及段位的编号位置，以便发货时按货位编号的顺序迅速理单，按出库的先后顺序依次发货，并做到"发货不走回头路"。

（3）库房走道、支道不宜经常变动。库房走道、支道经常变更位置，不仅会打乱原来的货位编号，而且要调整库房照明设备，因此不宜轻易变动。

（4）绘制货位编号平面布置图。通过绘制货位编号平面布置图，仓库不但可以全面了解库房和货场的货物储存分布状况，而且可以及时掌握货物储存动态，便于仓库调整安排。

任务三　仓储合同管理

一、仓储、保管合同的签订与管理

（一）仓储合同的定义及法律特征

1. 仓储合同的定义

仓储合同，又称仓储保管合同，是保管人储存存货人交付的仓储物，存货人支付仓储费的合同。

仓储业是随着商品经济的发展，从保管业中发展、壮大起来的特殊行业。近代以来，仓储业日渐发达，随着国际及地区贸易的扩大，仓储业能为大批量货物提供便利、安全、价格合理的保管服务。因此仓储合同不再被当作一般的保管合同来对待，而是被当作一种独立的有名合同在合同法中加以规定。

2. 仓储合同的法律特征

（1）仓储合同是诺成合同。为约束仓储合同双方的行为，更好地维护双方利益，法律规定仓储合同自双方达成合意时成立，而无须存储货物的实际交付。《中华人民共和国合同法》第382条规定：仓储合同自成立时起生效。

（2）保管人必须是拥有仓储设施设备并从事仓储保管业务的人。根据《仓储保管合同实施细则》的规定，保管人必须是经工商行政机关核准，依法从事仓储保管业务的法人。

（3）仓储合同为双务有偿合同。由于仓储也是一种商业营业活动，因此仓储合同的双方当事人互负给付义务，保管人提供仓储服务，存货人给付报酬和其他费用。这与一般的保管合同不同，因为保管合同既可有偿也可无偿。

（二）仓储合同的生效

仓储合同自成立时生效。仓储合同是诺成合同，即双方当事人意思表示一致，合同就可成立、生效。而保管合同是实践合同，保管合同除双方达成合意外，还必须有寄存人交付保管物，合同从保管物交付时起成立。这是仓储合同与保管合同的重要区别之一。

仓储合同为不要式合同，既可以采用书面形式，也可以采用口头形式。无论采用何种形式,只要符合合同法中关于合同成立的要求,合同即告成立,而无须以交付仓储物为合同成立的要件。这就意味着,双方当事人意思表示一致即受合同约束,任何一方不按合同约定履行义务,都要承担违约责任。无论是存货人还是保管人都有商业盈利的需要,特别是保管人就是以替他人储存、保管业务为业。保管人接受仓储物予以储存,存货人支付仓储费,双方就形成一种交易行为,如果规定仓储合同为实践合同,则不利于这种交易的安全与稳定。因此,"仓储合同自成立时生效"。

(三)仓储合同的主要条款

仓储合同的主要条款一般有:货物的品名或品类;货物的数量、质量、包装;货物验收的内容、标准、方法、时间;货物的保管条件和保管要求;货物进出库的手续、时间、地点、运输方式;货物损耗的标准和损耗的处理;计费项目、标准和结算方式、银行、账号、时间;责任划分和违约处理;合同的有效期限;变更和解除合同的期限。

(四)仓储货物的验收

保管人和存货人应当在合同中对入库货物的验收问题作出约定。验收的主要内容有三项:一是验收项目,二是验收方法,三是验收期限。

1. 验收项目

一般保管人的正常验收项目包括:货物的品名、规格、数量、外包装状况,以及无须开箱拆捆直观可见可辨的质量情况。包装内的货物品名、规格、数量以外包装或货物上的标记为准;外包装或货物上无标记的,以供货方提供的验收资料为准。散装货物按国家有关规定或合同规定验收。

2. 验收方法

验收方法包括全部验收和按比例验收。

3. 验收期限

验收期限自货物和验收资料全部送达保管人之日起,至验收报告送出之日止。

保管人应当按照合同约定的验收项目、验收方法和验收期限进行验收。保管人验收时发现入库的仓储物与约定不符的,如发现入库的仓储物的品名、规格、数量、外包装状况与合同中的约定不一致的,应当及时通知存货人,由存货人作出解释,或者修改合同,或者将不符合约定的货物予以退回。保管人验收后发现仓储物的品种、数量、质量不符合约定的,保管人应当承担损害赔偿责任。

(五)储存危险货物和易变质货物的要求

储存易燃、易爆、有毒、有腐蚀性、有放射性等危险货物或易变质货物,存货人应当说明该货物的性质,提供有关资料。保管人储存易燃、易爆、有毒、有腐蚀性、有放射性等危险货物的,应当具备相应的保管条件。

存货人储存易燃、易爆、有毒、有腐蚀性、有放射性等危险货物或者易变质货物,应当向保管人说明该货物的性质。所谓"说明",应当是在合同订立时予以说明,并在合同中注明。这是诚实信用原则的必然要求。如果存货人在订立合同后或者在交付仓储物时才予以说明,那么保管人根据自身的保管条件和技术能力不能保管的,则可以拒收仓储物或者解除合同。

存货人除应当对需要储存的危险货物及易变质货物的性质作出说明外,还应当提供有关资料,以便保管人进一步了解该危险品的性质,为储存该危险品做必要的准备。存货人没有说明所储存的货物是危险品或者易变质货物,也没有提供过有关资料,保管人在入库验收时,发现是危险货物或易变质货物的,保管人可以拒收仓储物。保管人在接收仓储物后发现是危险货物或者易变质货物的,除及时通知存货人外,也可以采取相应措施,以避免损害的发生,由此产生的费用由存货人承担。例如,将危险货物搬出仓库转移至安全地带,由此产生的费用由存货人承担。如果存货人没有对危险品的性质作出说明并提供有关资料,从而给保管人的财产或者其他存货人的货物造成损害的,则存货人应当承担损害赔偿责任。如果存货人未说明所存货物是易变质货物而导致该货物变质损坏的,则保管人不承担赔偿责任。

(六)货物的储存

保管人在入库检查时发现仓储物有变质或者其他损坏的,应当及时通知存货人或者仓单持有人。保管人对仓储货物有妥善保管的义务,保管人应当按照保管合同中约定的保管条件和保管要求妥善进行保管。保管人因保管不善而造成仓储物变质或者其他损害的,应当承担赔偿责任。例如,保管条件已不符合原来的约定,合同约定用冷藏库储存水果,但冷藏库的制冷设施发生故障,保管人不采取及时修理等补救措施,致使水果腐烂变质的,保管人应承担赔偿责任。

保管人在符合合同约定的保管条件和保管要求进行保管的情况下,因仓储物的性质、包装不符合约定或者超过有效储存期,造成仓储物变质、损坏的,尽管保管人不承担责任,但是保管人应当及时将此种情况通知存货人或者仓单持有人。

以下是仓储合同示例。

仓储合同

(示范文本)

合同编号:_____

保管人:_____ 签订地点:_____

存货人:_____ 签订时间:____年____月____日

第一条 仓储货物

品名	品种规格	性质	数量	质量	包装	件数	标记

(注:空格如不够用,可以另接)

第二条 储存场所、储存货物占用仓库位置及面积：_____。

第三条 仓储货物（是/否）有瑕疵。瑕疵是：_____。

第四条 仓储货物（是/否）需要采取特殊保管措施。特殊保管措施是：_____。

第五条 仓储货物入库检验的方法、时间与地点：_____。

第六条 存货人交付仓储物后，保管人应当给付仓单。

第七条 存储期限：从____年____月____日至____年____月____日。

第八条 仓储物的损耗标准及计算方法：_____。

第九条 保管人发现仓储物有变质或损坏的，应及时通知存货人或仓单持有人。

第十条 仓储物（是/否）已办理保险。险种名称：_____；保险金额：_____；保险期限：_____；保险人名称：_____。

第十一条 仓储物出库检验的方法与时间：_____。

第十二条 仓储费（大写）：_____元。

第十三条 仓储费结算方式与时间：_____。

第十四条 存货人未向保管人支付仓储费的，保管人（是/否）可以留置仓储物。

第十五条 违约责任：_____。

第十六条 合同争议的解决方式：本合同在履行过程中发生的争议，由双方当事人协商解决，也可由当地工商行政管理部门调解。协调或调解不成的，按下列第_____种方式解决：

（一）提交_____仲裁委员会解决；

（二）依法向人民法院起诉。

第十七条 其他约定事项：_____。

存货人 存货人（章） 住所： 法定代表人： 委托代理人： 电话： 开户银行： 账号： 邮政编码：	保管人 保管人（章） 住所： 法定代表人： 委托代理人： 电话： 开户银行： 账号： 邮政编码：	鉴（公）证意见： 鉴（公）证机关（章） 经办人： 　　年　月　日

二、仓储作业计划的编制

仓储作业计划是仓储管理部门根据货物情况、仓库情况、设备情况等制定的仓储计划，并在货物入库前将任务下达各相应的作业单位、管理部门。

在编制仓储作业计划时应考虑以下因素。

（一）货物情况

仓储管理人员应认真了解货物的属性，掌握入库货物的品种、规格、数量、包装状态、货

物存期、理化特性、保管要求等内容,以便确定货物的储存场所和保管措施。

货物在选择储存位置时要遵守"四一致原则"。若同一库内存放有多家公司的产品,则各公司的产品应分开摆放,标示清楚。同一公司的产品应严格按照规格、型号分开码放。对于零散产品,必要时设置产品周转箱,节省库内码放面积。同一垛位中不得混放型号相似、相近的产品。

(二)仓库情况

仓储管理人员应准确了解货物在入库时的库容情况,熟悉现有仓库分区标准和仓储条件,以便根据货物情况选择适宜的储存场所。

例如,需低温冷藏的货物应选择恒温或冷藏库区;特殊货物如易燃、有毒、放射性货物须及时放入危险品仓库,并与一般货物隔离存放;对于贵重货物应重点管理,放置在仓管员便于巡视、监管的区域。

(三)设备情况

仓储管理人员对现有仓储设施设备的种类、数量、性能和作业特点应有充分了解,以便根据货物情况和总体作业任务量合理选择、分配设施设备。

例如,过大、过重的货物不适合用货架存储,应该选择平置库区存放;对于整箱出入库且作业量较大的货物,应用托盘集装和叉车装卸搬运,从而提高作业效率;对于拆零出入库的货物,存储设备的选择应充分考虑人工作业的便捷性,一般放置在具有流利式货架、阁楼式货架的库区。

(四)到货情况

仓储管理人员应了解货物到货准确时间、到货批次、车辆情况(包括车辆的数量、规格等)等内容,以便确定仓储作业的开始时间和结束时间,合理安排作业人员和作业设备。要在保证作业按时完成的前提下,尽可能提高设施设备的利用率。

(五)人员情况

仓储管理人员了解仓储作业人员的数量、人员变动情况、作业班次、承担工作量等情况,以便合理分配任务,平衡劳动强度。例如,白班、晚班工作量的平衡,大宗货物作业和零散货物作业的合理组合、分配。

任务四 仓储作业安全管理

一、消防安全保护措施

近年来,随着物流业的发展,仓储库房的建设也日益增多,但是由于客观条件的限制等,还有相当数量的仓库在消防方面存在着较为严重的火灾隐患。因此，为了预防火灾和减少火灾损失，仓库对防火工作必须高度重视，严格要求，加强管理。

（一）仓库库房现状及存在的问题

1. 建筑耐火等级低

一般旧仓库的建筑墙体虽然为砖墙，但屋顶结构多为尖顶木结构，建筑耐火等级普遍为三级，一旦发生火情容易造成仓库大面积起火的火灾事故。

2. 仓库建筑防火间距不足

有的仓储企业为了扩大业务，在原有仓库的基础上私自进行改建，或搭建天棚等临时建筑，占用和阻塞消防通道及疏散走道，缩小防火间距，致使建筑防火分区扩大，不符合《建筑设计防火规范》《仓库防火安全管理规则》的要求，如果发生火灾则极易造成重大火灾事故。

3. 消防水源缺乏

仓库普遍远离中心城区，消防水源以天然水源为主，由于资金、人力和财力等问题，若消火栓系统不能及时铺设到位，则易导致当地消防水源的缺乏。

4. 消防安全意识淡薄

目前一部分仓储企业，特别是外包的仓库，日常管理混乱，消防安全意识淡薄，主要表现在以下五个方面。

（1）仓库内货物超量堆放现象严重，货物堆放不规范，没有留出足够的防火间距，如果发生火灾，则火势容易迅速蔓延，会给火灾的扑救工作带来很大的困难。

（2）仓库内电气装置、电气设备、电气线路铺设不符合国家有关消防技术标准和规范要求。许多仓库的电气线路直接铺设在建筑的吊顶、屋面、墙面和屋架上，未设置防雷、防静电设施，没有采取必要的保护措施，容易引起电气火灾。

（3）仓库管理人员及新职工没有经过消防安全专门培训，无证上岗。

（4）各项消防安全责任制度不落实。

（5）仓库内"三合一"现象未完全杜绝，且在仓储区域私自设置办公区、生产区、生活区，擅自改变建筑的使用性质，破坏原有的防火间距，人为地增加了火险隐患，提高了发生火灾的可能性。

（二）消防监督管理的对策及防范措施

1. 严把建审第一关

新建、改建建筑在建筑审核阶段应严格按照国家法律、法规和有关建筑消防技术标准进行审核，明确消防水源、建筑耐火等级、建筑层数、建筑长度、防火防烟分区、消防通道、储存货物危险性质等情况。

2. 加强监督管理力度

应当对仓库定期进行检查指导，特别是对仓库建筑集中、火险隐患严重的地方应进行集

中整治。对火险隐患突出的单位要坚持原则,抓住不放。积极消除各种火险隐患,落实消防安全责任制和各项防范措施,加强仓库消防安全工作,预防重特大火灾事故的发生。

3. 重点解决"三合一"现象

目前,仓库范围内设置生活区的情况已较少,但设置生产区、办公区的情况较普遍。在防火监督检查过程中,主要解决的问题是:建筑使用性质不明确,生产区、办公区、仓储区混乱工作。应切实消除隐患,落实消防安全责任制,避免重特大火灾事故的发生。

(三)仓库的防火防爆

仓库的防火防爆工作是仓库安全工作的重中之重,只有掌握防火防爆工作的基本原理,才能避免事故发生。掌握了基本原理,即使出现险情也能采取有效措施,避免更大损失。

仓库防火防爆的具体措施包括以下方面。

1. 控制可燃物

其基本原理为破坏燃烧爆炸的助燃条件。具体手段包括:限制可燃物储运量;仓库建筑材料尽量用不燃材料代替可燃材料;利用通风、降尘等措施,降低可燃气体或蒸汽、粉尘在空气中的浓度;利用阻燃剂对可燃材料进行阻燃处理,改变材料的燃烧性能;等等。

2. 隔绝空气

其基本原理为破坏燃烧爆炸的基础。具体手段包括:将可燃货物装进密闭的容器和设备中储存和运输;在储存和运输危险货物时,将易燃易爆货物置于充满惰性气体的容器中;采用隔绝空气等特殊方法储存和运输有燃烧爆炸危险的货物;隔离与酸、碱、氧化剂等接触能够燃烧爆炸的可燃物和还原剂;等等。

3. 消除引火源

其基本原理为破坏燃烧的激发能源。具体手段包括:仓库要消除明火源;防止撞击产生火星和控制摩擦生热;防止电气火花的产生,危险品库里的照明灯要安装防爆灯;防止日光直射和聚光,仓库要安装相应装置,如百叶窗;控制高温物体作用,要关注仓库温度变化,对高温物体要做好监控;等等。

4. 阻止火势蔓延

其基本原理为阻止新的燃烧条件形成,防止扩大火势。具体手段包括:存放的货物之间要留足防火间距,在仓库内设置防火分隔带;仓库要设置阻火器、安全液封;有压力的容器设备安装防爆膜(片)、安全阀,防止失火时发生爆炸;内部能形成爆炸介质的建筑要设置卸压门窗、轻质屋盖。

另外,对于占地面积大于1000m^2的棉、毛、丝、麻、化纤、毛皮及其制品的仓库,占地面积大于600m^2的火柴仓库,邮政楼中建筑面积大于500m^2的空邮袋库,建筑面积大于500m^2的可燃货物地下仓库,二类可燃货物库房,均应采用自动喷水灭火系统。

(四)常见储存货物灭火须知

仓库消防安全工作是仓储管理的重要工作之一,仓库一旦不慎发生火灾,仓储管理人员不要惊慌,而要冷静地根据仓库所存货物,选择适宜的消防器材灭火。若选择的灭火器材不合适,则有可能使火灾扩大化,也有可能造成货物损坏,人为地扩大损失。常见储存货物的灭火方式选择如表 2-1 所示。

表 2-1 常见储存货物的灭火方式选择

储存货物	应选用的灭火方式	不可选用的灭火方式
纸张	干粉灭火器	水
木材	水、泡沫灭火器	—
家电	干粉灭火器	水
精密仪器	二氧化碳灭火器	水
包装食品	水、泡沫灭火器	—
酒	干粉、泡沫灭火器(首先开启雨淋系统)	用水并站在离火源较近的地方
油	泡沫灭火器	水
棉花	水	干粉灭火器
油漆	泡沫灭火器	水
粮食	水	干粉灭火器
金属材料	干粉灭火器	水

二、仓储作业安全要求

仓储作业安全的基本要求包括人力作业和机械作业两方面内容。

(一) 人力作业的安全要求

由于人工作业方式受作业人员的身体素质、精神状况、感知能力、应急能力等多种因素的影响,因此必须做好作业人员的安全作业管理工作,具体要求如下。

1. 在合适的作业环境和负荷条件下进行作业

人工作业现场必须排除损害作业人员身心健康的因素;对于存在潜在危险的作业环境,作业前要告知作业人员,让作业人员了解作业环境,尽量避免作业人员身处危害位置或接近危险因素;人力作业仅限制为轻负荷的作业,不超负荷作业,人力搬运货物时要注意货物标重,一般来说,男性员工不得搬举超过 80kg 的货物,女性员工搬运负荷不得超过 25kg,集体搬运时每个人的负荷不得超过 40kg。

2. 尽可能采用人力机械作业

人力机械承重也应在限定的范围,如人力绞车、滑车、拖车、手推车等承重不超过 500kg。

3. 做好作业人员的安全防护工作

作业人员要根据作业环境和接触货物的性质,穿戴相应的安全防护用具,携带相应的作业用具,按照规定的作业方法进行作业。不得使用自然滑动、滚动和其他野蛮作业方式。作业时注意人工与机械的配合。在进行机械移动作业时,作业人员须避开移动的货物和机械。

4. 在适合作业的安全环境下进行作业

作业前,仓储管理人员应使作业人员清楚作业的要求,让作业人员了解作业环境,并向作业人员指明危险因素和危险位置。

5. 作业现场必须设专人指挥和进行安全指导

现场安全管理人员要严格按照安全规范进行作业指挥,指导作业人员避开不稳定货垛的正面、运行起重设备的下方等不安全位置进行作业;在作业设备调整时,应暂停作业、适当避让;发现作业现场存在安全隐患时,应及时停止作业,消除隐患后方可恢复作业。

6. 合理安排作息时间

为保证作业人员的体力和精力,每作业一段时间应安排适当的休息时间,如每作业2小时至少有10分钟休息时间,每作业4小时有1小时休息时间,还要合理安排作业人员吃饭、喝水等生理活动时间。

(二)机械作业的安全要求

机械作业安全管理的内容主要是注意机械本身的状况及可能对货物造成的损害,具体要求如下。

1. 在机械设备设计负荷许可的范围内作业

作业机械设备不得超负荷作业;危险品作业时须至少降低25%的作业负荷;所使用的设备应无损坏,特别是设备的承重机件更应无损坏,符合使用的要求,不得使用运行状况不好的机械设备作业。

2. 使用合适的机械设备进行作业

尽可能采用专用设备作业,或者使用专用工具。通用设备必须满足作业需要,并进行必要的防护,如绑扎、限位等。

3. 设备作业要有专人进行指挥

采用规定的指挥信号,按作业规范进行作业指挥。

4. 移动设备运输货物注意事项

叉车不得直接叉运压力容器和未包装货物;移动吊车只有在停放稳定后方可作业;移动设备在载货时需要控制行驶速度,不可高速行驶;货物不能超出车辆两侧0.2m,禁止两车共载一物;载货移动设备不得载人运行。

任务五 仓储系统规划与设计

一、仓储系统规划与设计概述

仓储规划是指在进行仓储活动之前,对仓储模式、仓储设施、储存空间、信息管理系统等

项目二　仓储管理与规划

进行决策及设计。仓储规划设计是从时空上对仓库新建、改扩建进行全面系统规划以及对仓库中保管货物的收、存、盘、发等作业进行规划设计。

(一)仓储系统规划与设计的作用

1. 充分利用仓储空间

仓库存储区布局设计的一条重要原则是充分利用仓库的容积。仓储区面积越大对存取的限制就越多,仓库货物的周转量大小也会影响仓储的实际大小。例如,在一家供货仓库里,当周转率很低时,库房又宽又深,存取能力有限,过道也非常狭小。周转率增加就必须有更好的存取操作条件和更宽的过道。配送仓库为满足顾客的需要也必须进行较快的存取操作。

2. 保护库存货物

仓库布局的目的之一是为仓库空间的使用提供一个良好的框架。在保护方面,一般制定如下准则:第一,仓库中各类危险品(如易爆易燃物、氧化剂)必须同其他货物分开储存,以避免其他货物被损坏;第二,仓库必须对需要特别看管的货物采取保护措施以防止货物失窃;第三,仓库必须适当地调整那些需要处理的货物,如需要冷冻或需要加热的货物;第四,仓库工作人员必须避免将轻、脆货物堆码,或储藏在可能会使货物品质受损的地方,同时有必要对危险品运输与存储加强管理。

3. 提高仓库使用效率

仓库布局的好坏将决定仓库使用效率的高低。关于效率问题,有两点很重要:第一,有效利用仓库空间,即利用好仓库的高度,减少过道所占面积;第二,安排好货物的堆垛以减少劳动消耗,降低搬运成本。

(二)仓储系统设施布局的重要性

仓储的基本活动包括储存、保养、维护和管理,这些活动都离不开仓储设施与设备的支持。仓储活动主要是在一定的空间范围内开展的,仓库的合理布局是仓储活动有效开展的保证条件之一。合理布局仓储设施的重要性主要体现在以下方面。

1. 合理利用有限空间

仓储活动的空间范围是有限的,仓储的基本活动除了储存之外,还包括收货、理货、入库、出库活动。根据特定顾客的要求,仓储活动可能还包括分拣、配装等,这些活动都需要一定的设备设施才能完成。对这些仓储活动所必需的设备设施进行有效布局,确保仓储活动的有效进行,是仓储设施设备布局的首要任务。

仓储活动还伴有搬运、装卸等作业,这些作业将仓储活动贯穿起来,同时这些作业需要搬运、装卸设备,为保证这些设备的正常运行,在仓储设施设备布局中必须保留相关的通道。

在仓储活动中,相关设施设备主要是由人来操作的,为作业现场的员工提供良好的工作场所和生活、休息区域以及为设施设备提供暂存、维修和保养的场所,都是在仓储设施布局过程中所要考虑的。

2. 保证货物流动的顺畅性

在划分主要功能区域之后,要根据各功能区域物流量的大小进行布局。将物流量较大的区域安排在出入口附近,以保证物资流动的顺畅性,将物流量较小的区域安排在距离出入口较远的位置。

3. 满足客户需求

仓储活动可分为企业内部仓储活动、第三方物流仓储活动等形式,无论是哪种形式,仓储活动都是为了后续物流活动的顺利开展而准备的。在仓储区域开展具体的仓储活动,必须要以后续客户的需求为主。在对仓储设施进行布局时,首先要了解客户对仓储活动的需求,然后确定仓储区域基本功能,再按照科学方法确定各功能区域的比例和相对位置。

二、仓储系统规划与设计流程

选址决策可以从宏观和微观的角度进行思考。从宏观角度思考是指从地理上分析在哪些范围选址,可以找到优质原材料供应源及改善市场供给。从微观角度思考是指在一定的地理范围内如何确定具体的仓库地址。

(一)宏观角度的选址分析

从宏观角度出发,较为常用的是三种选址策略:市场定位、生产定位和迅速定位。

市场定位是将仓库定位在离用户最近的地方。这使得客户服务水平达到最高,并可产生规模效应——从工厂或者供应源到每个仓库的整车或车辆满荷载运输。将仓库定位在服务市场地区的影响因素包括运输成本、订货周期、订单量、本地运输可得性以及客户服务水平要求等。

生产定位是将仓库选在接近产品供应源或者生产工厂的地方。生产定位型仓库一般不具备与市场定位型仓库一致的客户服务水平,然而生产定位型仓库可以作为不同工厂制造的产品集中地。对于生产多种产品的公司来说,运输经济性来自于将分散的产品运输合并成整车运输。将仓库定位在接近生产地点的影响因素包括原材料的易损性、产品组合中的产品数量、客户订购产品的分类、一级合并运输费率等。

迅速定位是指将地点选在最终用户和生产者之间。迅速定位型仓库的客户服务水平明显高于生产定位型而低于市场定位型。如果仓库必须提供较高水平的客户服务和来自于不同生产地的不同产品,那么仓库可以采用这种选址策略。

另外,仓库还可以运用以下三种策略进行选址。

一是产品仓库策略。在产品仓库策略中,公司不仅仅在一个仓库中持有一种货物或者货物组合,因此每个仓库都拥有某种货物的存货,并且没有其他货物的存货。当公司仅有几种周转率较高的产品或者产品组合时,这是一种有效的策略。如果公司有一些重要的客户在仓库所服务的市场地区需要一些特定的货物,或者公司制造具有独特运输分类和规模、重量、可运行等特征的产品,可以考虑产品仓库策略。这种策略也可以用于新产品推广。经常运用这种策略的包括农业设备、电子、服装以及纺织领域。

二是市场区域仓库策略。该策略主要是在特定的市场设立完整的仓库。每个仓库都存储公司的所有产品,因此客户可以从任何一个仓库中获得订单中的所有产品。经常运用这种策略的包括食品、纸张、玻璃、化工以及家具等领域。

三是通用仓库策略。该策略在仓库拥有所有产品方面与市场区域仓库策略类似。但通用仓库策略中的每个仓库都可以服务于某个地理市场中的所有市场。消费包装品制造商通常采用市场区域仓库策略。

(二)微观角度的选址分析

从微观角度来看,必须观察一些特定的因素。如果公司想要运用自营仓库,就必须考虑以下因素:服务于这一地点的承运商的质量和运输的多样性;可用劳动力的质量和数量;劳动力的成本;工业用地的成本和质量;扩张潜力;税收结构;建筑法规;社区环境的性质;建设成本;仓库设施的成本和可用性。

如果公司使用公共仓库,就必须考虑到以下因素:仓库设施特征;仓库提供的服务;运输承运商的可得性和接近性;当地货车费率水平;其他公司运用仓库设施的情况;计算机服务和信息沟通的可得性;存货报告的类型和频率。

综合考虑以上因素,物流业形成了选址研究的"八步法"。该方法已经被较为广泛地应用于仓库的选址。其流程如下:

第一步,当公司作出在一个新地点建造设施的初步决定后,由在公司受这个决定影响的人提出建议;

第二步,管理层指派一个团队去考察候选地址,收集相关信息,如可获得性、人员需求、运输情况、设备情况、环境情况等;

第三步,公司组建一个独立的工程队,从地形学、地质学以及设施设计等方面来考察候选地址;

第四步,公司团队提出选择新地址的关键性指标,并考虑公司运作的各个职能领域;

第五步,公司团队根据关键性指标来评价地理区域,识别潜在的候选地址;

第六步,公司团队找出在可接受地区的具体地点,通常会选择十个以内的地点来开展进一步考察;

第七步,公司团队根据一些重要因素来考察每个可能的地点,并经常去现场进行考察,排列出候选地点的次序;

第八步,公司团队从候选地点中选择一个特定的地点,这个选择通常由受直接影响最大的人(一般是高级物流执行官)来作出。

三、仓库设计原则及设计内容

(一)仓库设计的原则

不管仓库是大还是小,是自动作业还是人工操作,下列内容是在仓库设计时所必须考虑的。

1. 设计准则

仓库实体设计应考虑三大要素。

(1) 楼层数。如果土地取得成本不高,则应尽量采用单一楼层设计方案。多楼层仓库须使用电梯于楼层间搬运货物,从而会增加作业成本,同时可能造成作业瓶颈。

(2) 高度及空间的利用。不论仓库有多大,各楼层间的高度应在各项限制条件下做尽可能大的设计,只有这样才能使空间的容量最大化。一般仓库高度为 6~10m。现代自动化仓库及高屋顶式建筑,可利用高度可达 30m。高度受到的限制主要是现代化叉车的操作高度限制及防火喷水系统的安全限制。

(3) 货物流程。货物流程应力求顺畅,只有这样才能减少拥塞问题。

2. 搬运技术

搬运技术必须讲求效率及效果原则,应考虑的要素有两个。

(1) 移动连续性。搬运人员及设备的移动应尽量一次完成,避免多次移动及短距离移动。

(2) 移动规模经济。尽量把握大量货物移动搬运的机会,如使用托盘等容器。虽然这样可能需要进行批量拣货,但可减少移动的距离。若要利用规模经济原则,则通常会增加其他工作难度,尤其是储存品的分类工作难度。

3. 储存规划与货位规划

(1) 储存规划。仓库对储存货物进行科学管理的一种重要方法是实行分区、分类和定位保管。

分区就是按库房、货场条件将仓库分为若干货区。仓库分区一般根据仓库建筑形式、面积、库房、货场和库内道路的分布情况,并考虑货物分类情况和各类货物存储量,先将仓库划分为若干区,再确定每类货物储存的区域。货物的划分一般在库房、货场的基础上进行。多层库房也可按照楼层划分货区。

分类就是根据货物存储要求和基本作业流程,如根据不同货物对温度、湿度、气味、光照、虫蛀等的适应程度,将货物分为若干大类。分类的目的主要是将不同性能的货物储存在不同保管条件的库房或货场,以便于在储存过程中有针对性地进行保管与养护。

某些以运输工作为主的仓库主要是按货物流向分类。按照运输方式,首先将货物按公路、水路、航空或铁路运输方式划分。在发运量较大的仓库中,可以进一步按收货地点或到站分类。按照运输要求分类主要是仓库在组织货物发运过程中,直接将货物在各个货位备好,以减少货物在仓库中所要经过的中间环节。

定位就是在分区、分类的基础上固定每种货物在仓库中具体存放的位置。商业仓库经常要储存成千上万的货物,实行分区、分类和定位保管,使每种货物都有固定的货区、库房或货场、货位存放,不但有利于加强对货物的科学保管和养护,而且有利于加快货物出入库的速度和减少差错。

进行货物分类和仓库分区时注意划分适当。划分过粗不利于管理,划分过细不利于库容利用,应根据仓库的具体管理需要合理地划分。

(2)货位规划。确定货物在仓库中具体存放的位置应注意以下几项原则。

①为了避免货物在储存过程中相互影响,性质相同或所要求保管条件相近的货物,应集中存放,并安排条件适宜的库房或货场。

②根据货物周转情况和作业要求合理选择货位。对出入库频繁的货物,应尽可能安排于靠近出入口或专线的位置,以加快作业速度和缩短搬运距离。对体大笨重的货物,应考虑装卸机械作业是否方便。

③应当根据货物储存量,比较准确地确定每种货物所需的货位数量。一种货物的储存货位超出实际需要,不利于仓容的充分利用。

④在规划货位时,应保留一定的机动货位,以便于货物大量入库时可以调剂货位的使用,避免打乱货位安排。

(3)货位编号。货位编号就是将货物存放场所按照位置安排,采取统一标记编上顺序号码,并作出明显标志。货位编号在保管工作中起到重要的作用。在货物收发过程中,按照货位编号可以迅速、方便地进行查找,不但可以提高作业效率,而且有利于减少差错。

仓库的货位量主要取决于管理的需要。一般来说,仓库规模越小,储存货物品种、规格越复杂,相应的货位划分就越细致。反之,仓库规模越大,每一库房、货场储存的货物品种、规格较为单一,货位的划分就相对比较简单。根据仓库货位的多少,货位编号所采用的方法可以有所不同。货位编号规则与方法在前文已经详细阐述,这里不再赘述。

(二)仓储子系统设计

仓储子系统的任务是做好货位的管理工作及仓储货物的养护工作,如防虫作业、防鼠害作业、防腐作业、防锈蚀作业、防老化作业、防变质作业和仓储安全工作,保证仓储货物不受环境影响,使货物本身的物理、化学、生物性能不发生变化。主要作业区域包括:保管区;散货区(规模较大的企业可以将拆包的整件货单独设置区域,货位与整货区相对应,便于分拣备货管理);整货区(主要的仓储区域)。

仓储子系统中所需要的设备主要为堆垛工具和各类货架。货物在仓库内的存入和堆码方式一般有自身堆码、托盘堆码和货架存放三种方式。

1. 自身堆码

自身堆码就是将同一种货物,按其形状、质量、数量和性能等特点,码垛成一个个货堆。在货堆与货堆之间留有供作业人员或搬运设备出入的通道。常见的堆码方法有重叠式堆码、纵横交错式堆码、正反交错式堆码和旋转交错式堆码等。

采用自身堆码时,货堆的高度受货物强度的制约,一般以最底层的货物不被压坏为前提。另外,货堆的高度因受到堆垛设备提升高度的限制,故一般小于4m。自身堆码是最简单、最原始的一种堆码方式。

如果货物的包装比较规整,而且有足够的强度,则可采用无托盘的自身堆码方式。在叉车上装备一些属具,如纸箱夹、推出器等进行作业。

2. 托盘堆码

托盘堆码即先将货物码放在托盘上,货物码放方式可参考自身堆码,然后用叉车将托盘

一层层堆码起来,对一些怕压或形状不规则的货物,可以将货物装在货箱内或带立柱的托盘上。由于托盘堆码是由托盘立柱或者货箱承受货垛的重量,故托盘立柱及货箱应具有较高的强度和刚度。

在采用托盘堆码时,堆码和出入库作业常采用叉车或其他堆垛机械完成,在采用桥式堆垛机时,堆垛高度可达 8m,托盘堆码的仓库容积利用率和机械化程度比自身堆码有较大提高。

3. 货架存放

货架存放是指在仓库内设置货架,将货物或托盘货放在货架上。货架存放的最大优点是货物的重量由货架支撑,货物相互之间不会产生挤压,可实现有选择存取货,贯彻"先进先出"的出入库原则。总之,货架存放形式为仓库的机械化作业和计算机管理提供了必要条件。

(三)作业子系统

作业子系统的主要任务是充分利用仓库设备设施,合理设立操作流程,规范操作步骤,完成货物的进出库作业。通过运作,作业子系统能保证货物进出库的顺畅性,提高进出库的作业效率。子系统作业区域包括:

验收区——接待供应商的区域;

备货区——提前按订单备货;

复核区——对出库货物进行再次确认,保证出库作业的准确性;

退货区——接受顾客退货;

废品区——等待报废核销;

次品区——有修复或退货给供应商的可能。

作业子系统包括货物的入库、出库机械系统及货架(货垛)堆取作业机械系统,若无特殊要求,则可将出入库机械系统合为一体。货物的运输可以采用人力驱动,也可采用半自动或全自动方式,借助辊道输送机、链式输送机、叉车、堆垛机、辅以行车、手推车、电瓶搬运车完成货物的出入库及上、下货架作业。

(四)辅助子系统

辅助子系统的任务是保证仓储活动所需要的设备设施能正常运转,人员调配合理到位,仓储管理活动中所需的信息传递迅速、准确,保证仓储活动的有效进行。辅助子系统作业区域包括以下方面。

1. 通道

保持通道畅通,物流入口和物流出口都要挂牌标示,用油漆在地面上规划出来通道和功能区域,分主通道、副通道、检查通道。

2. 办公区

为了增加保管面积,仓储办公室应尽可能设置在仓库内的二楼,以便于沟通交流和快速反应。

3. 生活区

设置更衣室、卫生间、休息区。

4. 工具区

工具集中管理，以便于维修、养护；规定消防设施存放的位置。

辅助子系统主要结合仓储管理信息系统，保证仓储活动有序进行，并根据不同时段仓库作业量安排人力和设备，确保物流活动在规定时间内完成。

按照仓储功能的不同进行分区，各功能区规划和布局的合理性将对仓库作业效率、质量、成本和盈利目标的实现产生很大的影响。

四、库场总平面布局

（一）库场总平面布局的要求

库场总体布局是指在城市规划部门批准使用的范围内，在已经选定的库址对库场内各种主要建筑物，包括库房、料棚、露天料场、铁路专用线、公路运输线、机械修理车间、办公和生活建筑物等，在规定的库区范围内进行合理布置，使库场的各项功能得到发挥，且能保障库场的安全管理及符合库场业务发展的客观要求。其中又以主要建筑物和铁路专用线、公路的位置关系为重点。反映上述各建筑物、各区域相对位置的平面图，称为库场的总平面图。

库场总平面布局应能充分、合理地利用机械化设备，有利于保证安全生产和文明生产。库内各区域间、各建筑物间应根据《建筑设计防火规范》的有关规定，留有一定的防火间距，有防火、防盗等安全设施。总平面布局应符合卫生和环境要求，既能满足库房的通风、日照等需求，又要考虑环境绿化、文明生产。

库场在进行总平面布局时应满足如下要求。

1. 要适应仓储企业生产流程，有利于仓储企业生产正常进行

单一的物流方向。仓库内货物的卸车、验收、存放地点的安排，必须适应仓储生产流程，按一个方向流动。

最短的运距。仓库内应尽量减少迂回运输，专用线的布置应在库区中部，并根据作业方式、仓储货物品种、地理条件等，合理安排库房、专用线与主干道的相对位置。

最少的装卸环节。仓库应减少在库货物的装卸搬运次数和环节，货物的卸车、验收、堆码作业最好一次完成。

最大的利用空间。仓库总平面布局设计是立体设计，应有利于货物的合理存储和充分利用库容。

2. 有利于提高仓储经济效益

要因地制宜，充分考虑地形、地址，满足货物运输和存放要求，并能保证仓库被充分利用。平面布置应与竖向布置相适应。所谓竖向布置，是指确定场地平面布局中每个因素，如库房、货场、转运线、道路、排水、供电、站台等，在地面标高线上的相互位置。总平面布置应

充分、合理地使用机械化设备。我国目前普遍适用门式、桥式起重机等固定设备,仓库应合理配置这类设备的数量和位置,并注意与其他设备的配套,以便开展机械化作业。

3. 有利于保证安全生产和文明生产

库内各区域间、各建筑间应根据《建筑设计防火规范》的有关规定,留有一定的防火间距,并有防火防盗等安全设施。总平面布置应符合卫生和环境要求,既满足库房的通风、日照等需求,又要考虑环境绿化、文明生产,以利于职工身体健康。

另外,在预定的区域内合理地布置各功能模块的相对位置是非常重要的,这样做的目的是:有效地利用空间、设备、人员和能源;最大限度地减少物料搬运量及次数;简化作业流程;缩短生产周期;力求投资最少;为职工提供方便、舒适、安全和卫生的工作环境。

(二)库场作业区布局

库场作业区是库场的主体部分,是货物储运活动的场所。主要包括储货区、铁路专用线、道路和装卸平台等。

1. 储货区

储货区是存储保管、收发货物的场所,是库场作业区的主体区域。储货区主要由保管区与非保管区两大部分组成。保管区是用来存储货物的主要区域,非保管区主要包括各种装卸设备通道、待检区、收发作业区、集结区等。现代仓库渐渐由传统的储存型仓库转变为以收发作业为主的流通型仓库,其个别组成部分的比例通常为:合格品存储区占总面积的40%～50%;通道占总面积的8%～12%;待检区及出入库收发作业区占总面积的20%～30%;集结区占总面积的10%～15%;待处理区和不合格品隔离区占总面积的5%～10%。

2. 铁路专用线

库场内铁路专用线应与国家铁路、码头、原料基地相连接,以便机车能够直接进入库区进行货运。库内铁路最好采用贯通式,一般应顺着车长方向铺设,并应使岔线的直线长度达到最大限度,其股数应根据货场和库房宽度及货运量来确定。

3. 道路

库场内道路的布局是根据货物流向的要求,结合地形、面积、各个库房建筑物及货场的位置决定的。汽车道主要用于起重搬运机械调动及防火安全作业,同时也要保证库房与其他区域之间的畅通。库场内道路分为主干道、次干道、人行道、消防通道。主干道应采用双车道,宽度应在6～7m;次干道为3～3.5m的单车道;消防通道的宽度不小于6m,布局在库区的外周边。

4. 装卸平台

装卸平台是供火车或汽车装卸货物用的建筑平台。它一般位于库房的一侧,平台高度与铁路货车车厢底面或汽车车厢底面高度相等,以便于叉车作业,平台宽度与长度要根据作业方式和作业量而定。

（三）库场辅助区域布局

库场辅助区是维持作业区的正常运行而提供服务、辅助功能的场所，其中主要包括办公场所、设备维修场所、员工生活场所等。

1. 办公场所

办公场所是库场内工作人员办公的地方，包括办公室、化验室、警卫室等。办公场所是库场生产管理的中心，应布置在主要出入口处，并与作业区用围墙隔开，这样既方便工作人员与作业区的联系，又避免一般接洽业务人员进入作业区。

2. 设备维修场所

设备维修场所是货物储运保管工作服务的辅助车间或服务站，包括停车场（库）、检修车间、充电间等辅助生产用房。辅助服务虽不能直接参与仓储作业，却是完成仓储作业所必需的，该区域的布置应尽量减少占地面积，保证库房安全。

3. 员工生活场所

在员工生活场所中应注意，员工宿舍必须与库区分开，或用围墙隔开，并应有单独的出入口且不得通过库区，以保证库场内的安全和员工生活区域的安宁。

在划定各个区域时，必须注意不同区域所占面积与库场总面积应保持适当的比例。货物储存的规模决定了主要作业场所的规模，同时，库场内主要作业场所的规模又决定了各个辅助区域的大小。各区域的比例必须与库场的基本职能相适应，要保证货物接收、发运、存储保管场所尽可能占更大的比例，以提高库场的利用率。

项目小结

本章主要讲述组织结构与人员配备、仓库布置与储位划分、仓储合同与计划、仓库作业安全管理等仓储管理基础要素以及仓储系统规划与设计。组织结构与人员配备主要介绍组织结构的形式及适用条件和人员岗位工作内容及人员职业资质要求。企业类型不同、规模大小不同、业务量不同、经营模式不同都影响组织结构的形式。企业应根据不同岗位要求的差异，合理选择配备相应人员。仓库布置与储位划分主要介绍影响仓库平面布置的因素和储位划分的形式，以便合理布局，提高保管质量及仓库空间利用率。仓储合同和计划部分主要对仓储合同的定义、法律特征、主要条款及仓储作业计划编制应考虑的因素等进行介绍。仓储作业安全管理主要介绍消防安全保护措施和仓储作业安全要求，目的在于制定消防安全措施，提高仓储作业安全性。仓储系统的规划要有正确的规划程序和方法，以增加仓库的货物流量、改善物流质量、降低物流成本、提高服务水平和提供良好的工作条件。

同步练习

一、单项选择题

1. 仓储合同不属于（　　）。
   A. 诺成合同　　　B. 有偿合同　　　C. 买卖合同　　　D. 双务合同

2. 考核仓储人员对常见货物的化学特性、物理特性、体积、外观和检验,以及保管、养护、包装、运输等知识的掌握情况,是对其（　　）。
   A. 能力素质的要求　　　　　　　　B. 业务素质的要求
   C. 基础知识的要求　　　　　　　　D. 操作技能的要求

3. 货垛或货架与库房的宽向平行排列,通常称为（　　）。
   A. 横列式布局　　B. 纵列式布局　　C. 纵横式布局　　D. 倾泻式布局

4. 按货架的高度分类,中层货架的高度为（　　）。
   A. 5~16m　　　　B. 4.5~15m　　　C. 5~15m　　　　D. 4~14m

5. 对"三合一"现象应解决的主要问题是（　　）。
   A. 仓储管理无序　　　　　　　　　B. 管理干部任职期限
   C. 建筑使用性质不明确　　　　　　D. 消防意识不强

二、多项选择题

1. 仓储合同应具有的法律特征是（　　）。
   A. 仓储合同为要式合同
   B. 仓储合同为诺成合同
   C. 仓储合同为双务有偿合同
   D. 保管人必须是拥有仓储设备并从事仓储保管业务的人

2. 影响仓库平面布置的因素包括（　　）。
   A. 仓库平面布置的货物流向　　　　B. 最大限度地利用空间
   C. 仓库的规模及功能　　　　　　　D. 仓库的专业化程度

3. 在仓储企业中,一般包括的岗位有（　　）。
   A. 报关员　　　　B. 理货员　　　　C. 货物养护员　　D. 单据录入员

4. 以下方法中能充分有效利用仓库空间的是（　　）。
   A. 利用货架　　　B. 采用架上平台　C. 缩短垛间距　　D. 货物堆垛

5. 以下说法正确的是（　　）。
   A. 重、大件货物,周转量大和出入库频繁的货物,宜靠近出入口布置
   B. 易燃的货物,应尽量靠外面布置,以便管理
   C. 有吊车的仓库,汽车入库的运输通道最好布置在仓库的横向
   D. 仓库内部主要运输通道,一般采用双行道

三、简答题

1. 简述仓储企业人员职业资质要求。

项目二 仓储管理与规划

2. 简述几种典型货架、叉车的使用特点。

3. 仓储作业安全要求包括哪些方面?

任务实训

甲和乙准备共同出资成立一家仓储公司,该仓储公司主要为一些商贸公司提供肥皂、洗衣粉、饼干、方便面、色拉油等货物的储存服务,预计年收入营业额在 5000 万元左右。试为该公司布置平面仓库货区,使得布置的货区既符合货物的存储要求,又方便作业、节约仓容。

一、实训目的

通过本项目的实训操作,学生能够根据仓库业务规模,储存货物的性质、特点和要求,熟练地对仓库进行合理平面安排和布置。

二、实训总体要求

1. 熟练掌握仓库平面布置相关知识;

2. 能熟练运用 Excel、Word 等相关软件绘制平面布置图;

3. 团队合作,完成实训任务。

三、实训目标

1. 能合理选择货区平面布置形式;

2. 能科学合理划分功能区;

3. 能绘制规范的货区布置平面图。

四、实训组织形式

1. 由指导教师讲解仓库货区平面布置的相关知识;

2. 根据案例中所成立的仓储公司存储货物特点,选择仓库布局形式;

3. 以选择的仓库布局形式为基础,对仓储货区进行划分设计,要在平面图上将入库作业区、出库作业区,存储区、理货区等划分出来。

4. 将学生分组,以 4~6 人为一组,合作完成实训任务。

五、实训成果

提交实训报告。

六、实训考核

仓库货区平面布置情景设计实训考核标准一览表

考核内容	考评标准	分值	实际得分
仓库货区平面布置情景设计	货区平面布置形式选择合理	20	
	功能区的划分科学	30	
	整个布局符合货区布置的基本思路	40	
	平面图整洁、规范	10	
合计		100	

项目三 入库作业管理

学习目标

知识目标

1. 了解入库前的相关准备工作、货物接运方式；
2. 了解货物的验收知识、验收的工作程序；
3. 理解入库作业相关单证的作用、填制及审核；
4. 掌握入库作业的基本流程、验收问题的处理方法及工作程序；
5. 掌握账卡档案的建立方法。

技能目标

1. 能够做好入库前的准备工作、能够做好货物接运工作；
2. 能根据供应商的入库通知编制入库作业计划；
3. 能根据货物性质进行收货验收，处理异常情况；
4. 会填制货物验收入库所涉及的相关单据；
5. 能够办理各种入库手续和凭证。

重点、难点

本项目重点为入库作业流程，货物验收的工作程序，入库作业单证的流转及作用；难点为入库作业计划的编制，验收问题的处理方法及工作程序。

任务情境

诚记仓储企业在2018年8月25日收到美乐高有限公司的入库通知单，其中包括1000台34寸长虹彩色电视机、800台242升海尔电冰箱、500箱饼干、1000箱快食面、600箱可口可乐饮料、400箱矿泉水、500袋洗衣粉等货物，需入库存放。预计货物2018年10月10日入库，储存时间为3个月。

美乐高公司通过铁路部门发货到合肥火车站，货物包装单位为托盘货物，其中：长虹彩电100T、海尔电冰箱150T、饼干50T、快食面100T、可乐60T、矿泉水40T、洗衣粉5T。

如果你是仓储主管，请你安排好以下事项。

（1）针对产品特点，制定合理的入库流程。

(2)做好入库前准备工作,收集传递入库指令,编制入库计划表,准备入库前的资源等。
(3)完成货物接运工作。
(4)货物入库验收与检查。
(5)货物入库交接与入库信息登记,制作入库单、货卡及物资库存日报表。
(6)入库信息化操作。

任务一 入库作业基础知识

一、入库作业的相关概念

（一）入库作业的概念

入库作业是指仓库按照客户入库通知要求提前安排好人力、物力等资源,根据之前制定的入库作业程序,合理制定入库计划,完成货物接运、货物验收、货物交接、入库上架等作业环节,实现及时完成入库任务的过程。入库业务分为到达货物接收和货物验收入库两个环节。货物入库管理按货物的交接方式分为提货入库(仓库派人到车站、码头或上游企业提取货物并运输入库)和客户(货主)送货入库;按运输工具分为铁路专线到货和汽车运输到货;按货物交接人分为承运单位和供货单位。货物验收是指相关人员组织货物的卸车后,理货员验收确认无误,将客户入库信息输入计算机系统,由计算机系统生成货位指派信息,仓库管理员根据货位指派信息将货物组织入库码放或者放上货架。入库按照性质可分为正常入库、退货入库(冲货)、调拨入库等。

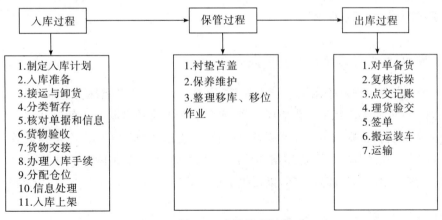

图 3-1 仓储管理过程

（二）货物入库作业的依据

货物入库前,需要客户开具有效入库凭证,如对第三方物流服务企业来讲,入库的有效凭证可以是货主开具的入库通知或入库单证、货主与仓储服务方之间签订的储存保管合同或协议等;对生产企业的原材料仓库而言,入库的有效凭证是指企业采购供应部门开具的订

购单、供应商的发货通知等；对商业流通企业来说，入库的有效凭证是指企业本身的订购单、供应商的发货通知单等。

（三）入库管理工作的任务

凭证入库是入库管理工作的第一步。货物入库是指依据有效入库凭证，严格执行入库工作流程，认真、及时、准确地做好货物的接运、验收、入库信息处理等工作，确保入库货物的质量符合有关规定和技术要求。

（四）货物入库业务的基本要求

1. 凭证入库

货物应该凭借有效凭证入库，如入库通知单、采购订单等。

2. 严格执行入库业务流程

仓库只有严格执行入库流程，才能保证货物及时准确入库。

3. 及时入库

货物应该在规定的时间内入库完毕。

4. 准确地记录入库业务信息

记录的主要内容应包括：

（1）货物本身的基本信息，如货物编号、名称、数量、规格、单价、技术等级、计量单位等；

（2）供应商的信息，包括供应商名称、供货地点、联系人、联系方式等；

（3）承运商信息，包括承运人姓名、单位、地址、运输车辆型号、车牌号等。

二、入库作业的影响因素

（一）供应商信息及送货方式、到货时间地点信息

供应商的数量、供应商所采用的送货方式、送货工具、送货时间等都会直接影响进货作业的组织和计划。仓库应关注每天的供应商数量（平均数量及高峰数量），以便错开到货高峰，合理安排收货的人力、物力，避免出现收货不及时的情况；提前了解送货的车型及车辆数，以便合理安排收货月台，避免送货车辆无法靠站的情况发生；把握好每辆车的平均卸货时间，以便安排装卸力量，了解货物到达的高峰时间，以便提前增加装卸人员、装卸工具及收货人员。

（二）货物的种类、性质和数量

不同货物具有不同的特性，需要采用不同的作业方式，因此每种货物的包装形态、规格、质量、特性以及每天运到的批量大小，都会影响物流中心的进货作业方式。因此，仓库应该详细了解日平均到货品种数和日最多到货品种数、了解货物单元的尺寸与重量、货物的包装形态、保存期限、货物的装卸搬运方式，如果货物中有危险品，仓库还需要了解危险品相关知识及国家对危险品储存的相关规定。

（三）入库作业人员

在安排进货作业时，仓库要考虑现有的工作人员情况及人力的合理利用，尽可能缩短进货作业时间，避免车辆等待装卸的时间过长。

（四）入库作业所需要的设施设备

在入库作业时，仓库应准备好足够数量的纸箱、托盘、叉车、升高车等装卸搬运设备及包装材料。

（五）与仓储作业的配合方式

一般物流中心出货、储存采用托盘、整箱、单件三种方式，进货同样也采用这三种方式，因此，在进货时必须通过拆箱、整合装箱等方式将进货摆放方式转换成储存摆放方式，到货方式应尽量与储存方式相统一，否则将增加作业环节，造成浪费。

三、货物货位的选择

（一）货位的概念

货位是指仓库中占用一定面积供存放货物的位置。

（二）货位的分类

按照货位的使用方式，分为不固定货位、固定货位和分类固定货位。为了便于货位管理，仓库可采用货位编号的方法，如采用"四号定位"法。若能利用计算机系统进行货位管理则比较理想。计算机系统可以按照设定的条件分配货位，并可进行各种查询，随时了解货位的使用情况。

1. 不固定货位

不固定货位是指货物任意存放在有空的货位上，不加分类。仓库采用不固定货位方式虽然能提高货位使用率，但是仓库内显得混乱，不利于货物管理和货物查找。不固定货位方式适用于周转速度极快的专业流通仓库。计算机系统能弥补不固定货位方式在货物管理和货物查找方面的不足。仓库若采用不固定货位的方式，则必须遵循仓储的分类安全原则。

2. 固定货位

固定货位用来存放确定的货物，货位被严格地区分使用，决不混用、串用。一般长期货源的计划库存、配送中心等大都采用这种方式。固定货位是专门用来存储固定货物的，它便于拣选、查找货物，但是仓容利用率较低。由于货位上的储存物是固定的，仓库可有针对性地对货位进行装备，以提高货物保管质量。

3. 分类固定货位

分类固定货位是指对货位进行分片、分区，同一货区内只存放一种类型货物，但在同一货区内的具体货位则不固定。这种方式既有利于货物保管,也有利于货物查找,可提高货位使用率。大多数储存仓库使用这种方式。

(三)货位选择的原则

货位是指仓库中实际可用于堆放货物的一定面积。货位的选择是在货物分区分类的基础上进行的,因此货位的选择应遵循确保货物安全、方便吞吐发运、节约仓容的原则。

1. 确保货物安全原则

为确保货物质量安全,仓库在安排货位时,应注意以下几个方面。

(1)怕潮、易霉、易锈的货物,如布鞋、棉布、茶叶、卷烟、五金货物等,应选择干燥或密封的货位。

(2)怕光、怕热、易溶化的货物,如橡胶制品、有色纸、油脂、油墨、糖果等,应选择低温的货位。

(3)怕冻的货物,如瓶装墨水、某些药剂、某些化妆品等,要选择温度不低于0℃的货位。

(4)易燃、易爆、有毒、有腐蚀性、有放射性等危险品,如酒精、苯、树脂胶、硫酸、发令纸、樟脑精、火柴等,应存放在郊区仓库分类专储。

(5)性能互相抵触和有挥发性、串味的货物不能同区储存。如肥皂与纸张,五金货品与纺织品,因性能抵触而不能储存在一起;茶叶、卷烟、胶木制品、油脂类化妆品等,会不同程度地挥发气味,必须专仓专储。

(6)消防灭火方法不同的货物,要分货区储存。

(7)在同一货区中,外包装含水量过高的货物会影响邻垛货物的安全。

(8)在同一货区中,要考虑虫害感染的可能。如草制品不能与棉布等货物同储。

2. 方便吞吐发运原则

货位应方便吞吐发运,即货位要方便货物进出库,尽可能缩短收发货作业时间。除此之外,还应兼顾以下几个方面。

(1)发货方式。采取送货制方式的货物,由于分堞理货、按车排货、发货等车的作业需要,储存货位应靠近理货、装车的场地;采取提货制方式的货物,储存货位应靠近仓库出口,便于外来提货车辆进出。

(2)操作条件。各种货物具有不同的包装形态、包装质地和体积重量,因而需要采用不同的操作方法和工具。因此,在货位选择时,必须考虑货区的装卸设备条件要与仓储货物的操作方法相适应。

(3)吞吐速度。仓储货物的流转速度快慢不一,有着不同的活动规律。快进快出的货物,要选择便于车辆进出库的货位;滞销久储的货物,货位不宜靠近库门;整进零出的货物,要考虑零星提货的条件;零进整出的货物,要考虑集中发运的能力。

3. 节约仓容原则

货位的选择还要符合节约仓容的原则,以最小的仓容储存最大限量的货物。在货位负荷量和高度基本固定的情况下,应从储存货物不同的体积、重量出发,使货位与货物的重量、体积紧密结合。对于轻泡货物,应安排在载重量(即负荷量)小和较高的货位;对于实重货物,应安排在载重量大且较低的货位。

除此之外,在货位的选择和具体使用中,仓库还可根据仓储货物吞吐快慢不一的规律,针对操作难易不一的特点,把热销和久储、操作困难和省力的货物搭配在同一货区储存,这样不仅能充分发挥仓容的效能,还能克服各个储存区域之间忙闲不均的现象。

四、仓储货位优化

货位优化管理是指确定恰当的储存方式,并在恰当的储存方式下进行空间储位分配。货位优化管理考虑不同的设备和货架类型特征、货物分组、货位规划、人工成本内置等因素,以实现最佳的货位布局,有效掌握货物变化,有效地节约成本。进行货位优化管理,能够在有限空间里取得更大的分拣量。对于流通量大的货物,应提供畅通便捷的道路,以提高营运效率;而对于周转速度不快的货物,进行优化管理后占据的仓容空间很小,从而可在较小空间里分拣多种货物,减少拣选的路程。货位优化管理可以提高仓库工作效率、空间利用率,最终降低成本。

(一)货位优化管理目标

在传统的仓储作业管理中,货物常被放在到达时最近的可用空间而不考虑货物动态变化的需求和变化的客户需求,仓库用习惯和经验来放置货物。传统的货物布局易使货物流通速度慢、仓库工作效率低以及空间利用不足。现代物流尤其是在供应链管理模式下的仓库新目标是:用同样的劳动力或成本来做更多的工作;利用增值服务把仓储企业由资金密集型企业转化成劳动力密集型企业;缩短订单履行时间,提供更快捷、更周到的服务。

(二)货位优化策略

仓库在进行货位优化时需要很多的数据和资料,包括每种货物的编号、规格、储存环境、保质期等,甚至包括客户订单的信息。在收集到完整的原始数据后,选用何种优化策略显得尤为重要。一个高效的货位优化策略可以增加仓库吞吐量,改善劳动力的使用情况,降低工伤概率,更好地利用仓库空间和减少产品破损。以下为一些货位优化策略。

1. 周期流通性的货位优化

根据在某个时间段内如年、季、月等的流通性,以货物的体积来确定存储模式和储位。

2. 销售量的货位优化

在每段时间内,根据出货量来确定货物的存储模式和空间分配。

3. 单位体积的货位优化

根据某货物的单位体积,如托盘或周转箱等容器和货物的体积来进行划分和整合。

4. 分拣密度的货位优化

具有高分拣密度的货物应放置在黄金区域及易拣选的区域。

(三)库存优化管理法则

货位优化很难用数学公式和数字模型予以描述,通常是利用一些规则或准则进行非过程性的运算。大多数规则是通用的,即使一个普通仓库也不允许货物在入库时随机或无规划地放置。而不同的配送中心或仓库还会根据自身的特点和货物的属性制定若干特殊的规则。例如,支持药品存储的配送中心会把相类似的药品分开存放,以降低拣选错误的机率,但在存放非药品货物时,则会将货物按品类存放。

1. 以周转率为基础法则

即将货物按周转率由大到小排序,再将此序分为若干段(通常分为三至五段),同属于一段中的货物列为同一级,依照定位或分类存储的原则,指定存储区域给每一级货物,周转率越高的货物应离出入口越近。

2. 产品相关性法则

根据产品相关性法则,工作人员可以缩短提取路程,减少疲劳,简化清点工作。产品的相关性大小可以利用历史订单数据分析确定。

3. 产品同一性法则

产品同一性法则是指把同一货物储放于同一保管位置。这有助于作业人员较快熟知货物保管位置,并且在同一货物的存取上花费最少搬运时间是提高物流中心作业生产力的基本原则之一。否则当同一货物散布于仓库内多个位置时,这会对货物的存放取出、盘点作业以及作业人员掌握货物情况等带来不便。

4. 产品互补性法则

互补性高的货物应存放于邻近位置,以便在某产品缺货时可迅速以另一产品替代。

5. 产品相容性法则

相容性低的产品不可放置在一起,以免损害产品品质。

6. 产品尺寸法则

产品尺寸法则要求货物存储数量和位置适当,拨发迅速,搬运工作量及时间较少。若不考虑存储货物的规格,则可能因存储空间太大而浪费空间,或因存储空间太小而存放不下货物;若未考虑整批货物形状,则可能因整批货物形状与货位形状差异太大而无法存放。

7. 重量特性法则

重量特性法则是指按照货物重量不同来决定储放货物在货位上的高低位置。一般而言,较重货物应储放于地面上或料架的下层位置,而较轻货物则储放于料架的上层位置。以人力进行搬运作业时,人腰部以下高度的货架用于储放较重货物或大型货物,而腰部以上高度的货架则用来储放较轻货物或小型货物。

8. 产品特性法则

有的货物特性可能影响其他货物质量,因此物流中心在布局时应考虑。

（四）货位优化的目的和作用

1. 货位优化的目的

货位优化的目的是提升仓库的运作效率，尤其是物料搬运设备的运作效率。货位优化有许多别称，如库存优化或者库存分析。货位优化的关键是在仓库或者配送中心设置尽可能多的有效货位。

2. 货位优化的作用

（1）提高拣选效率。通常一个拣选工人每天在仓库里的行走时间大约占工作时间的60%。如果仓库做好货位优化，就可以大幅度减少拣选工人的行走时间，从而降低劳动强度。

（2）高效补货。在标准的运输单元（箱、托盘）的基础上，通过重新确定每个拣选面的位置，仓库可大幅度地降低补货的劳动强度。

（3）均衡工作。通过平衡跨区拣选的活动，仓库可减少通道或者某些区域的堵塞，从而改进物流动线，缩短特定订单及批拣订单的反应时间。

（4）提升准确率。相似产品尽可能地分开放置，以降低拣选错误的概率。

（5）提升空间利用率。将合适的产品放置在合适的区域，这有助于释放大量的空间另作他用，以避免爆仓。

任务二　入库作业规划及设计

一、入库作业的基本流程

图3-2　入库作业基本流程

二、入库作业计划的内涵

（一）入库作业计划

了解货物入库的时间、数量、包装形式、规格；计划货物所需占用的仓容、存储时间、苫垫的材料；预测车辆到达的时间及送货车型；为了方便装卸搬运，计划车辆的停放位置；确定计划货物接收的暂存区；备好入库作业投入的设备，如叉车、手推车、检验仪器等；确定入库作业的相关部门，如财务部、仓管部、作业部；做好人员的安排与调配；做好资料和工具的投入；将卸货区、储位、验收区清理和腾空；了解货物物理化学特性和货物保养的要求。

（二）入库作业的准备

货物信息准备；设备准备；场地准备；单证准备；仓位准备；搬运及装卸工艺准备。

(三)入库作业的注意事项

收货月台应靠近货物存放点,避免货物入库过程的交叉作业、倒流作业。

尽量将各项作业集中在同一个工作场所进行。在入库作业过程中,将卸货、分类、标志、验货等理货作业环节集中在一个场所完成。这样既可以减少空间的占用,也可以节省货物搬运所消耗的人力和物力,降低作业成本,提高作业速度。

根据各作业环节的相关性安排活动,即按照各作业的相关顺序安排作业,避免倒装、倒流而引起搬运货物的麻烦,提高作业效率。

合理安排作业人员,保证人力充足及入库作业顺利进行。

合理安排流通的容器,避免频繁更换。利用周转箱和托盘集装货物,减少货物倒装次数。

严格遵守入库各项规定。详细认真处理入库资料和信息,便于后续作业及信息查询与管理。

三、入库作业流程

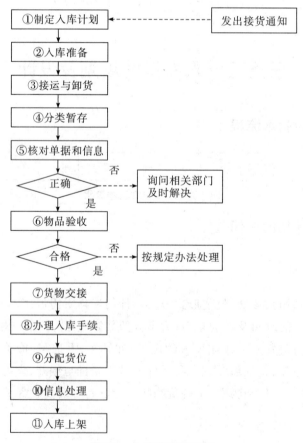

图 3-3　入库作业流程图

（一）制定入库计划

仓储部门根据采购部门的采购计划和订货周期以及进货单据，结合采购合同中规定的供应商送货方式，制定具体的进货作业计划。合理地制定进货作业计划是仓储部门做好入库作业的前提。仓储部门必须根据采购部门发给供应商的订单所反映的信息，掌握货物到达的时间、品类、数量及到货方式，尽可能准确预测到货时间，以尽早作出卸货、储位、人力、物力等方面的计划和安排。进货作业计划的合理制定是进货流程顺利进行的保证，也是提高作业效率、降低作业成本的手段。

（二）入库准备

在货物到达仓储部门之前，仓储部门必须根据进货作业计划，在掌握入库货物的品种、数量和到库日期等具体情况的基础上做好进货准备。准备工作的主要内容如下。

1. 货位准备

根据预计到货的货物特性、体积、质量、数量和到货时间等信息，结合货物分区、分类和货位管理的要求，预计货位，预先确定货物的理货场所和储存位置。按照货位的使用原则，合理安排货位，必要时应该提前腾空货位，并进行彻底清扫，清除残留物，检查照明、通风等设备，发现问题及时解决。

2. 人员的安排

根据到货时间和数量，预先计划并安排好接运、卸货、检验、搬运货物的作业人员。根据作业量，安排能够操作相应设备，在接运、装卸、检验、搬运方面有丰富经验的作业人员，以便及时高效地完成相应的任务。

3. 设备器材的准备

在货物到库之前，根据货物种类、包装、规格、数量等信息，确定检验、计量、卸货与搬运方法，准备好相应的检验设施，度量衡，卸货和码货工具与设备，秤、尺，移动照明工具，撬棍、锤子，以及防护用品。

4. 收货月台的准备

应该提前了解货物情况并规划好卸货月台及收货暂存区，避免收货暂存区不够用情况的发生以及防止串货。根据货物的性质、数量、保管要求、堆码形式、储存场所等，确定货垛的苫垫形式，并准确计算所需苫垫材料的数量和种类，预先准备充足，做到在堆码的同时就完成苫垫工作，以提高工作效率、降低成本。

5. 单证准备

仓库管理员应根据入库计划将作业所需的入库记录单、验收单、货卡等各种单据、凭证、报表事先打印准备好，并预填妥善，以备使用。

（三）接运与卸货

如果是通过铁路、公路、水路等公共运输方式转运到达的货物，则配送中心需从相应站

港做好接运工作,而对供应商直接送达配送中心的货物,需要尽快组织卸货入库。

做好货物接运业务管理的主要意义是防止把在运输过程中或在运输之前已经发生损害的货物带入仓库,减少或避免经济损失,为货物验收和保管保养创造良好的条件。接运方式大致有四种,现将各种接运方式的注意事项分别叙述如下。

1. 车站、码头接货

提货人员应了解所提取的货物品名、型号、特性和一般保管知识、装卸搬运注意事项等,在提货前应做好接运货物的准备工作。例如,准备好装卸运输工具,腾出存放货物的场地等。提货人员在到货前,应主动了解到货时间和交货情况,根据到货量,组织装卸人员、机具和车辆,按时前往提货。

提货时,提货人员应根据运单及有关资料详细核对货物的品名、规格、数量,并注意货物外观,查看包装、封印是否完好,有无玷污、受潮、水渍、油渍等异状。若有疑点,则应当场要求运输部门检查。若货物有短缺损坏情况,凡属运输方面责任的,应作记录,由运输人员签字确认,注意记录内容与实际情况要相符合。

在短途运输中,货物要不混不乱,避免碰坏损失。危险品应按照规定办理。货物到库后,提货人员应与保管人员密切配合,尽量做到提货、运输、验收、入库、堆码成一条龙作业,从而缩短入库验收时间,并办理好交接手续。

2. 专用线接车

在接到专用线到货通知后,仓库应立即确定卸货货位,力求缩短场内搬运距离;组织好卸车所需要的机械、人员以及有关资料,做好卸车准备。

车皮到达后,有关人员应引导其对位,对其进行检查。检查车皮封闭情况是否良好(即卡车、车窗、铅封、苫布等有无异状);根据运单和有关资料核对到货物品名、规格、标志并清点数量;检查货物包装是否损坏或出现散包;检查货物是否有进水、受潮或其他损坏现象。若在检查中发现异常情况,则应请运输部门派人员复查,并作记录,记录内容应与实际情况相符合。

卸车时,有关人员要注意为货物验收和入库保管提供便利条件,分清车号、品名、规格,不混不乱;保证包装完好,不碰坏、不压坏包装,更不得自行打开包装。仓库应根据货物的性质合理堆放,以免混淆。卸车后,货物上应标明车号和卸车日期。

编制卸车记录,记清卸车货位规格、数量。将卸车记录连同有关证件和资料整理好,尽快与保管员办好内部交接手续。

3. 仓库自行接货

仓库接受货主委托直接到供货单位提货时,应将接货与验收工作结合起来同时进行。仓库根据提货通知,应了解所提货物的性能、规格、数量,准备好提货所需的机械、工具、人员,保管员应在供方当场检验货物质量、清点数量,并做好验收记录,接货与验收合并一次完成。

4. 库内接货

存货单位或供货单位将货物直接运送到仓库储存时,应由保管员或验收人员直接与送货人员办理交接手续,当面验收并做好记录。若有差错,则应填写记录,由进货人员签字证明,据此向有关部门提出索赔。

（四）分类暂存

货物在到达仓储部门的收货月台卸车后,需按储放地点、唛头标志进行分类并作出标记,存放在收货暂存区。在这一阶段,仓库要注意根据有关单据和信息,对货物进行初步清理验收,以便及时发现问题,查清问题。

（五）核对单据和信息

进货货物通常会具备单据或相关信息。例如,采购订单,采购进货通知,供应方开具的出仓单、发票、磅码单、发货明细表等。除此之外,有些货物还有随货同行的货物质量保证书、材料证明书、合格证、装箱单等。对由承运企业转运的货物,接运时还需审核运单,核对货物与单据信息是否相符,包括对单据的合法性、真实性、有效性以及相符性进行核对。

（六）货物验收

仓库在对到库货物进行清点、分类后,必须认真验收。货物验收包括数量、生产日期以及质量和包装的检查等作业内容。即先根据有关单据和信息,清点到货数量,确保入库数量准确,同时,认真检查货物质量和包装情况,并查看生产日期和有效期,然后作出详细验收记录。对查出的问题及时处理,填写验收单据和签收凭证。

（七）货物交接

货物经验收合格后,验收人员和送货员签字确认并进行交接工作。收货人以送货单为依据,接收货物、单据以及随货同行的相应证明文件。双方在送货单、交接清单上签字和批注并留存凭证。

（八）办理入库手续

建立货物明细卡;货物登账;建立仓库工作档案;签单。

（九）分配货位

根据货物的性质和仓库货位分配原则,为货物安排合适的存放位置。

（十）信息处理

货物验收完毕,即通过搬运码放过程进入指定货位储存。与此同时,进行相关信息处理。进货作业信息是指示后续作业的基础,因此,掌握并处理好进货信息非常重要。

在这一阶段,仓库首先必须将所有进货入库单据进行归纳整理,并详细记录验收情况,登记入库货物的货位。

其次，依据验收记录和其他到货信息，对库存货物进行账务处理，货物经验收入库后，库存账面数量与库存实物数量同时增加。

有些到货信息还必须及时通过单据或库存数据，反馈给供应商和公司采购、财务等部门，为采购计划的制定和财务货款的结算提供依据。货物的入库信息通常包括以下方面：货物的一般信息，如货物名称、规格、型号、包装单位、包装尺寸、包装容器及单位重量等；货物的原始条码、内部编码、入库单据号码；货物的储存位置信息；货物的入库数量、单价、金额、入库时间、生产日期、质量状况等；供货商信息，包括供货商名称、编号、合同号等；入库单据的生成与打印。

（十一）入库上架

作业人员利用合适的搬运工具，如托盘、地牛、电动叉车、电动推高车等，将货物从收货暂存区移动到预先分配的货位存放，完成上架作业。

任务三　入库作业实施与管理

一、入库作业的管理原则

尽量使进货地点靠近货物存放点；尽量将卸货、分类、标识、验货等作业集中在一个场所完成；合理布置作业顺序；人员、设备、作业相配合；货物流动尽量设计成直线；合理使用容器、托盘；认真记录进货信息。

二、货物接运

（一）货物接运的含义

由于货物到达仓库的形式不同，除了一小部分由供货单位直接运到仓库交货外，大部分要经过铁路运输、公路运输、航空运输等运输方式转运。凡经过交通运输部门转运的货物，均需经过仓库接运后，才能进行入库验收。货物的接运是入库业务流程的第一道作业环节，也是仓库直接与外部发生的经济联系。货物接运的主要任务是及时而准确地向交通运输部门提取入库货物，要求手续清楚、责任分明，为仓库验收工作创造有利条件。

（二）货物接运的意义

货物接运工作是仓库业务活动的开始，是货物入库和保管的前提；货物接运工作直接影响货物的验收和入库后的保管养护；货物接运是仓库与转运部门分清责任，取得有关证件的环节；货物接运工作要避免损坏的货物进入仓库，防止把在运输过程中或在运输之前已经发生损害和各种差错的货物带入仓库，以此减少或避免经济损失，为验收和保管保养创造良好的条件。

三、货物验收

货物验收是指仓库在货物正式入库前,根据企业验收程序,按照验收标准,对货物的数量、质量进行查验的作业环节。

(一)货物验收的基本要求

1. 及时

到库货物必须在规定的期限内完成验收入库工作。这是因为即使货物已到库,但未经过验收的货物没有入账,不算入库,不能供应给用料单位。仓库只有及时验收,尽快出具检验报告,才能保证货物尽快入库入账,满足用料单位的需求,加快货物和资金的周转速度。同时,货物的托收承付和索赔都有一定的期限,如果在验收时发现货物不符合要求,仓库的退货、换货或赔偿等请求均应在规定的期限内提出。否则,供方或责任方不再承担责任,银行也将办理拒付手续。

2. 准确

验收以货物入库凭证为依据,仓库应仔细地查验入库货物的实际数量和质量状况,并通过书面材料准确地反映出来,做到货、账、卡相一致,提高账货相符率,降低收货差错率,以提高经济效益。

3. 严格

仓库的各方都要严肃认真地对待货物验收工作。验收工作直接关系企业的利益,也关系后续各项仓储业务的顺利开展。因此,仓库领导应高度重视验收工作,直接参与验收人员要以高度负责的精神来对待这项工作,明确每批货物验收的要求和方法,并严格按照仓库验收入库的业务操作程序办事。

4. 经济

货物在验收时,不但需要检验设备和验收人员,而且需要装卸搬运机具和设备以及相关工作人员配合。这就要求仓库合理组织调配人员与设备,以节省作业费用。此外,在验收过程中,尽可能保护原包装,减少或避免破坏性试验,这也是提高作业经济性的有效手段。

(二)货物验收注意事项

1. 明确货物质量的验收标准

对新品种的验收,仓库要在订货时就根据样品明确质量标准,并将样品封存,以作为验收时的依据。

2. 逐次验收明确经济责任

从货物购进直到出售的各个环节,应随着每次管理权的转移,分批进行验收,以明确经济责任。

3. 根据货物的不同情况,采取不同的验收方法

货物一般要经过仓库验收、柜组验收。仓库验收货物一般要求整件包装点收,根据进货单据开列的编号、品名、规格和数量,逐件验收,整件货物要清点粗数,计量货物要逐件过秤验收,散装货物要清点细数,丈量货物要检验尺码。

4. 做好验收记录

验收记录是进行货物验收的重要书面凭证,验收记录应包括:收发货单位名称,凭证号码,实收货物数量、规格、质量及数量差额和质量符合程度,验收日期、地点,验收人等。

(三)货物验收的作用

验收不仅可以防止仓库遭受经济损失,还可以起到监督供货单位和承运商的作用。具体表现如下:入库验收可为货物保管和使用提供可靠依据;验收记录是货主退货、换货和索赔的依据;验收是避免货物积压,减少经济损失的重要手段;验收有利于维护国家利益。

(四)货物验收的程序

验收工作是一项技术要求高、组织严密的工作,关系整个仓储业务顺利进行,因此必须做到准确、及时、严格、经济。

验收作业的程序为:验收准备、核对凭证、实物检验。

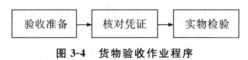

图 3-4　货物验收作业程序

1. 验收准备

仓库接到到货通知后,应根据货物的性质和批量提前做好验收前的准备工作,大致包括以下内容。

(1)人员准备。安排好负责质量验收的技术人员或用料单位的专业技术人员,以及配合数量验收的装卸与搬运人员。

(2)资料准备。收集并熟悉待验货物的有关文件,如技术标准、订货合同等。

(3)器具准备。准备好验收用的检验工具,如平衡器、量具等,并校准。

(4)货位准备。针对到库货物的性质、特点和数量,确定货物的存放地点和保管方法,其中要为可能出现的不合格货物预留存放地点。

(5)设备准备。大批量货物的数量验收,必须要有装卸与搬运机械的配合,应做好设备的申请调用。

此外,对于特殊货物的验收,如毒害品、腐蚀品、放射品等,还要准备相应的防护用品,计算和准备堆码、苫垫材料,对进口货物或存货单位指定需要进行质量检验的,应通知有关检验部门会同验收。

2. 核对凭证

入库货物必须具备下列凭证。

(1)业务主管部门或货主提供的入库通知单和订货合同副本。这是仓库接收货物的凭证。

(2)供货单位提供的材质证明书、装箱单、磅码单、发货明细表等。

(3)货物承运单位提供的运单。若货物在入库前发现有残损情况的,还要有承运部门提供的货运记录或其他记录,以作为向责任方交涉的依据。

3. 实物检验

实物检验就是根据入库单和有关技术资料对实物进行数量和质量检验。通常仓库仅对货物的品种、规格、数量、外包装状况,以及无须开箱、拆捆而直观可见可辨的外观质量情况进行检验。但是在进行分拣、装配作业的仓库里,通常需要检验货物的品质和状态。

数量检验是保证货物数量准确的重要步骤。按货物的性质和包装情况,数量检验主要有计件、检斤、检尺求积等形式。仓库在进行数量验收时,必须与供货方采用相同的计量方法。所采取的计量方法要在验收记录中作出记载,出库时也按同样的方法计量,避免出现误差。

按件数供货或以件数为计量单位的货物,在验收数量时要清点件数。一般情况下,计件货物应全部逐一清点。对于固定件数包装的小件货物,如果包装完好,打开包装则不利于以后进行保管,通常情况下,国内货物只检查外包装,不拆包检查,而进口货物则按合同或国际惯例处理。

按重量供货或以重量为计量单位的货物,在验收数量时有的采用检斤称量的方法,有的则采用理论换算的方法。按理论换算重量的货物,如金属材料中的板材、型材等,先要通过检尺检量,然后按规定的换算方法换算成重量验收。对进口货物,原则上应全部检斤,但如果订货合同规定按理论换算重量法交货的,则按合同规定办理。

按体积供货或以体积为计量单位的货物,在验收数量时要先检尺,后求积。例如,木材、竹材、砂石等。在验收数量前,还应根据货物来源、包装以及有关部门规定,确定对到库货物是采取抽验还是采取全验的方式。在一般情况下,数量检验应全验,即按件数全部进行点数。

4. 货物验收中发现问题的处理

在货物验收过程中,如果发现货物数量或质量有问题,则应该严格按照相关制度进行处理。这样有利于分清各方的责任,并促使有关责任部门吸取教训,改进今后的工作。

(1)凡属承运部门造成的货物数量短缺、外观破损等问题,应凭接运时索取的货运记录,向承运部门索赔。

(2)如果到货与订单、入库通知单或采购合同不相符,尽管运输单据上已标明本库为收货人的货物,仓库在原则上也应拒收,或者同有关业务部门沟通后,将货物置于待处理区域,并作相应的标记。

(3)凡货物必要的证件不齐全的,则应置于待处理区域,并作相应的标记,待证件到齐后再验收。

(4)凡有关证件已到库,但在规定时间内货物尚未到库的,仓库应及时向存货单位反映,以便及时查询处理。

(5)若供货单位提供的货物质保书与存货单位的进库单、合同不符,货物则应被放置于待处理区等待处理,不得随意挪动,仓库要通知存货单位,按存货单位提出的办法处理。

(6)若货物重量差异在允许的磅差以内,仓库可按应收数入账;若超过磅差范围,则应查对核实,做好验收记录,并提出意见,送到存货单位进行处理。该批货物在核实确认前,不准随意动用,只有待确认情况后,才能办理入库手续。

(7)当货物规格、品质、包装不符合要求或错发时,仓库应先将合格品验收,再对不合格品或错发货物进行核查。仓库要将不合格情况向收货人说明,并将不合格货物置于不合格品隔离区域,并作出相应的标记。对于错发货物,仓库应将货物置于待处理区域,并作相应的标记,随后通知相关业务部门或货主,尽快处理。

(8)进口货物在订货合同上均应规定索赔期限。出现问题时,必须在索赔期限内向检验检疫机构申报,并提供验收报告及对外贸易合同和国外发货单、运输单据或提单、装箱单、磅码单、检验标准等单证资料,以供审核复验。若缺少必要的单证资料,则应向有关外贸公司和外运公司索取,以便复验和办理索赔手续。

(9)对于需要对外索赔的货物,未经检验的,或经检验提出退货或换货的,出证应妥善保管,并保留好货物原包装,以供复验。

(五)入库验收过程中发现问题的处理

1. 数量不符

实际数量多于采购预约量的,按采购预约量验收;实际数量少于预约量的,按实际数量验收;送货方送来的货不是采购预约的货物时,应拒绝收货。收货人应在收货凭证上详细做好记录,及时通知送货人和发货方,并将记录向领导汇报。

2. 质量问题

收货人若发现有质量问题的货物,则应会同承运方清查点验,明确责任,并由承运方编制记录或出具证明书,以此作为索赔的依据。

3. 包装问题

当包装有水渍、玷污、损坏等情况时,应该当场做好记录,单独堆放,拒绝收货,由送货方签字确认。

4. 单货不符或单证不全问题

(1)货物串库。在初步检查时发现串库现象,应立即拒收;在验收细数时发现串库货物,应及时通知送货人办理退货手续,同时更正单据。

(2)有货无单。应暂时安排场所存放,及时联系,待单证到齐后再验收入库。

(3)有单无货。应及时查明原因,将单证退回注销。

(4)货未到齐。应分单签收。

四、登记建卡

货物入库登记,仓库应建立详细反映货物仓储情况的明细账,登账的主要内容有:货物名称、规格、数量、存货人或提货人、批次、金额等,注明货位号、运输工具、接(发)货经办人。建卡是指在货物入库或上架后,将货物名称、规格、数量及出入状态等内容填在料卡上。料卡又称为货卡、货牌,插放在货物下方的支架上或摆放在货垛正面明显位置。建档是将货物接收作业全过程的有关资料进行整理、核对,以便于货物管理与客户保持联系,解决争议,总结和积累仓库保管经验。

五、仓位分配

在对整个仓库进行分区,即设置库区后,就可以设置货位了。货位就是指进行货物在仓库中存放的具体位置。设置货位可以方便仓库对货物管理。规划货位的原则为:货位布局要紧凑,以提高仓容利用率;便于货物收发、检查、包装及装卸车;通道流畅便利,叉车行走距离短。

(一)货位规划

为方便管理,仓储及配送中心的每个货位都应编号并输入仓储管理系统。

(二)货位分配原则

为方便出入库,货物必须面向通道保管;货物应尽可能地向高处码放,以提高仓库保管效率;进出库频率高的货物应放在距离出入口近的地方,反之,进出库频率低的货物应放在距离出入口远的地方;重货应放在距离出入口近的地方及货架下层,轻货放在距离出入口远的地方;大型货物应放在距离出入口近的地方,小型货物放在距离出入口远的地方;一般货物放在货架下层,贵重货物放在货架上层。为加快货物周转速度,以先入先出为原则。

(三)仓储方式

1. 地面平放式

将保管货物直接堆放在地面上。

2. 托盘平放式

先将保管货物直接放在托盘上,再将托盘平放于地面。

3. 直接堆放式

将货物在地面上码放堆积。

4. 托盘堆码式

先将货物直接堆码在托盘上,再将托盘在地面上码放堆积。

5. 货架存放式

将货物直接码放在货架上。

项目小结

本项目主要介绍入库的基本知识、入库作业影响因素、入库前仓储货位的优化考虑、货物编码知识、入库作业计划及入库流程,以及货物接运、货物验收、仓位分配等入库作业实践知识。

同步练习

一、单项选择题

1. 物资验收的内容包括(　　)。
   A. 资料数量验收　　　　　　　　　B. 内在质量验收
   C. 外观质量和规格尺寸　　　　　　D. 以上全是

2. 关于货物验收,下列说法不正确的是(　　)。
   A. 货物验收由保管方负责　　　　　B. 验收货物的品名、规格、数量、外包装状况
   C. 货物验收采取全验方法　　　　　D. 散装货物按国家有关规定或合同规定验收

3. 入库业务管理任务不包括(　　)。
   A. 安排货位　　　　　　　　　　　B. 根据货物入库凭证,清点货物数量
   C. 对入库货物进行接收检查　　　　D. 按照规定程序办理各种入库手续和凭证

4. 关于货物接运,下列说法不正确的是(　　)。
   A. 仓库接到专用线到货通知后,就确定卸车货位
   B. 凭提单到车站、码头提货时,应根据运单和有关资料认真核对货物
   C. 仓库接受货主委托直接到供货单位提货时,应在仓库当场验收
   D. 存货单位将货物直接运到仓库储存时,应由保管员直接与送货人员办交接手续

5. 货物在入库或上架后,将货物名称、规格、数量或出入库状态等内容填在料卡上,称为(　　)。
   A. 登账　　　　B. 记录　　　　C. 立卡　　　　D. 建档

6. (　　)是指仓库在货物正式入库前,按照一定的程序和手续,对到库货物进行数量和外观质量的检查,以验证它是否符合订货合同规定的一项工作。
   A. 核查　　　　B. 接管　　　　C. 校对　　　　D. 验收

7. 所谓实物检验,就是根据(　　)和有关技术资料对实物进行数量和质量检验。
   A. 发货明细表　　　　　　　　　　B. 供货单位提供的材质证明书
   C. 入库单　　　　　　　　　　　　D. 订货合同

8. 货物入库作业流程管理的核心步骤是(　　)。
   A. 为货物安排货位　　　　　　　　B. 注记货物条码与确认货位
   C. 分配货物储位编码　　　　　　　D. 在货物与托盘上张贴编码

9. 货物验收程序为:①确定验收比例;②实物检验;③核对供货单位提供的验收凭证;④核对承运单位提供的运输单证;⑤验收准备。其正确顺序为(　　)。
   A. ④⑤①③②　　　　　　　　　　B. ③④⑤①②
   C. ⑤③④①②　　　　　　　　　　D. ④①②⑤③

10. 货物入库是在收到(　　)后,进行的接运提货、装卸搬运、检查验收、办理入库的工作过程。
    A. 货物入库通知单　　　　　　　　B. 运单货物
    C. 仓单　　　　　　　　　　　　　D. 货票

11. 下列入库工作顺序排列正确的是( )。
A. 查验货物—放入货位—核对单据
B. 核对单据—查验货物—放入货位
C. 放入货位—核对单据—查验货物
D. 查验货物—核对单据—放入货位

12. 安排货物存放地点、确定搬运路线,属于仓储作业的( )。
A. 货物组织　　　B. 人员组织　　　C. 时间组织　　　D. 空间组织

二、多项选择题

1. 影响入库作业的因素有( )。
A. 进货供应商及其送货方式　　　B. 货物种类、特性及数量
C. 人力资源　　　　　　　　　　D. 仓库规划
E. 设备及存货方式

2. 清点数量时要求按( )的原则进行。
A. 大数全点　　　B. 细数抽点　　　C. 可点件全点　　　D. 尾数不点

3. 实物流是仓库作业最基本的活动过程,从作业内容和作业顺序来看,主要包括( )等环节。
A. 接运　　　B. 入库　　　C. 出库　　　D. 发运

4. 入库作业阶段由( )三个环节构成。
A. 接运　　　B. 准备　　　C. 验收　　　D. 入库交接

5. 验收工作的基本要求为( )。
A. 准确　　　B. 及时　　　C. 严格　　　D. 经济

6. 验收作业的程序为( )。
A. 验收准备　　　B. 批准验收　　　C. 核对资料凭证　　　D. 实物检验

7. 仓库常用的检验方法主要有( )。
A. 视觉检验　　　B. 听觉检验　　　C. 拆分检验　　　D. 测试仪器检验

8. 完整的入库交接手续应包括( )。
A. 登账　　　B. 接收货物　　　C. 接收文件　　　D. 签署单证

9. 仓储作业过程是指仓库从接收货物开始直到把这些货物完好地发放出去的全部活动过程,包括( )三个阶段。
A. 入库　　　B. 出库　　　C. 验收　　　D. 储存

10. 合同仓储业务中,当保管人验收时发现入库货物与约定不符时,应及时通知货主,通知内容包括( )。
A. 货物与约定不符之处　　　B. 要求货主提供货物检验单
C. 追究违约责任　　　　　　D. 处理建议

11. 将提货与货物的初步验收工作结合在一起进行的接运方式是( )。
A. 到车站、码头提货　　　B. 到货主单位提货

C.发货单位或托运单位送货到库　　　　D.铁路专用线到货

三、判断题

1. 在采用货架的仓库内,5－8－4－8一般表示"第5号仓库、第8号货架、第4层的第8个货架"。（　　）

2. 在仓库作业过程中,实物是信息流的前提,控制着物流的数量、方向、速度和目标。（　　）

3. 采用"先进先出"方式,可以减少仓储物的保管风险。（　　）

4. 散堆法适用于露天存放的大宗货物。（　　）

5. 验收记录是货主退货、换货和索赔的依据。（　　）

6. 接运可在车站、码头、仓库或专用线进行,因而可以简单分为到货和提货两种方式。提货形式下,仓库不需要组织库外运输,到货形式下,仓库要组织库外运输。（　　）

7. 货物的数量、外观质量应在入库时进行检验;货物的内在质量,应在合同约定的时间之内进行检验,或者按照仓储惯例在入库一个月之内,国外到货应在两个月之内进行。（　　）

8. 在货物验收过程中,如果入库凭证不齐或不符,仓库有权拒收或暂时存放,待凭证到齐再验收入库。（　　）

四、简答题

1. 简述入库作业的基本流程。
2. 简述影响入库作业的主要因素。
3. 简述入库货物验收准备工作的内容。
4. 简述四种货物接运方式的适用条件。
5. 请列举常用的验收方法。
6. 仓库应进行哪些货物入库准备工作?
7. 仓库如何做好货物入库交接和登记工作?
8. 仓库在出入库过程中若发现问题应如何处理?
9. 结合货物和仓库的实际特点,谈一谈冷冻品在入库时要遵循哪些入库原则。

任务实训

入库作业方案编制及实施

一、实训目的

编制入库作业方案并实施方案。

二、实训计划

(一)实训内容

2022年3月18日,某仓储有限公司接到客户通知,需将一批货物入库。货物已经到达1号仓库,请你设计并完成该批货物的入库工作。

1.编制货物入库作业方案

2.对货物进行组托

3.货物上架

4.登记明细账

(二)实训要求

1.完成入库作业方案编制

2.填写入库单、明细账等相关的单证

3.完成货物组托

4.安排货物上架

(三)实训数据

1.货物信息

序号	货物编号	货物名称	规格型号	单位	单价(元)	数量	外包装尺寸(单位:mm)
1	D001	康师傅矿泉水	550ml×24	扎	5	15	350×220×220
2	F001	统一小当家	35g×48	箱	5	24	250×410×130
3	D002	康师傅桶面	119g×12	箱	5	8	390×260×220
4	F002	乐吧薯片	(68g×16包)×4	箱	5	20	320×230×260
5	F003	华丰魔法士	36g×48	箱	5	18	410×290×140
6	W001	汉斯小木屋果啤	620ml×9	扎	5	25	250×250×280
7	W002	惠普彩色显示器	4.5kg×1	台	5	4	492×380×148
8	W003	美汁源果粒橙	1.25L×12	箱	5	8	370×300×280
9	W004	康师傅红茶	500ml×15	箱	5	32	340×200×220
10	W005	双汇香辣肠	45g×60	箱	5	20	330×240×120

2.库存周转量统计表(2022年1月1日至3月18日)

序号	货物名称	编号	周转量(箱)	排序
1	康师傅矿泉水	D001	250	
2	统一小当家	F001	200	
3	康师傅桶面	D002	10	
4	乐吧薯片	F002	1000	
5	华丰魔法士	F003	160	
6	汉斯小木屋果啤	W001	100	
7	惠普彩色显示器	W002	5	
8	美汁源果粒橙	W003	80	
9	康师傅红茶	W004	50	
10	双汇香辣肠	W005	20	

3.货位信息

采用不固定货位方式,货物可以随机摆放任何货位。仓库采用横梁式托盘多层货架,长×宽×高=6000mm×1500mm×3500mm,共12个货位。

1-2	1-4	1-6	2-2	2-4	2-6
1-1	1-3	1-5	2-1	2-3	2-5

(四)实训详细步骤

1.货物入库计划书编制

制作货物入库计划书,应包括以下内容。

(1)封面与前序。

要求:写清题目、组别、组长和组员,制定入库计划时各成员的分工及职责。

(2)入库计划内容。

①货物入库的计划时间,货物的数量、包装形式、规格。

应按照货物发货的时间和运输的时间,计算出基本确切的到达时间。

计划货物所需占用的仓容;预测车辆到达的时间及送货车型;为了方便装卸搬运,计划车辆的停放位置。

②计划货物的装卸方式,人员配备。

装卸方式根据货物的状况、重量、包装等来确定,人员配备应根据装卸方法、装卸设备情况、工作效率等来确定。

③计划货物的临时存放地点。

④计划货物的存放储位。

写明货物的储位安排及依据。储位安排要根据仓库实际的货位管理方式和安排货位的原则进行。

⑤计划货物的验收内容。

应写明验收哪些项目,需验收哪些单证,验收方法分别是什么,为什么要验收这些项目,为什么采用这种验收方法。注意,不同货物可能采用不同的验收方法。

⑥计划货物入库应准备的相关工具和材料。

写明需准备哪些工具或材料,为什么需要准备这些材料。

⑦计划货位准备。

应怎样准备接货?需做哪些准备工作?为什么要做这些工作?

以上各项内容,均要求写明如此计划的原因和考虑的因素。

2.货物堆放设计

对入库的货物进行堆放,所有货物都要用托盘堆放在货架上,因此需设计货物在托盘上的堆放方式。

要求:尽可能节省托盘数量,尽可能多地往托盘上堆放。但是货物不能超出托盘的边缘,货物最高高度不能超过1.5m。货物堆放要整齐、稳固,不能出现重心偏移、倾斜等情况。货物实训过程中,要画出货物在托盘上的堆放设计图。

3. 货物入库单证处理

货物在入库过程中,会涉及很多的单证,根据货物入库的过程,逐一填写相关的单证。

要求:填写所有的单证,并按顺序整理。

注意:方案完成后,形成规整的材料,并打印出来。教师随机抽取方案,学生应演示汇报,可以制作PPT演示。

三、实训目标

1. 知识目标

(1)熟悉货物入库流程;

(2)熟悉货物检验基本方法。

2. 能力目标

(1)能合理安排货物储位;

(2)能编制入库作业方案;

(3)填写货物入库相关单证。

3. 素质目标

(1)培养学生理论联系实际和解决问题的能力;

(2)培养学生之间的协作能力。

四、实训组织形式

以小组的形式进行本次实训任务。

五、实训成果

小组共同完成实训报告一份。

六、实训考核

1. 学生参加实习的出勤及态度(40%)

2. 实习报告完成的质量(60%)

项目四
在库作业货物的养护与管理

学习目标

知识目标

1. 了解堆码和苫垫的要求;
2. 了解常见的货物变化的形式;
3. 掌握盘点的程序;
4. 掌握 EOQ、定量订购和定期订购管理法、库存 ABC 分类管理法。

技能目标

1. 能根据货物和储存环境的实际情况,进行堆码和苫垫;
2. 能够根据实际情况,对仓库内的温度、湿度进行合理的调节;
3. 能够根据实际情况,对库存货物进行盘点作业;
4. 能够根据实际情况,对库存进行合理控制。

重点、难点

本项目重点为分区分类、温湿度控制和盘点等在库作业货物的养护方法;难点为如何对库内货物进行合理的控制。

任务情境

"8·12 天津滨海新区爆炸事故"是发生在天津市滨海新区的重大安全事故。2015 年 8 月 12 日 23:30 左右,天津市滨海新区的瑞海物流公司危险品仓库发生火灾爆炸事故,本次事故的爆炸总能量约为 450 吨 TNT 当量,造成 165 人遇难(其中参与救援处置的公安现役消防人员 24 人、天津港消防人员 75 人、公安民警 11 人,事故企业、周边企业员工和居民 55 人),8 人失踪(其中天津消防人员 5 人,周边企业员工、天津港消防人员家属 3 人),798 人受伤(伤情重及较重的伤员 58 人、轻伤员 740 人),304 幢建筑物、12428 辆商品汽车、7533 个集装箱受损。

经查明,事故的直接原因是:瑞海物流公司危险品仓库运抵区南侧集装箱内的硝化棉由于湿润剂散失出现局部干燥,在高温(天气)等因素的作用下加速分解放热,积热自燃,引起相邻集装箱内的硝化棉和其他危险化学品长时间大面积燃烧,导致堆放于运抵区的硝酸铵等危险化学品发生爆炸。瑞海物流公司严重违反有关法律法规,是造成事故发生的主体责任单位。该公司无视安全生产主体责任,严重违反天津市城市总体规划和滨海新区控制性详细规划,违法建设危险货物堆场,违法经营、违规储存危险货物,安全管理极其混乱,安全隐患长期存在。

本次爆炸事故的主要教训如下。

1.事故企业严重违法违规经营。瑞海物流公司无视安全生产主体责任,置国家爆炸地施工现场法律法规、标准于不顾,只顾经济利益、不顾生命安全,不择手段变更及扩展经营范围,长期违法违规经营。

2.危险化学品安全监管体制不顺、机制不完善。目前,危险化学品生产、施工现场储存、使用、经营、运输和进出口等环节涉及部门多,地区之间、部门之间的相关行政审批、资质管理、行政处罚等未形成完整的监管"链条"。同时,全国缺乏统一的危险化学品信息管理平台,难以实现对危险化学品全时段、全流程、全覆盖的安全监管。

3.危险化学品事故应急处置能力不足。瑞海物流公司没有开展风险评估和危险源辨识评估工作,应急预案流于形式,应急处置力量和装备严重缺乏,不具备初起火灾的扑救能力。

(资料来源:人民网,文字有删改)

任务一 在库作业基础知识

一、货物在库作业管理

货物经验收入库后,便进入在库作业管理阶段。在库作业管理是仓储作业管理的核心环节,也是货物出库作业的基础。

货物的在库作业管理主要指对在库货物进行合理的保存和经济的管理,具体内容包括:货位的合理安排、货位编号、正确堆码和苫盖、货物的盘点作业、仓库温湿度调控等。科学的货物在库作业管理有助于保持和增加货物的使用价值和经济价值,保证后续作业顺利进行。

二、在库作业的概念

在库作业是指对在库货物进行理货、堆码、苫垫、维护保养、检查盘点等保管工作。为了确保货物的数量和质量完好无损,仓库必须减少出入库作业时间,提高作业效率,重视货物在库作业和保管过程。

三、货物的分类分区

货物的分类分区是指根据货物类别、性能和特点,结合仓库的建筑结构情况、容量、装卸设备等条件,确定各储存区域存放货物的种类、数量,将分类分区情况编成目录并绘制平面图。

(一)货物分类分区的定义及作用

1. 货物分类分区的定义

货物分类分区就是在"四个一致"(货物性能一致、养护措施一致、作业手段一致、消防方法一致)的前提下,根据货物类别和性能等把货物储存区划分为若干个保管区域,以便分类集中保管货物。

2. 货物分类分区的作用

仓库把货物储存区划分为若干个保管区域,同一种类的货物集中存放于相对固定的货区保管,有利于收发货与保管业务的进行。

(1)可以缩短货物收、发作业时间;

(2)可以合理地利用仓容;

(3)有利于掌握货物进出库规律,熟悉货物性能,提高保管技术水平。

(4)可以合理配置和使用机械设备,提高仓库机械化操作程度。

(二)货物分类分区的方式

对货物进行分类分区,要以安全、优质、多储、低耗等为原则综合规划,目前货物的分类分区主要有五种方式。

1. 按货物种类和性质分类分区

按货物种类和性质分类分区是仓库普遍采用的方式。此方式又分两种,一种是按照业务部门经营货物的种类进行分类分区。例如,某企业经营冰箱、洗衣机、空调、彩电等产品,货物保管条件是一致的,结合各部门经营产品所需的仓容、周转期及收发所需的设备条件,对仓库进行分区。若仓库共4层,每层面积为2000平方米,一层是收发区及临时存放区,二层存放冰箱、洗衣机,三层存放空调,四层存放彩电。另一种是按照货物的自然属性进行分类分区,如将怕热、怕潮、怕光等不同性质的货物分类集中起来,各自安排在合适的储存场所。

2. 按货物发往地区分类分区

按货物发往地区分类分区的方式适用于中转流通型仓库或转运仓库。其具体做法是,先按照交通工具划分公路、铁路、航空、水路等运输方式,然后按照到达站、港的路线分类分区。虽然这种方式不区分货物种类,但是应注意,危险品、性质相互影响以及运价不同的货物应分开堆放。例如,某企业是经营国内干线快运的物流公司,在安徽省合肥市有一间仓库作为中转货物之用,这间仓库的分区就应按照客户发往地区及所经过的路线来设置。

3. 按货物危险性质分类分区

这种方式主要适用于危险品仓库。仓库根据危险品本身具有的易燃、易爆、有毒等危险性质,以及不同的灭火方法等来进行分类分区储存保管。

4. 按不同客户分类分区

按照不同客户分类分区的方式适用于仓库客户数量较少、储存货物比较单一的情况。

5. 按方便作业和安全作业分类分区

从货物周转率角度考虑,将周转率高的货物放置在离通道较近的区域,方便进出库作业;将周转率低的货物放置在离通道较远的区域。从货物安全性的角度考虑,应将安全保卫级别高的货物(如贵重货物)放置在封闭的安全性能高的区域。

此外,仓库分类分区还要根据货物出库规律,及时调整货区和货位,做好日常空仓统计和货物进出作业时的货位平衡工作。通常仓库在划分区域时,要预留库房堆货面积的5%~10%作为机动货区。

任务二　货物堆码与苫垫

一、货物堆码

国家标准《物流术语》(GB/T18354—2006)中堆码的定义是:"将货物整齐、规则地摆放成货垛的作业。"即根据货物的性质、形状、重量等因素,结合仓库储存条件,将货物堆码成一定的货垛。合理的堆码不仅便于库存货物的管理,还能确保货物的安全性,避免货物发生变质、变形等异常情况。

二、货物堆码的要求

在货物堆码前,仓库要结合仓储条件做好准备工作。仓库在分析货物的数量、包装、清洁程度、属性的基础上,遵循合理、牢固、定量、整齐、节约、方便等基本要求。

(一)合理

搬运活性合理、分垛合理、垛形合理、重量合理、间距合理、顺序合理。

(二)牢固

选择适当的垛底面积、堆垛高度和垫衬材料,以提高货垛的稳定性,保证堆码牢固、安全、不偏不歪、不倚不靠(即不倚靠墙、柱),确保货物不受损害。

(三)定量

为便于检查、盘点和使保管人员过目知数,仓库在货物堆码时,要注意垛数、行数、层包数等应为整数且数量固定,通常采用"五五堆码"。对于过磅称重的货物,不能凑成整数时,必须明确地标出重量,分层堆码或成捆堆码,定量存放。

(四)整齐

堆垛排列应整齐有序,同类货物应垛形统一。货垛横成行、纵成列,货物包装上的标志一律朝外,以便于查看和拣货。

（五）节约

坚持一次堆码，减少重复作业；爱护苫垫物，节约备品用料，减少消耗；科学堆码，节省货位，提高仓容利用率。

（六）方便

堆码应便于装卸搬运，便于收发保管，便于日常维护保养，便于检查点数，便于安全消防。

三、货物堆码的方法

常见的货物堆垛方法有四种，即散堆法、货架堆码法、托盘化码垛法和货垛堆码法。

（一）散堆法

散堆是指将无包装的散货在仓库或露天货场上堆成货堆。这种堆码方法简单，便于采用机械设备装卸、堆码，节省包装费用和运费，适用于大宗散货。

（二）货架堆码法

货架堆码是指使用通用和专用的货架进行货物堆码。这种堆码方法能够提高仓容利用率，减少差错，加快存取作业速度，适用于小件货物、怕压或不宜堆高的货物。

（三）托盘化码垛法

托盘化码垛是指将散装或散件货物用托盘、货箱或捆扎等方法，组合成若干个较大的集装单元。这样可使原来不适合机械作业的货物高精变得适合机械作业，从而有助于加快堆垛、装卸、运输的速度，提高仓容利用率。常见的托盘化码垛样式有重叠式、纵横交错式、旋转交错式和正反交错式四种。

（四）货垛堆码法

货垛堆码是指直接利用货物或包装外形进行堆码。货垛堆码法能够增加货垛高度，提高仓库利用率；能够根据货物及包装的形状、特性和货位的实际情况，把货垛堆码成各种样式，从而保证货物质量。货垛堆码法应用最为广泛，样式也最为繁多。常见的样式主要有重叠式堆码、纵横交错式堆码、仰俯相间式堆码、通风式堆码、栽桩式堆码、压缝式堆码等几种。

四、货物的苫垫

苫垫是对货物苫盖和垫垛的简称。"苫"是指在堆址上加上遮盖物，避免货物直接受到日晒和雨淋。"垫"是指在货垛底下加衬垫物，以防水、防潮等，并保持通风。苫垫是货物保管保养中的一项重要工作，也是仓库做好货物管理的一个重要环节。

（一）苫盖

通常使用的苫盖材料有塑料布、席子、油毡纸、铁皮、苫布等，仓库也可以将货物的旧包装材料改制成苫盖材料。

苫盖的方法主要有以下几种。

1. 垛形苫盖法

此方法是指根据货垛的形状进行适当的苫盖，适用于屋脊形货垛、方形货垛及大件包装货物的苫盖，常使用的材料有塑料布、苫布、席子等。

2. 鱼鳞苫盖法

此方法是用席子、苫布等苫盖材料，自下而上、层层压盖，因堆垛从外形看酷似鱼鳞，故称鱼鳞苫盖法。这种方法适用于怕雨淋、日晒的货物。若货物还需要通风透气的储存条件，可将席子、苫布等苫盖材料的下端反卷起来，使空气流通。

图 4-2　鱼鳞苫盖法

3. 隔离苫盖法

此方法是指用竹竿、木条、钢筋、钢管、隔离板等，在货垛四周及垛顶隔开一定空间搭起框架进行苫盖，既能防雨，又能隔热。

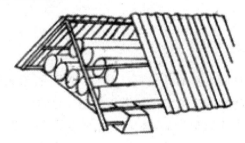

图 4-3　隔离苫盖法

4. 活动棚架苫盖法

此种方法是根据常用的垛形制成棚架，棚架下装滑轮以便移动。活动棚架在需要时可以拼搭，并放置在货架上用作苫盖，不需时则可以拆除，节省空间。

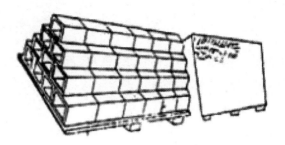

图 4-4　活动棚架苫盖法

（二）垫垛

垫垛是指根据不同货物的保管要求，按垛形尺寸和负荷轻重，在垛底放上适当的衬垫物。货场和库房的衬垫材料有所不同，一般货场多用水泥墩、石墩、石条、枕木等垫垛，而库房一般用垫板、枕木以及防潮纸等。常用的垫垛有移动式和固定式两种。目前正在逐步推广固定式的垛基，这种垛基可以重复使用，节省劳动力，提高作业效率。

露天货场的垫垛高度可保持在 40cm 左右；库房和货棚内的垫垛高度要根据地面情况和货物防潮要求而定，如水泥地面一般只需垫板、枕木或水泥条，高度在 20cm 以上即可；多层库房中的上层干燥地面可以不垫，只铺一层防潮纸。化工材料、动植物制品以及易受潮的货物，应尽可能加高垫层，垛底要保持良好的通风。

任务三　货物的保管与养护作业

一、库存货物变化的形式

库存货物变化的形式主要有：物理机械变化、化学变化、生化变化及其他生物作用引起的变化。

（一）货物的物理机械变化

物理变化是指只改变物质本身的外表形态，不改变本质，没有新物质的生成，有可能反复进行的质量变化现象。货物的机械变化是指货物在外力的作用下发生的形态变化。物理机械变化会使货物数量减少或质量降低，甚至失去使用价值。货物常发生的物理机械变化主要有挥发、溶化、熔化、渗漏、串味、沉淀、玷污、破碎、变形等。

1. 挥发

挥发是低沸点的液态货物或经液化的气体在空气中经汽化而散发到空气中的现象。货物的挥发不仅会降低有效成分、增加货物损耗、降低货物质量，一些燃点很低的货物还容易引起燃烧或爆炸。某些货物挥发的蒸汽有毒性或麻醉性，会对人体造成伤害。常见的易挥发的货物有酒精、香精、农药、油漆等。

货物挥发的速度快慢与气温的高低、空气流动速度的快慢、液体表面接触空气面积的大小成正比。防止货物挥发的主要措施有加强包装、控制仓库温度等。

2. 溶化

溶化是指某些固态货物在保管过程中吸收空气或环境中的水分,当达到一定程度时变成液态。易溶化货物必须兼具吸湿性和水溶性两种性能。

货物溶化与空气温度、湿度及货物的堆码高度有密切关系。虽然货物在溶化后本身的性质并没有发生变化,但是形态的改变给储存、运输及销售带来很大的不便。易溶化的货物应分区分类存放在干燥阴凉的库房内,不能与含水量较大的货物存放在一起。在堆码时,要注意底层货物的防潮和隔潮,垛底要垫高一些,并采取吸潮和通风相结合的温湿度管理方法来防止货物溶化。

3. 熔化

熔化是指低熔点的货物受热后发生软化甚至化为液态的现象。货物的熔化,除受气温影响外,还与货物本身的熔点、货物中杂质种类和含量密切相关。熔点越低、杂质含量越高,越易熔化。常见的易熔化货物有百货中的香脂、发蜡、蜡烛,文化用品中的复写纸、蜡纸、打字纸和圆珠笔芯,化工货物中的松香、石蜡、粗萘、硝酸锌,医药货物中的油膏、胶囊、糖衣片等。

熔化会使货物流失、包装粘连,有的还会因货物产生熔解热而体积膨胀使包装爆破,或因货物软化而使货垛倒塌。仓库应根据货物的熔点,选择合适的库房。在货物保管过程中,仓库一般可采用密封和隔热措施,加强库房的温度管理,防止日光照射,尽量减少温度的影响。

4. 渗漏

渗漏主要是指液态货物,特别是易挥发的液态货物,由于包装容器不严密,包装质量不符合货物性能的要求,或在搬运装卸时碰撞震动破坏了包装,而发生"跑、冒、滴、漏"的现象。

货物渗漏,不仅与包装材料性能、包装容器结构及包装技术优劣有关,还与仓库温度变化有关。如金属包装焊接不严,受潮锈蚀;有些包装耐腐蚀性差;有的液态货物因气温升高,体积膨胀而使包装内部压力增大胀破包装容器;有的液态货物在降温时或严寒季节结冰,也会发生体积膨胀引起包装破裂而造成货物损失。因此,对液态货物应加强入库验收和在库检查及温湿度控制和管理。

5. 串味

串味是指吸附性较强的货物吸附其他气体、异味,从而改变原本气味的现象。具有吸附性、易串味的货物成分中含有胶体物质以及疏松、多孔性的组织结构。常见易串味的货物有大米、面粉、木耳、白砂糖、饼干、茶叶、卷烟等。常见的会引起串味的货物有汽油、煤油、桐油、腊肉、樟脑、肥皂以及农药等。

货物串味与其表面状况,与异味物质接触面积、接触时间以及环境中异味的浓度有关。仓库应对易串味的货物尽量采取密封包装,在储存和运输中不将易串味货物与有强烈气味的货物同车、船混载或同库储藏。

6. 沉淀

沉淀是指含有胶质和易挥发成分的货物,在低温或高温等因素的影响下,部分物质凝固,进而发生沉淀或膏体分离的现象。常见的易沉淀货物有墨汁、墨水、牙膏等。仓库应根据货物的特点,避免货物被阳光照射,注意货物冬季保温工作和夏季降温工作。

7. 玷污

玷污是指货物外表沾有其他物质,或染有其他污秽的现象。货物被玷污主要是在生产、运输中卫生条件不合格或物品外包装不严所致。一些外观质量要求较高的货物,如针织品、精密仪器类等要特别注意防玷污。

8. 破碎与变形

破碎与变形是常见的机械变化,是指货物在外力作用下所发生的形态上的改变。如玻璃、陶瓷、搪瓷、铝制品等因包装不合格,在搬运过程中受到碰、撞、挤、压和抛掷而破碎、掉瓷等。再如皮革、塑料、橡胶等制品由于受到强烈的外力撞击或长期重压,货物丧失回弹性能,从而发生形态改变。

对于容易发生破碎和变形的货物,要注意妥善包装,轻拿轻放,在仓库堆垛高度不能超过规定的压力限度。

(二)货物的化学变化

货物的化学变化过程即货物质变过程,严重时会使货物失去其使用价值。货物的化学变化形式主要有氧化、分解、水解、化合、聚合、裂解、老化、风化等。

1. 氧化

氧化是指货物与空气中的氧或其他能放出氧的物质化合的反应。容易发生氧化的货物品种较多,如某些化工原料、纤维制品、橡胶制品、油脂类货物等。棉、麻、丝、毛等纤维织品,长期受阳光照射会发生变色,这也是织品中的纤维被氧化的结果。

货物在氧化过程中会产生热量。如果产生的热量不能及时散失,就会加速氧化过程,从而使反应的温度迅速升高;当达到自燃点,就会发生自燃现象。桐油布、油布伞、油纸等桐油制品,在还没有干透的情况下打包储存,就容易发生自燃,这是由于桐油中含有的不饱和脂肪酸在发生氧化时放出的热量会促使整体温度升高,达到燃点。除了桐油制品外,植物性油脂类货物或含油脂较多的货物,也会发生自燃现象。因此,易氧化货物要储存在干燥、通风、散热条件良好的库房,只有这样才能保证质量安全。

2. 分解

分解是指某些性质不稳定的货物,在光、电、热、酸、碱及潮湿空气的作用下,由一种物质生成两种或两种以上物质的变化。货物在发生分解反应后,不仅会数量减少、质量降低,还会在反应过程中产生一定的热量和可燃气体,继而引发事故。如过氧化氢(双氧水)是一种不稳定的强氧化剂和杀菌剂,在常温下会逐渐分解,如遇高温会迅速分解,生成水和氧气,并释放出一定的热量。又如漂白粉,呈白色粉末状,其外观与石灰相似,故又称氧化石灰,也是一种强氧化剂和杀菌剂,当漂白粉遇到空气中的二氧化碳和水时,就能分解出氯化氢、碳酸钙和次氯酸。反应过程能够加速其他货物的氧化,还能破坏货物的色素。因此,过氧化氢和漂白粉都具有漂白作用。在保管的过程中,过氧化氢和漂白粉一旦发生上述变化,不仅会降低有效成分,还会降低杀菌能力。另外,当电石遇到潮气,会分解生成乙炔和氢氧化钙,并会释放一定的热量,乙炔气体易于氧化和燃烧,因此在储存电石货物时要特别注意包装的密封性,库房要保持干燥、通风。

3. 水解

水解是指某些货物在一定条件下,遇水发生分解的现象。不同货物在酸或碱的催化作用下发生水解的情况是不相同的。如肥皂在酸性溶液中,能全部水解,而在碱性溶液中却很稳定;蛋白质在碱性溶液中容易水解,而在酸性溶液中却比较稳定;棉纤维在酸性溶液中,尤其是在强酸的催化作用下,容易发生水解,纤维的大分子链节断裂,从而大大降低纤维的强度,但棉纤维在碱性溶液中比较稳定。在物流过程中,仓库要注意易发生水解的货物包装材料的酸碱性,要清楚哪些货物可以或不能同库储存,防止货物的人为损失。

4. 化合

化合是指货物在储存期间,在外界条件的影响下,两种或两种以上的物质相互作用,从而生成新物质的反应。化合反应通常不是单一的化学反应,而是两种反应(分解、化合)依次先后发生。如果不了解这种情况,就会给保管和养护货物带来损失。如化工产品中的过氧化钠,如果储存在密闭性好的桶里,并在低温下与空气隔绝,其性质就会非常稳定。但如果遇热,就会发生分解释放出氧气。过氧化钠如果同潮湿的空气接触,在迅速地吸收水分后,便会发生分解,降低有效成分。

5. 聚合

聚合是指某些货物,在外界条件的影响下,使同种分子互相聚合而结合成一种更大分子的现象。例如,桐油中含有高度不饱和脂肪酸,在日光、氧和温度的作用下,能发生聚合反应,生成硬块浮在表面,而使桐油失去使用价值。因此,在储存和保管货物时,要特别注意日照和储存温度,防止发生聚合反应,避免货物质量降低。

6. 裂解

裂解是指高分子有机物(如棉、麻、丝、毛、橡胶、塑料、合成纤维等),在日光、氧气、高温条件的作用下,分子链断裂、分子量降低,从而强度降低,机械性能变差,产生发软、发黏等现象。例如,天然橡胶在日光、氧和一定温度的作用下,就会变软、发黏、变质。另外,塑料制品中的聚苯乙烯在一定条件下,也会同天然橡胶一样发生裂解。因此,货物在保管养护过程中,要防止受热和日光的直接照射。

7. 老化

老化是指含有高分子有机物成分的货物(如橡胶、塑料、合成纤维等),在日光、氧气、热等因素的作用下,性能逐渐变坏的过程。若发生老化,货物化学结构被破坏、物理性能改变、机械性能降低,从而失去使用价值。容易老化的货物在保管养护过程中,要注意防止日光照射和高温,不能在阳光下曝晒。货物在堆码时不宜过高,以防止底层的货物受压变形。橡胶制品切忌同各种油脂和有机溶剂接触,以防止发生粘连现象。塑料制品要避免同各种有色织物接触,以防止发生串色。

8. 风化

风化是指含结晶水的货物,在一定温度和干燥空气中,因失去结晶水而崩解,变成非结晶状态的无水物质的现象。

(三)生化变化及其他生物作用引起的变化

生化变化是指有生命活动的有机体货物,在生长发育过程中,为了维持它的生命,本身所进行的一系列生理变化。如粮食、水果、蔬菜、鲜鱼、鲜肉、鲜蛋等有机体货物,在储存过程中,受到外界条件的影响和其他生物作用,往往会发生变化。这些变化主要有呼吸、发芽、胚胎发育、后熟、霉腐、虫蛀等。

1. 呼吸

呼吸是指有机体货物在生命活动过程中,不断地进行呼吸,分解体内有机物质,产生热量,维持其本身生命活动的现象。呼吸可分为有氧呼吸和无氧呼吸两种类型。不论是有氧呼吸还是无氧呼吸,都要消耗营养物质,降低食品的质量。有氧呼吸热量的产生和积累,往往使食品腐败变质。特别是粮食的呼吸产生的热量不易失散,如积累过多,会使粮食变质。呼吸时有机体分解出来的水分,有利于有害微生物生长繁殖,加速货物的霉变。无氧呼吸则会产生酒精,引起有机体细胞中毒,造成生理病害,缩短储存时间。对于一些鲜活货物,无氧呼吸往往比有氧呼吸要消耗更多的营养物质。由于货物本身具有一定的抗病性和耐储性,所以储藏鲜活货物时应保证货物正常呼吸,利用货物的生命活性,减少货物损耗,延长储藏时间。

2. 发芽

发芽是指有机体货物在适宜条件下,冲破休眠状态,出现芽体萌发现象。发芽会使有机体货物的营养物质转化为可溶性物质,供给有机体本身,从而降低有机体货物的质量。货物在发芽过程中,通常伴有发热、生霉等情况,不仅会增加损耗,而且会降低质量。因此,对于能够发芽的货物,仓库必须控制空气湿度,加强温湿度管理,防止发芽现象发生。

3. 胚胎发育

胚胎发育主要指的是鲜蛋的胚胎发育。在鲜蛋的保管过程中,当温度和供氧条件适宜时,胚胎会发育成血丝蛋、血环蛋。经过胚胎发育的禽蛋新鲜度和食用价值大大降低。为抑制鲜蛋的胚胎发育,应加强温、湿度管理,最好是低温储藏或隔绝供氧条件。

4. 后熟

后熟是指瓜果类、蔬菜类食品在脱离母株后继续成熟过程的现象。瓜果、蔬菜等的后熟作用,将改进色、香、味以及适口的硬脆度等食用性能。当后熟作用完成后,容易发生腐烂变质,难以继续储藏甚至使食品失去食用价值。因此,这类鲜活食品应在成熟之前采收并通过控制储藏条件来调节后熟过程,以达到延长储藏期的目的。

5. 霉腐

霉腐是指货物在霉腐微生物作用下发生的霉变和腐败现象。在气温高、湿度大的季节,如果仓库的温湿度控制不好,储存的针棉织品、皮革制品、鞋帽、纸张、香烟以及中药材等许多货物就会生霉,肉、鱼、蛋类就会腐败发臭,水果、蔬菜就会腐烂。

无论哪种货物,发生霉腐后都会受到不同程度的破坏,甚至完全失去使用价值。霉腐食品会产生能引起人畜中毒的有毒物质。对易霉腐的货物在储存时必须严格控制温湿度,并做好货物防霉和除霉工作。

6. 虫蛀

货物在储存期间,常常会遭到仓库害虫的蛀蚀。经常危害货物的仓库害虫有多种,仓库害虫在危害货物的过程中,不仅能破坏货物的组织结构,使货物发生破碎和出现孔洞,而且排泄的各种代谢废物能污染货物,影响货物质量和外观,降低货物使用价值。因此,仓库害虫对货物危害性很大。凡是含有有机成分的货物,都容易遭受害虫蛀蚀。

二、影响库存货物的因素

(一)影响库存货物的内部因素

货物本身的组成成分、分子结构及其所具有的物理性质、化学性质和机械性质,决定了其在储存期发生损耗的可能性。通常情况下,有机物比无机物易发生变化,无机物中的单质比化合物易发生变化;固态货物比液态货物稳定且易保管,液态货物又比气态货物稳定并易保管;化学性质稳定的货物不易变化、不易产生污染;物理吸湿性、挥发性、导热性都差的物品不易变化;机械强度高、韧性好、加工精密的货物易保管。

1. 货物的物理性质

货物的物理性质主要包括吸湿性、导热性、耐热性、透气性与透水性等。

(1)吸湿性。吸湿性是指货物吸收和放出水分的特性。货物吸湿能力的强弱、吸湿速度的快慢,直接影响货物含水量的增减。吸湿性对货物质量的影响极大,是许多货物在储存期间发生质量变化的重要原因。货物的很多质量变化与其含水量及吸湿性有直接关系。

(2)导热性。导热性是指物体传递热能的性质。货物的导热性与其成分和组织结构有密切关系,货物结构不同,其导热性也不一样。同时货物表面的色泽与其导热性也有一定的关系。

(3)耐热性。耐热性是指货物耐温度变化而不致被破坏或显著降低强度的性质。货物的耐热性,除与其成分、结构和不均匀性有关外,也与其导热性、膨胀系数有密切关系。导热性大而膨胀系数小的货物,耐热性良好,反之则差。

(4)透气性与透水性。货物能被水蒸气透过的性质称为透气性,货物能被水透过的性质叫透水性。这两种性质在本质上都是指水的透过性能,所不同的是前者指气体水分子的透过,后者是指液体水的透过。货物的透气性、透水性主要取决于货物的组织结构和化学成分。若货物结构松弛、化学成分含有亲水基团,则透气性、透水性较好。

2. 货物的机械性质

货物的机械性质是指货物的形态、结构在外力作用下的反应。货物的机械性质与质量关系极为密切,是体现适用性、坚固耐久性和外观的重要内容,包括货物的弹性、可塑性、强度、韧性、脆性等。货物的机械性质对货物的外形及结构变化有很大的影响。

3. 货物的化学性质

货物的化学性质是指货物的形态、结构以及货物在光、热、氧、酸、碱、温度、湿度等作用下发生改变,与货物本质相关的性质。与货物储存紧密相关的货物的化学性质包括:货物的化学稳定性、毒性、腐蚀性、燃烧性、爆炸性等。

(1)化学稳定性。化学稳定性是指货物受外界因素作用,在一定范围内,不易发生分解、氧化或其他变化的性质。化学稳定性不高的货物容易丧失使用价值。货物的稳定性是相对的,与其成分、结构及外界条件有关。

(2)毒性。毒性是指某些货物能破坏有机体生理功能的性质。具有毒性的货物,主要是医药、农药等。有的货物本身有毒,有的本身虽无毒,但分解化合后能产生有毒成分。

(3)腐蚀性。腐蚀性是指某些货物能对其他物质产生破坏作用的化学性质。具有腐蚀性的货物,本身具有氧化性和吸水性,因此不能与棉、麻、丝、毛织品以及纸张、皮革制品、金属制品等同仓储存。盐酸可以对钢铁制品产生作用,使钢铁遭受破坏;烧碱能腐蚀皮革、纤维制品和人的皮肤;硫酸能吸收动植物货物中的水分,使货物炭化而变黑;漂白粉具有氧化性,能破坏一些有机物;石灰有强吸水性和发热性,能灼伤皮肤和刺激呼吸器官等。因此,仓库在保管货物时,要根据货物不同的性能,选择合适的储存场所,安全保管。

(4)燃烧性。燃烧性是指有些货物性质活泼,在发生剧烈化学反应时常伴有热、光现象。具有燃烧性的货物被称为易燃货物。常见的易燃货物有红磷、松香、汽油、柴油、乙醇、丙酮等。易燃货物在储存中应该特别注意防火。

(5)爆炸性。爆炸是物质由一种状态迅速变化为另一种状态,并在瞬息间以机械功的形式放出大量能量的现象。对于能够发生爆炸的货物要专库储存,并制定严格的管理制度和办法。

4. 货物的化学成分

(1)无机成分货物。无机成分货物不含碳,但包括碳的氧化物、碳酸及碳酸盐,如化肥、搪瓷、玻璃、五金及部分化工货物等。无机成分的货物,按其元素的种类及其结合形式,又可以分为单质、化合物、混合物等三大类。

(2)有机成分货物。有机成分货物以含碳的有机化合物为主要成分,但不包括碳的氧化物、碳酸与碳酸盐。有机成分货物的种类相当繁多,如棉、毛、丝、麻及其制品,化纤、塑料、橡胶制品,石油产品,有机农药,有机化肥,木制品,皮革,纸张及其制品,蔬菜,水果等。有机成分货物的成分结合形式不同,有的是化合物,有的是混合物。

单一成分的货物极少,多数货物含杂质。因此,货物成分有主要成分与杂质之分。主要成分决定货物的性能、用途与质量;而杂质则影响货物的性能、用途与质量,给储存带来不利影响。

5. 货物的结构

因为货物的种类繁多,各种货物又有各种不同形态的结构,所以不同货物要用不同的包装。如气态货物的分子运动快、间距大,多用钢瓶盛装,形态随盛器而变;液态货物的分子运动速度比气态货物慢,分子间距比气态的小,形态随盛器而变;固态货物有一定外形。

货物形态各异,概括起来,可分为外观形态和内部结构两大类。货物的外观形态多种多样,仓库在保管时应根据货物体形结构合理安排仓容,科学地进行堆码,以保证货物质量完好。货物的内部结构,即构成货物原材料的成分结构,属于货物的分子及原子结构,是人的肉眼看不到的结构,必须借助于各种仪器来进行分析观察。货物的微观结构对货物性质往往影响极大,有些分子的组成和分子量虽然完全相同,但由于结构不同,性质有很大差别。

总之,影响库存货物的内部因素很多,主要包括货物的性质、成分、结构等。这些因素之间是相互联系、相互影响的统一整体,决不能孤立对待。

(二)影响库存货物的外部因素

货物储存期间的变化与外部因素有密切关系。这些外部因素主要包括自然因素、人为因素和储存期。

1. 自然因素

影响库存物品的自然因素主要指温度、湿度、有害气体、日光、尘土、杂物、虫鼠雀、自然灾害等。

(1)温度对库存货物的影响。除冷藏库外,仓库的温度直接受天气温度的影响,库存货物的温度也随天气温度同步变化。一般来说,绝大多数货物在常温下都能保持正常的状态。大部分货物对温度的适应都有一定范围。低沸点易挥发的货物,在高温下易挥发;低熔点的货物,在温度较高时易熔化变形及粘连流失;具有自燃性的货物,在高温下因氧化反应而放出大量的热,热量聚积不散会引发燃烧。温度过低也会对某些货物造成冻伤损害。

普通仓库的温度控制主要是避免阳光直接照射货物,因为阳光直接照射下的地表温度要比气温高很多,夏季午间甚至高近一倍。不同建筑材料的遮阳效果不同,混凝土结构建筑的遮阳效果最佳。怕热货物要存放在仓库内阳光不能直接照射的货位。

对温度较敏感的货物,在气温高时可以采用洒水降温,包括直接对货物洒水,怕水货物可以在苫盖物、仓库屋顶上洒水降温。在日晒强度降低的傍晚或夜间,应将堆场货物的苫盖物适当揭开通风,这也是对露天堆场货物降温保管的有效方法。

货物自热是货物升温损坏的一个重要原因,对容易自热的货物,应经常检查货物温度,当发现升温时,可以采取加强通风、洒水、翻动货物等方式散热降温,必要时,可以在货垛内存放冰块、释放干冰等。

此外,仓库里的热源也会造成温度升高,货物应避开热源,或者在高温季节避免使用仓库内的热源。

在严寒季节气温极低时,仓库可以利用加温设备防冻。在寒潮到达前对货物进行苫盖,也具有短期保暖效果。

(2)湿度对库存货物的影响。不同货物对环境湿度(相对湿度)要求有很大差别。霉菌等微生物和蛀虫在适宜的温度和相对湿度高于60%时繁殖迅速,可在短时期内使棉毛丝制品、木材、皮革、食品等霉变。具有吸湿性的货物,在湿度较大的环境中会结块。绝大多数金属制品、电线、仪表等在相对湿度达到或超过80%时锈蚀速度加快。某些货物的储存环境则要求保持一定的湿度,如木器、竹器及藤制品等,在相对湿度低于50%的环境中会因失水而变形开裂,但是当相对湿度大于80%时又容易霉变。纯净的潮湿空气对货物的影响一般不大,但如果空气中含有有害气体且空气相对湿度达到60%,金属材料及制品则会迅速锈蚀。

(3)大气中有害气体对库存货物的影响。大气中的有害气体主要来自燃料,如煤、石油、天然气、煤气等燃料放出的烟尘以及工业生产过程中的粉尘、废气。空气污染主要是指空气中含有的二氧化碳、二氧化硫、硫化氢、氯化氢和氮等浓度过高。货物储存在有害气体浓度高的环境中,质量变化明显。例如,二氧化硫气体溶解度很高,溶于水中能生成亚硫酸,当遇到含水量较大的货物时,能强烈地腐蚀货物中的有机物。在金属电化学腐蚀中,二氧化硫也是构成腐蚀电池的重要介质之一。即使空气中含有0.01%的二氧化硫,也能使金属锈蚀速度加快几十倍,还能使皮革、纸张、纤维制品脆化。特别是金属货物,必须远离二氧化硫发源地。目前,仓库主要采用改进货物包装或在货物表面涂油、涂蜡等方法,减少有害气体对货物质量的影响。

(4)日光、尘土、杂物、虫鼠雀等对库存货物的影响。适当的日光可以去除货物表面或体内多余的水分,也可抑制微生物等的生长。但长时期在日光下曝晒,货物或包装会出现开裂、变形、变色、褪色、失去弹性等现象。尘土、杂物能加速金属锈蚀、影响精密仪器仪表和机电设备的精密度和灵敏度。虫鼠雀不仅会毁坏货物和仓库建筑,还会污染货物。

(5)自然灾害主要有雷击、暴雨、洪水、地震、台风等。

2. 人为因素

人为因素对库存物品的影响是指人们未按货物自身特性或未认真按有关规定和要求作业,甚至违反操作规程而使货物受到损害和损失的情况。人为因素主要包括以下方面。

(1)保管场所选择不合理。货物自身理化性质决定了不同库存物在储存期的保管条件不同,对不同库存物应结合当地的自然条件选择合理的保管场所。一般条件下,普通的黑色金属材料、大部分建筑材料和集装箱可在露天货场储存;怕雨雪侵蚀、阳光照射的货物应放在普通库房及货棚中储存;有一定温湿度条件要求的货物应存放在冷藏、冷冻、恒温、恒温恒湿库房中;易燃、易爆、有毒、有腐蚀性的危险货物必须存放在特种仓库中。

(2)包装不合理。为了防止货物在储运过程中受到可能的冲击、压缩等外力而被破坏,仓库应对库存货物进行适当捆扎和包装,如果捆扎或包装不牢,则会造成倒垛、散包,使货物丢失和损坏。某些包装材料或形式选择不当不仅不能起到保护的作用,还会使库存货物加速受潮变质或受污染霉烂。

(3)装卸搬运不合理。装卸搬运活动贯穿于仓储作业过程的始终,是一项技术性很强的工作。各种货物的装卸搬运均有严格规定,如平板玻璃必须立放、挤紧、捆牢,大件设备必须在重心点吊装,胶合板不可直接用钢丝绳吊装等。实际工作表明,装卸搬运不合理,不仅会给储存物带来不同程度的损害,甚至会对劳动者的生命安全造成威胁。

(4)堆码苫垫不合理。垛形选择不当、堆码超高超重、不同货物混码、需苫盖而没有苫盖或苫盖方式不对都会导致库存物品损坏变质。

(5)违章作业。在库内或库区违章明火作业、烧荒、吸烟,会引起火灾,造成更大的损失,带来更大的危害。

3. 储存期

货物在仓库中停留的时间愈长,受外部因素影响发生变化的可能性就愈大,而且发生变化的程度也愈深。

货物的储存期主要受采购计划、供应计划、市场供求变动、技术更新甚至金融危机等影响,因此仓库应坚持先进先出的发货原则,定期盘点,对接近保存期限的货物及时处理,对接近淘汰的产品限制入库或随进随出。

三、仓库作业过程管理措施

仓库应对在库储存的货物建立健全定期和不定期、定点和不定点、重点和一般相结合的检查制度,严格控制库内温湿度和做好卫生清洁管理工作。"以防为主、防治结合"是保管保养的核心。仓库要特别重视货物损害的预防,及时发现和消除事故隐患,防止损害事故的发生。特别要预防发生爆炸、火灾、水浸、污染等恶性事故和大规模损害事故。在发生、发现损害现象时,要及时采取有效措施,防止损害扩大,减少损失。

仓库保管保养的措施主要有:经常对货物进行检查和测试,及时发现异常情况;合理地对货物通风;控制阳光照射;防止雨雪水打湿货物,及时排水除湿;除虫灭鼠,消除虫鼠害;妥善进行温湿度控制;防止货垛倒塌;防霉除霉,剔出变质货物;对特殊货物采取针对性的保管措施;等等。

仓库货物养护的基本要求如下。

(一)严格验收入库货物

要防止货物在储存期间发生各种不应有的变化,首先在货物入库时要严格验收,弄清货物及其包装的质量状况。对吸湿性货物要检测其含水量是否超过安全水平,对其他有异常情况的货物要查清原因,针对具体情况进行处理和采取救治措施,做到防微杜渐。

(二)适当安排储存场所

不同货物由于性能不同,对保管条件的要求也不同,分区分类、合理安排存储场所是货物养护工作的一个重要环节。如怕潮湿和易霉变、易生锈的货物,应存放在较干燥的库房里;怕热易溶化、发黏,易挥发、变质或易发生燃烧、爆炸的货物,应存放在温度较低的阴凉场所;既怕热又怕冻且需要较大湿度的货物,应存放在冬暖夏凉的库房或地窖里。此外,性能相互抵触或易串味的货物不能在同一库房混存,以免相互产生不良影响。尤其是化学危险货物,要严格按照有关部门的规定分区、分类安排储存地点。

(三)科学进行堆码苫垫

阳光、雨雪、地面潮气对货物质量影响很大,要切实做好货垛遮苫和货垛衬垫隔潮工作,如利用石块、枕木、垫板、苇席、油毡等苫垫或采取其他防潮措施。存放在货场的货物,货区四周要有排水沟,以防积水流入垛下,货垛周围要遮盖严密,以防雨淋日晒。

货垛的垛形与高度,应根据各种货物的性能和包装材料,结合季节气候等情况妥善确定。含水率较高的易霉货物,热天应码通风垛;容易渗漏的货物,应码间隔式的行列垛。此外,库内货物堆码应留出适当的距离,俗称"五距"。

顶距:平顶楼房顶距为 50cm 以上,人字形屋顶以不超过横梁为准。

灯距:照明灯要安装防爆灯,灯头与货物的平行距离不小于 50cm。

墙距:外墙 50cm,内墙 30cm。

柱距:一般留 10~20cm。

垛距:通常留 100cm,易燃货物还应适当留出防火距离。

(四)控制好仓库的温湿度

仓库应根据库存货物的保管保养要求,适时采取密封、通风、吸潮和其他控制与调节温湿度的办法,力求使温湿度保持在适合货物储存的范围内。

(五)定期进行货物在库检查

由于仓库中保管的货物性质各异、品种繁多、规格型号复杂,进出库业务活动每天都在进行,而每一次货物进出库业务都要检查、验收计量或清点件数,加之货物受周围环境因素的影响,可能发生数量或质量上的损失,因此仓库对库存货物进行定期或不定期的检查和盘点非常必要。

1. 检查

检查工作主要包括:检查货物保管条件是否满足要求;检查货物质量的变化动态;检查各种安全防护措施是否落实、消防设备是否正常。检查时应特别注意货物温度、含水量、气味,包装物的外观,货垛状态等是否有异常。

2. 盘点

盘点是检查账、卡、物是否相符,把握库存物品数量和质量动态变化的手段。

(六)搞好仓库清洁卫生

储存环境不清洁,易引起微生物、虫鼠类寄生繁殖,危害货物。因此,对仓库内外环境应经常清扫,彻底铲除仓库周围的杂草、垃圾等,必要时使用药剂杀灭微生物和潜伏的害虫。对容易遭受虫蛀、鼠咬的货物,要根据货物性能和虫、鼠生活习性及危害途径,及时采取有效的防治措施。

四、仓库货物保管的原则

（一）先进先出原则

在仓库保管中，先进先出是一项非常重要的原则，尤其是有时间性要求的货物，如果不按先进先出的原则处理的话，恐怕会造成货物过期或者变质，以致影响整个仓库的保管效益。

（二）零数先出原则

在仓库中，经常会有拆箱零星出货的情形，因此在出货时，应考虑零数或拆箱的货物优先出货。

（三）重下轻上原则

如果仓库是多层楼房，应该考虑将较重的货物存放在楼下，而将较轻的货物存放在楼上；如果仓库使用货架或将货物直接平放在地面上，则应该把较重的货物放在下层容易进出的地方，而把较轻的货物放在上层的位置。只有这样才能避免较轻的货物被较重的货物压坏，同时提高仓库的作业效率。

（四）ABC分类原则

ABC分类法是以帕累托曲线分析法为基础的。帕累托曲线是意大利经济学家帕累托在研究财富的社会分配时得出的一个重要结论：80%的财富掌握在20%人的手中，即"关键的少数和次要的多数"规律。有人称之为"二八定律"。事实上，这一规律存在于社会的各个领域中，称为"帕累托现象"。

将ABC分类法引入库存管理就形成了ABC库存分类管理法。一般来说，企业的库存物资种类繁多，每个品种的价格不同，库存量也不相等。有的物资品种不多但价值很高，而有的物资品种很多价值却不高。ABC库存分类管理法就是强调对物资进行分类管理，根据物资的不同价值采取不同的管理方法。其基本原理就是按照一定的分类标准，将货物划分为若干类型，分类管理，既突出重点，又照顾一般，以实现最经济、最有效的管理，使企业取得较好的经济效益。

五、仓库温湿度控制的方法

（一）温湿度控制的相关概念

1. 温度

温度是表示物质冷热程度的物理量，具体指温标上的标度。目前仓库一般使用国际实用温标，即摄氏度。

空气温度是指空气的冷热程度,简称气温。气温是影响货物质量变化的重要因素。温度能直接影响物质微粒的运动速度。

2. 湿度

湿度是表示大气干湿程度的物理量,常用绝对湿度、饱和湿度、相对湿度和露点等指标来衡量。

(1)绝对湿度。绝对湿度是指单位容积的空气里实际所含的水汽,一般用"克/立方米"来表示。温度对绝对湿度有着直接影响。在通常情况下,温度越高,水汽蒸发得越明显,绝对湿度就越大;相反,绝对湿度就越小。

(2)饱和湿度。饱和湿度是在一定的温度下,单位容积空气中所能容纳的水汽量的最大限度。如果超过这个限度,多余的水蒸气就会凝结,变成水滴,此时的空气湿度称为饱和湿度。

空气的饱和湿度不是固定不变的,它随着温度的变化而变化。温度越高,单位容积空气中所容纳的水蒸气就越多,饱和湿度也就越大。在常压下,可查询《饱和水蒸气压力表》。

(3)相对湿度。空气中实际含有的水蒸气(绝对湿度)距离饱和状态(饱和湿度)程度的百分比叫作相对湿度,也就是在一定温度下,绝对湿度占饱和湿度的百分比,其公式为:相对湿度=绝对湿度/饱和湿度×100%。

相对湿度越大,表示空气越潮湿;相对湿度越小,表示空气越干燥。空气的绝对湿度、饱和湿度、相对湿度与温度之间有着一定的内在联系,如果温度发生了变化,则各种湿度也随之发生变化。

(4)露点。含有一定量水蒸气(绝对湿度)的空气,当温度下降到一定程度,所含水蒸气就会达到饱和状态(饱和湿度),并开始液化成水,这种现象叫作结露。水蒸气开始液化成水时的温度叫作"露点温度",简称"露点"。如果温度继续下降到露点以下,空气中超饱和的水蒸气就会在货物或其包装物表面凝结成水珠,此现象称为"水淞",俗称"出汗"。

(二)温湿度测量

仓库的温湿度管理是一项基本工作,仓管员要定时观测并记录绝对湿度、相对湿度、温度、风力、风向等。

测量库内外温湿度时需要使用温湿度计,温湿度计应放置在库房的中央离地面约1.4m处,不可放在门窗附近或墙角。

1. 温度的测量方法

测量仓库温度的工具主要有水银温度计、酒精温度计、自记温度计和半导体点温计,它们各自的构造、原理及特点如表4-1所示。

项目四　在库作业物品的养护与管理

表 4-1　各种温度计的构造、原理及特点

温度计名称	构造	原理	特点
水银温度计	一根密闭的细长玻璃管中装上水银,下端膨大呈球形。	水银的热胀冷缩。	灵敏度和准确度都较好,但不能用于测低温。测温范围为$-30℃\sim600℃$。
酒精温度计	外形与水银温度计基本相同,其中的水银换成染成红色或蓝色的酒精。	酒精的热胀冷缩。	灵敏度和准确度都不及水银温度计,但成本低。测温范围适中,为$100℃\sim70℃$,在仓库中适用范围最广。
自记温度计	由感应部分和自记部分组成,感应部分是由两种不同金属焊接组成的双金属片,双金属片一端固定,另一端通过杠杆系统连接到由自记钟、自记纸、自记笔组成的自记部分。	双金属片在不同温度下的膨胀系数不同。	附带记录装置,使其能够连续自动记录温度的变化。根据所使用材料的不同,测温范围为$-80℃\sim500℃$不等。
半导体点温计	由测温头、半导体感应器及显示屏组成。	热敏电阻的电阻率随温度变化而呈规律性变化。	不仅能测量空气温度,还能测量固体表面的温度。根据使用的材料不同,测温范围为$-200℃\sim500℃$。

各种温度计的使用方法如表 4-2 所示。

表 4-2　各种温度计的使用方法

温度计名称	使用方法
水银温度计	放置在不受阳光直射通风的地方,悬挂高度为 1.5m 左右,以能平视观测为宜。读取温度计指数时,要先看小数,后看整数。视线要与水银柱顶端齐平,手和头不要接近温度计球部,也不要对着球部呼吸。
酒精温度计	在 1 个标准大气压下,酒精温度计所能测量的最高温度一般为 78℃,因此酒精温度计不宜用来测量室内高温。酒精温度计通常用于北方寒冷的季节,因为寒冷季节如果使用水银温度计会使水银凝固,而酒精的冰点是$-114℃$。
自记温度计	自记温度计能自动记录空气温度的变化,它的自记部分包括自记钟、自记纸、自记笔三部分。为保障其能够正常工作,仓管员要做好上条、更换记录纸及添加墨水的工作。
半导体点温计	使用半导体点温计时,测温头接触被测物体,即可直接从显示屏上读得被测物体的温度。

仓库内的温度可以采用自记温度计进行连续记录,也可以通过定时人工观测的方法进行间歇性记录。当存储的货物对空气温度变化比较敏感时,应该加大检测力度,增加记录的频率。

2. 湿度的测量方法

测量空气湿度的工具主要有干湿球温度计、通风湿度计、毛发湿度计及自记湿度计四种,它们各自的构造、原理及特点如表 4-3 所示。

表 4-3　各种湿度计的构造、原理及特点

湿度计名称	构造	原理	特点
干湿球温度计	由两支温度计组成，一支温度计的球部用湿润的纱布包裹成湿球，另一支为干球。	湿球上的纱布会蒸发吸热，因而湿球上的温度比干球上的温度低，其相差数与空气中的相对湿度成一定比例。	可以同时测量空气中的湿度和温度，但测量范围有限，不得低于0℃，且最终湿度要通过换算求得。
通风湿度计	通过头部的风扇使湿度计的球部附近有一定速度的气流通过。	与干湿球温度计相同。	能有效防止外界条件对湿度计的影响，从而测得较准确的湿度值。
毛发湿度计	由脱脂毛发、指针、刻度盘三部分构成。	毛发的长度可随湿度的变化而变化，湿度大时伸长，湿度小时缩短。	可以直接读取相对湿度，但使用寿命较短，且当空气过于干燥或过于潮湿时数值不准。
自记湿度计	由毛发湿度计及自动记录设备组成。	与毛发湿度计相同。	可连续记录仓库中湿度的变化情况。

各种湿度计的使用方法如表 4-4 所示。

表 4-4　各种湿度计的使用方法

湿度计名称	使用方法
干湿球温度计	①浸泡球部。将湿球的下端球部用吸水性良好、薄而细的胶脂纱布包裹。包裹时要先将纱布浸湿，绕球部一周半，并将纱布的另一端浸入水盆中。水盆中用蒸馏水或冷开水，水量不得少于容量的三分之二，球部上所包裹的纱布应每周洗涤或更换一次，勿使其发黏、泛黄。 ②放置温度计。使用干湿球温度计测量空气的湿度时，附近的风速会影响测量的精度。因此在库房内使用时，应将温度计安置在阴凉、通风的地方，避免受到阳光的直射。 ③读取数值。温度计放置 15~30 分钟后，就可以观察干球和湿球的温度。读数时，应该先读干球的温度，后读湿球的温度。 ④计算湿度。根据读出的干球温度和湿球温度，利用《温湿度对照表》来确定空气的湿度。
通风湿度计	通风湿度计属于精密测量仪器，一般放置在对湿度要求比较严格的库房，以便于测出储存环境的准确湿度值，也可以对其他类型的测湿仪器进行校正。使用通风湿度计时，基本步骤与干湿球温度计相同，但是在润湿湿球后增加了一个上紧发条使风扇旋转进行通风的步骤。读数时，应该待湿球示值稳定后再读，读数和查定湿度的方法与普通干湿球温度计相同。但当气温低于 -10℃时，不宜再使用通风湿度计进行测量。
毛发湿度计	在气温低于 -5℃的场合，不适宜使用干湿球温度计，此时可以使用毛发湿度计测量空气的相对湿度。 使用毛发湿度计时，应将其放置在阴凉、通风的地方，待指针稳定后，就可以根据指针所指位置直接读出空气的相对湿度。
自记湿度计	在对温湿度要求非常严格的库房中，可以使用自记湿度计，这样可以测得每天或每周任意一段时间内温湿度变化的详细数据，为分析研究温湿度变化规律提供可靠依据。 自记湿度计的使用方法与自记温度计基本相同，包括上发条、换纸、加墨等工作。

对空气湿度的记录应该每日进行两次，上午 8:00~9:00 一次，下午 13:00~14:00 一次。对于重点仓库，可以适当地增加观测及记录的次数。

仓管员每检查完一遍温度及湿度都应该将结果填写在《仓库温湿度记录表》中，其具体内容如表 4-5 所示。

表 4-5　仓库温湿度记录表

仓库号码：　　　　　测量位置：　　　　　储存货物：
安全湿度：　　　　　安全相对湿度：

日期	上午							下午						
	天气	干球温度(℃)	湿球温度(℃)	相对湿度(℃)	绝对湿度(℃)	调节措施	记录时间	天气	干球温度(℃)	湿球温度(℃)	相对湿度(℃)	绝对湿度(℃)	调节措施	记录时间

（三）温湿度变化规律

1. 大气温湿度的变化规律

（1）大气温度变化规律。温度的日变化规律通常为单峰型，即大气温度从上午 8:00 开始迅速升高，到下午 14:00～15:00 达最高，过后随着日照减弱而逐渐下降，到次日凌晨 2:00 左右为最低。

温度的年变化规律因各地区地理位置和地形地貌不同而有所不同。如云贵高原四季如春，四季温差不大；东南沿海和海南无明显冬季，只有雨季和旱季之分；内陆地区及其他地区四季分明，年最低温度在 1 月中旬至 2 月中旬，5 月后气温显著升高，7 月中旬至 8 月中旬为气温最高时期。货物保管中，1—2 月须防低温冻坏，7—8 月须防高温；从地区位置来看，淮河以南地区以防高温为主、防冻为辅，淮河以北广大地区及东北、西北地区以防冻为主、防高温为辅。

（2）大气湿度变化规律。空气中的湿度是影响货物水分和货物储存安全的一个重要因素。绝对湿度反映空气中水蒸汽的实际含量，在不同的自然地理条件下，或在不同的季节中，绝对湿度的日变化规律不完全相同。绝对湿度的年变化受降雨量、降雪量的影响最大，一般情况下雨季绝对湿度高。北方 7—8 月为雨季，绝对湿度最高，东北地区冬季绝对湿度最高，南方地区 4—5 月进入梅雨季节，此时绝对湿度最高。

相对湿度也有日变化和年变化的般规律。相对湿度的日变化规律基本上由气温变化决定，随着气温上升，由于饱和湿度增大，相对湿度减少；而随着气温下降，饱和湿度降低，相对湿度增大。

2. 库房温湿度变化的特点

（1）库房温度变化的特点。无温度控制的库房内空气温度主要随着气温的日变与年变而变化。

①气温逐渐升降时,库房温度也随着逐渐升降,库房温度主要随气温变化而变化。

②库房温度变化的时间总是落后气温变化1～2小时。例如:气温以2:00为最低,14:00为最高;而库房温度则以3:00为最低,15:00为最高。

③库房温度与气温相比,夜间库房温度高于气温,白天库房温度低于气温。

④库房温度变化的幅度比气温变化的幅度小。假如气温变化幅度为9℃,则库房温度变化幅度仅为5℃。因此,仓库的最高温度值常比气温的最高温度值低,库房温度的最低值则比气温的最低值高。

⑤库房内温度值还受库房建筑结构、材料、外表颜色等多种因素的影响。

(2)库房湿度变化的特点。库内绝对湿度的变化直接受库外湿度的影响,在没有密封的情况下,库内外湿度没有太大的差别。但是由于库内外气温不同,在绝对湿度相同的情况下,库内外的湿度会有所差别,即当库内温度高于库外时,其相对湿度低于库外,而当库内温度低于库外时,其相对湿度高于库外。

对大多数货物来说,水分是其重要的组成成分。环境温湿度的变化,必然引起货物含水量的变化,从而引起货物质量变化,储存环境中微生物等繁殖和生长。因此,货物的含水量与储存环境的温湿度密切相关。

(四)仓库温湿度控制的常用方法

不同货物的性能不一致,有的怕潮,有的怕干,有的怕热,有的怕冻。货物按各自的特性不同,适宜的温湿度范围也不同。而库内温湿度的变化直接受到库外自然气候变化的影响。因此,要做好货物养护工作,仓库不但要熟悉各种货物的特性,还必须了解自然气候变化的规律和自然气候对温湿度的影响,以便积极采取措施,适当地控制和调节库内温湿度,创造适合货物储存的温湿度条件,以确保货物质量完好。因此,加强仓库的温湿度管理,对货物养护具有极为重要的意义。

控制库房温湿度的方法有很多,如人工吸潮、排潮加热、降温和密封库房等,特别是利用自然通风办法调节库内温湿度,对仓库保管具有普遍的价值。

1. 通风

通风是根据大气自然流动的规律,有计划、有目的地组织库内外空气对流与交换的重要手段,是调节库内温湿度、净化库内空气的有效措施。利用干燥空气的大量流通来降低货物的含水量;利用低温空气降低货物温度。通风具有消除有害气体的作用,还能增加空气中氧气的含量。但是通风也会将空气中的水分、尘埃等带入仓库,影响货物存储安全。

(1)通风方式。仓库通风按通风动力可分为自然通风和强迫通风两种方式。

①自然通风。自然通风是利用库内外空气的压力差,实现库内外空气交流置换的一种通风方式。这种通风方式不需要任何通风设备,因而也就不消耗任何能源,而且通风换气量比较大,是一种最简便、最经济的通风方式。自然通风按通风原理可分为风压通风和热压通风。

风压通风是利用风的作用来实现库内外空气的交换。当库房的一侧受到风的作用时,气流首先冲击库房的迎风面,然后折转绕过库房,经过一段距离后,又恢复到原来的状态。在库房的迎风面,由于气流直接受到库房一侧的阻挡,动压降低,而静压增高。若气流未受到干扰前的压强为零,则库房迎风面的压强为正值,形成正压区。气流受阻后一部分通过库房迎风面的门窗或其他孔洞进入仓库,而大部分则绕过库房(从库房的两端和上部),由于库房占据了空间的一部分断面,气流流动的断面缩小,从而导致风速提高,空气的动压增加,静压相应地减少。这时在库房的两端和背风面的压强为负值,形成负压区,对库内产生一种吸引的力量,使库内空气通过库房两端背风面的门窗或其他孔洞流向库外。风压通风的效果主要取决于风压的大小,而风压的大小与库房的几何形状、风向、风速等有关。

热压通风主要是利用库内外空气的温度差所形成的压力差实现的。空气的容重与空气的温度成反比,温度越高空气的容重越小,温度越低空气的容重越大。当库内外温度不同时,库内外空气的容重不一样,库内外截面积相同、高度相等的两个空气柱所形成的压力也不等。例如,当库内空气温度高于库外时,库内空气的容重小于库外,在库房空间的下部,库外空气柱所形成的压力要比库内空气柱形成的压力大,库内外存在着一定的压力差。这时如果打开门窗,库外温度较低而容重比较大的冷空气就从库房下部的门窗或通风孔进入库内。同时库内温度较高、容重较小的热空气就会从库房的上部窗口或通风孔排向库外,于是便形成了库内外空气的自然交换。

在实际情况中,仓库通风通常是在风压和热压同时作用下进行的,有时是以风压通风为主,有时则以热压通风为主。

②强迫通风。强迫通风又称机械通风或人工通风,它利用通风机械所产生的压力或吸引力,即正压或负压,使库内外空气形成压力差,从而强迫库内空气发生循环、交换和排除,达到通风的目的。强迫通风又可分为三种方式,即排出式、吸入式和混合式。

(2)通风时机。仓库通风必须选择最适宜的时机,如果通风时机不当,不但不能达到通风的预期目的,有时甚至会出现相反的结果。例如,想通过通风降低库内湿度,但通风时机不对可能反而会造成库内湿度的增大,因此,须根据通风的目的确定适宜的通风时机。

①通风降温。对于库存货物怕热而对大气温度要求不严的仓库,可利用库内外的温差,选择适宜的时机进行通风,只要库外的温度低于库内,就可以通风。对于怕热又怕潮的货物,在通风降温时,除了要满足库外温度低于库内温度的条件外,还必须同时考虑库内外湿度情况,只有库外的绝对湿度低于库内时,才能进行通风。一日内早晨日出前库外气温最低,绝对湿度也最低,是通风降温的适宜时机。

②通风降湿。仓库通风的目的多是降低库内湿度。通风时机不易掌握,管理人员必须对库内外的绝对湿度、相对湿度和温度等进行综合分析。通风的结果应是库内的相对湿度降低。相对湿度是绝对湿度和温度的函数,只要绝对湿度和温度有一个因素发生变化,相对湿度就随之发生变化。如果绝对湿度和温度同时变化,情况就比较复杂。在温度一定的情况下,绝对湿度上升,相对湿度随之上升,若温度也同时上升,则饱和湿度上升,相对湿度又会下降,这时上升和下降的趋势有可能互相抵消。如果温度引起的相对湿度的变化大于绝对湿度引起的相对湿度的变化,则最终结果是相对湿度将随温度的变化而变化。反之,如果

绝对湿度引起的相对湿度的变化大于温度引起的相对湿度的变化,则最终结果是相对湿度将随着绝对湿度的变化而变化。

在通风降湿过程中,还要注意防止库内出现结露现象,即对露点温度应严加控制。当库外温度等于或低于库内空气的露点温度,库内温度等于或低于库外空气的露点温度时,都不能进行通风。

(3)仓库通风应注意的几个问题。

①在一般情况下,应尽可能利用自然通风,当自然通风不能满足要求时,再考虑强迫通风。一般仓库不需要强迫通风,但有些仓库,如化工危险品仓库,必须考虑强迫通风,避免造成重大事故。库内的有害气体如不及时排除,就有发生燃烧或爆炸的危险,有的还会引起人体中毒。

②在自然通风的过程中,应注意避免通风产生的副作用。如依靠风压通风时,一些灰尘杂物容易随着气流进入库内,对库存物品造成不良影响,因此,当风力超过五级时不宜进行通风。

③强迫通风多采用排出式,即在排气口安装排风扇。但对于产生易燃、易爆气体的仓库和产生腐蚀性气体的仓库,则应采用吸入式通风方式。易燃、易爆气体经排风口向外排放时,如排风扇电机产生火花,就有引起燃烧爆炸的危险;而腐蚀性气体经排风扇向外排放时,易腐蚀排风机械,减少机械使用寿命。若采用吸入式通风方式,则可使上述问题得到解决。

④通风机械的选择应根据实际需要,并要考虑经济实用。通风机械分为轴流式和离心式两种。一般仓库可采用轴流式通风机,其通风量比较大,动力能源消耗少,但产生的空气压力差小,适合在阻力较小的情况下进行通风。离心式通风机产生的空气压力差大,但消耗能量多,适合在阻力大的情况下进行通风。

⑤通风必须与仓库密封相结合。当通风进行到一定的程度,达到通风目的时,应及时关闭门窗和通风孔,使仓库处于相对的密封状态,以保持通风的效果。不但开始通风应掌握好时机,停止通风也应掌握好时机。另外,当库外由于天气的骤然变化,温湿度大幅度变化时,也应立即中断通风,将仓库门窗紧闭。

总之,库房通风方式的选择与运用,取决于库存材料的性质所要求的温湿度;取决于库房条件,如库房面积,门窗、通风洞的数量以及地面的结构等;同时还取决于地理环境和气象条件,如库房位于城市、乡村、高原、平地或江、河、湖和海畔等。因此,仓库必须根据不同地区、不同季节和不同库房条件等,从货物安全角度出发,选择通风方式,因地、因物、因时制宜,正确地掌握与运用库房通风这一手段,以确保库存货物的质量完好。

2. 密封

密封是将储存的货物在一定空间内,使用密封材料尽可能严密地封闭起来,使之与周围大气隔离,防止或减弱自然因素对货物的不良影响,创造适宜的保管条件。

密封的目的通常主要是防潮,但同时也能起到防锈蚀、防霉、防虫、防热、防冻、防老化等综合效果。密封是相对的,不可能达到绝对严密的程度。密封可用不同的介质在不同的范围内进行。

(1) 不同介质的密封。由于介质不同,密封可以分为大气密封、干燥空气密封、充氮密封和去氧密封等。

①大气密封。大气密封就是将封存的货物直接在大气中密封,其间隙中充满大气,密封后基本保持密封时的大气湿度。

②干燥空气密封。干燥空气密封是在密封空间内充入干燥空气或放置吸湿剂,使空气干燥,防止货物受潮。干燥空气的相对湿度应在40%～50%。

③充氮密封。充氮密封是在密封空间内充入干燥的氮气,制造缺氧的环境,减少氧的危害。

④去氧密封。去氧密封是在密闭空间内放入还原剂,如亚硝酸钠,吸收空气中的氧,制造缺氧的环境,为封存货物提供更有利的储存条件。

(2) 不同范围的密封。按照密封范围的不同,密封可分为整库密封、小室密封、货垛密封、货架密封、货箱(容器)密封、单件密封等。

①整库密封。对储存批量大、保管周期长的仓库(如战备物资仓库、大批量进口物资仓库),可进行整库密封。整库密封主要是用密封材料密封仓库门窗和其他通风孔道。留作检查出入之用的库门应加装两道门,有条件的可采用密闭门。

②小室密封。对于储存数量不大、保管周期长、要求特定保管条件的货物,可采用小室密封。即在库房内单独隔出一个小的房间,将需要封存的货物存入小室内,然后将小室密封起来。

③货垛密封。对于数量较少、品种单一、形状规则、长期储存的货物,可按货垛进行密封。货垛密封所用的密封材料,除应具有良好的防潮、保温性能外,还应有足够的韧性和强度。

④货架密封。对于数量少、品种多、不经常收发、保管条件要求高的小件货物,可先存入货架,然后将整个货架密封起来。

⑤货箱(容器)密封。对于数量很少、动态不大、需要在特殊条件下保管且具有硬包装或容器的货物(如精密仪器仪表、化工原料等),可按原包装或容器进行密封,或封严包装箱或容器的缝隙,也可以将货物先放入塑料袋,然后用热合或黏合的方法将塑料袋封口,放入包装箱内。

⑥单件密封。对于数量少、无包装或包装损坏、形状复杂、要求严格的精加工制品,可按单件密封。最简便且经济的方法是用塑料袋套封,也可用蜡纸、防潮纸或硬纸盒封装。

(3) 密封储存应注意的问题。

①选择好密封时机。在一般情况下进行的密封,多是以大气为介质的密封。因此,密封时必须首先选择好密封时机。在进行以防潮为主要目的的密封时,最有利的时机是在春末夏初、潮湿季节到来之前,空气比较干燥的时节。在一日之内,也应选择绝对湿度最低的时刻。对整库密封来说,不但要选择适宜的密封时间,而且要选择有利的启封时间。过早密封可能会失去宝贵的自然通风机会,过晚密封则可能使库内湿度上升。一般选择在库外绝对湿度大于库内绝对湿度,而库内相对湿度较低的情况下进行密封。启封时间应选库外温

湿度下降,绝对湿度低于库内的时刻。

②做好密封前的检查。货物在封存前,应进行一次全面检查,看其是否有锈蚀、发霉、生虫、变质、发热、潮湿等异常情况,检查包装是否良好,容器有无渗漏。如发现异常情况,应及时采取救治措施,待一切正常后,方可密封。

③合理选用密封材料。由于密封方式不同,所需要的密封材料也不同。按作用分类,密封材料可分为两大类:一类是主体材料,包括油毛毡、防潮纸、牛皮纸、塑料薄膜等;一类是涂敷黏结材料,如沥青、胶黏剂等。在选用上述材料时应注意:材料是否性能良好,料源是否充足,使用是否方便,价格是否低廉。

④密封必须同通风和吸湿相结合。密封储存不能孤立地进行,为了达到防潮的目的,必须与通风和吸湿相结合。一般情况下,应先尽可能利用通风防潮,当不适合通风时,再进行密封,利用吸湿剂吸湿。密封能保持通风和吸湿的效果,吸湿能为密封创造适宜的环境。

⑤做好密封后的观察。一切密封都是相对的,不可能绝对严密。密封后,外界因素对封存的货物自然会产生一定的影响,物品仍有发生变异的可能。因此,必须注意经常观察密封空间的温湿度变化情况及出现的异状,及时发现问题,分析原因,并采取相应的措施进行处理。

3. 除湿

空气除湿是利用物理或化学的方法,将空气中的水分除去,以降低空气湿度的一种有效方法。除湿的方法主要有以下几种:利用冷却法使水汽在露点温度下凝结分离;利用吸湿剂吸湿;利用压缩法提高水汽压,使水汽压超过饱和点,成为水滴而被分离除去,使用吸附剂吸收空气中的水分。

(1)冷却法除湿。冷却法除湿是利用制冷的原理,使潮湿空气冷却到露点温度以下,水汽凝结成水滴分离排出,从而使空气干燥的一种方法,也称为露点法。通常采用的是直接蒸发盘管式冷却除湿法。原理是在冷却盘管中,直接减压蒸发来自压缩制冷机的高压液体冷媒,以冷却通过盘管侧的空气到所要求的露点以下,水汽凝结成水被除去。冷却除湿装置主要由压缩机、冷凝器、膨胀阀、冷却盘管等组成。

(2)吸湿剂吸湿。这种除湿方法是最常用的方法之一,可分为静态吸湿和动态吸湿。

①静态吸湿。静态吸湿的最大特点是简便易行,不需要任何设备,也不消耗能源,一般仓库都可采用,是目前应用最广泛的除湿方法。它的缺点是吸湿比较缓慢,吸湿效果不够明显。

②动态吸湿。这种方法是利用吸湿机械强迫空气通过吸湿剂进行吸湿,通常是将氯化钙装入特制的箱体内,箱体有进风口和排风口,在排风机械的作用下,将空气吸入箱体内,通过氯化钙吸收空气中的水分,从排风口排出比较干燥的空气。这样反复循环吸湿可使空气干燥到一定的程度。这种吸湿方法的吸湿效果比较好,但需要不断补充氯化钙,吸湿后的氯化钙需要及时进行脱水处理。比较理想的方法是设置两个吸湿箱体,每个箱体内都有脱水装置。一个箱体利用干燥的吸湿剂吸收空气中的水分,而另一个箱体内饱和状态的吸湿剂进行脱水再生。两个箱体交互吸湿,实现吸湿的连续性。这种连续式的吸湿方法只需花较

少的运转费,就能进行大容积的库内吸湿,因为4~8小时即可使吸湿剂再生一次,所以需要的吸湿剂量较少。两个箱体可实现自动切换,不需要人工操作,但这种设备的结构相对比较复杂,成本比较高。

(3)常用的吸湿剂主要有以下四种。

生石灰:有很强的吸湿性,它吸收空气中的水分后,发生化学变化,生成氢氧化钙。

氯化钙:分为工业无水氯化钙和含有结晶水的氯化钙。前者为白色多孔无定型晶体,呈块粒状,吸湿能力很强,每千克无水氯化钙能吸收1~1.2kg的水分;后者为白色半透明结晶体,吸湿性略差,每千克吸收0.7~0.8kg的水分。氯化钙吸湿后即溶化为液体,但经加热处理后,仍可还原为固体,供继续使用。其缺点是对金属有较强的腐蚀性,吸湿后还原处理比较困难,价格较高。

硅胶:又称矽胶、硅酸凝胶,分为原色硅胶和变色硅胶两种。原色硅胶为无色透明或乳白色粒状或不规则的固体。变色硅胶是原色硅胶经氯化钴和溴化铜等处理后得到的,呈蓝绿色、深蓝色、黑褐色或赭黄色。吸湿后视硅胶颜色的变化,判断是否达到饱和程度,每千克硅胶可吸收0.4~0.5kg的水分。硅胶吸湿后仍为固体,不溶化、不污染,也无腐蚀性,而且吸湿后处理比较容易,可反复使用。其缺点是价格高,不宜在大的空间中使用。

木炭:具有多孔性毛细管结构,有很强的表面吸附性能,若精制成活性炭,还可以大大提高吸湿性能。普通木炭的吸湿能力不如上述几种吸湿剂,但因为性能稳定,吸湿后不粉化、不液化、不放热、无污染、无腐蚀性,吸湿后经干燥可反复使用,而且价格比较便宜,所以仍有一定的实用价值。

4. 空气调节自动化

空气调节自动化简称空调自动化,它是借助于自动化装置,使空气调节过程在不同程度上自动地进行,其中包括空调系统中若干参数的自动测量、自动报警和自动调节等。自动调节装置是由敏感元件、调节器、执行及调节机构等按照一定的连接方式组合起来的。

敏感元件是具有一定物理特性的系列元件的总称,它能测量各种热工参数,并变成特定的信号。调节器先根据敏感元件送来的信号与空气调节要求的参数相比较,测出差值,然后按照设计好的运算规律算出结果,并将此结果用特定的信号发送出去。执行机构接收传送来的信号,改变调节机构的位移,改变进入系统的冷热能量,实现空气的自动调节。

为了保证货物质量,除了温度、湿度、通风控制外,仓库还应根据货物的特性采取相应的保管措施。如对货物喷刷油漆、涂刷保护涂料、除锈、加固、封包、密封等,发现虫害及时杀虫,放置防霉药剂等。必要时采取转仓处理,将货物转入具有特殊保护条件的仓库,如冷藏库房。

六、特种货物储存

(一)特种货物认知

特种货物主要是指货物的外观形状、理化性质与一般的货物有较大的区别,在保管上有特殊要求的货物。就货物的外观形状而言,主要是指长大件、笨重货物;就货物的理化性质而言,主要是指化学危险品、生鲜货物等。

特种货物是在储存过程中需要采取特殊条件、设备和手段的货物。特种货物由于所具有的特殊性质,在仓库保管中应引起特别注意。特种货物的储存不仅关系货物储存过程中货物本身的安全,而且关系储存场所的正常运转经营、社会环境的安全,甚至直接影响和谐社会的构建。

仓库应根据各种特种货物的不同性质,有区别地对特种货物进行不同保管。下面以生鲜货物为例作介绍。

(二)生鲜食品的储存

生鲜食品是指种植、采摘、养殖、捕捞形成的,未经加工或经初级加工,可供人类食用的生鲜农产品,包括蔬菜、瓜果、食用菌、畜禽及其产品、水产品等。由于生鲜食品的特殊性,其往往需用冷藏方法加以保管,而在仓库中则以冷库的形式加以保管。

1. 冷藏保管的原理

冷藏是指在保持低温的条件下储存货物的方法。由于在低温环境中,细菌等微生物大大降低繁殖速度,生物体的新陈代谢速度降低,从而能够延长有机体的保鲜时间,鱼、肉、水果、蔬菜及其他易腐烂货物都应采用冷藏的方式仓储。在低温时能凝固的流质品,由于采取冷藏的方式有利于运输、作业和销售,也应采用冷藏的方式仓储。此外,在低温环境中,一些混合物的化学反应速度变慢,应采用冷藏方式储藏。

冷藏保管根据温度控制的不同,分为冷藏和冷冻两种方式。冷藏是将温度控制在0℃~5℃,在该温度下水分不致冻结,不破坏食品的组织,具有保鲜的作用,但是微生物仍然还有一定的繁殖能力,因而保藏时间较短;冷冻则是将温度控制在0℃以下,使水分冻结,微生物停止繁殖,新陈代谢基本停止,从而实现防腐。冷冻又分为一般冷冻和速冻。一般冷冻采取逐步降温的方式降低温度,达到控制温度后停止降温;速冻则是在很短的时间内使温度降到控制温度以下,使水分在短时间内完全冻结,然后逐步恢复到控制温度(一般不低于-20℃)。速冻一般不会破坏细胞组织,具有较好的保鲜作用。冷冻储藏能使货物保持较长的时间不腐烂变质。

2. 冷库的结构

冷库可以分为生产性冷库和周转性冷库。生产性冷库是指进行冷冻品生产的冷库,是生产的配套设施;周转性冷库则是维持冷货低温的流通仓库。冷库按控制温度和制冷方式不同分为冷冻仓库、冷藏仓库、气调冷库和流动的冷藏车、冷藏集装箱等。冷库一般由冷藏库房、冷冻库房、分发间、制冷设备机房等组成。库房采用可封闭式的隔热保冷结构,内装有冷却排管或冷风装置与制冷设备相接。库内装有温度、湿度测量设备,湿度控制设备,通风换气设备等,以及货位、货架、货物传输、作业设备等。

(1)冷却和结冻间。冷却和结冻间也称为预冷加工库间。货物在进入冷藏或者冷冻库房前,可在冷却或者结冻间进行冷处理,均匀地降到预定的温度。货物在冷却和结冻间采用较为分散的状态存放,以便均匀降温。由于预冷作业只是短期的作业,货物不堆垛,一般处于较高的搬运活性状态,多数直接放置在搬运设备之上,如放置在推车或托盘上。

(2)冷冻库房。这是冷冻货物较长时期保存的库房。货物经预冷后,转入冷冻库房堆垛存放。冷冻货物的货垛一般较小,以便降低内部温度,货垛底部采用货板或托盘垫高,货物不直接与地面接触,以避免温度波动时水分冻结造成货物与地面粘连。库内以叉车作业为主,因而大都采用成组垛。冷冻库房具有冷冻温度的保持能力,长期将温度控制在需要的保存温度范围内。

(3)冷藏库房。冷藏库房是存储冷藏货物的场所。货物在预冷后,达到均匀的保藏温度时,送入冷藏库房码垛存放,或者少量货物直接存入冷藏间冷藏。冷藏货物仍具有新陈代谢和微生物活动,还会出现自升温现象,因而冷藏库需要进行持续冷处理。冷藏库房一般采用风冷式制冷,用冷风机降温。为了防止货垛内升温,保持货物的呼吸所需的新鲜空气流通,冷藏库一般采用行列垛的方式码垛存放,垛形较窄、较长,或者使用货架存放货物。由于冷藏货物存期较短,货物在库内搬运活性较高,托盘成组堆垛效果较为理想。

(4)分发间。由于冷库的低温不便于货物分拣、成组、计量、检验等人工作业,另外为了冷冻库房和冷藏库房保冷、控制湿度,减少冷量耗损,冷库需要尽量缩短开门时间和次数,以免使库内温度产生波动。出库时,仓库应将货物迅速地从冷藏库或冷冻库移动到分发间,在分发间进行其他作业,从分发间装运。分发间也应降温,但分发间直接向库外作业,温度波动较大,因而货物不能在分发间存储。

3. 冷库仓储管理

作为专业化的仓库,冷库具有较为特殊的布局和结构、用具,货物也较为特殊。冷库的管理技术、专业水平要求较高。冷库存放的大多数为食品,管理不善不仅会造成货损事故,还会发生食品安全事故,影响人们身体健康。

(1)冷库使用。冷库分为冷冻库房、冷藏库房,两者不能混用。库房在改变用途时,必须按照所改变的用途进行制冷能力、保冷材料、设施设备改造,完全满足新的用途。

冷库要保持清洁、干燥,经常清洁,清除残留物和结冰,库内不得出现积水。冷库在投入使用后,除非进行空仓维修保养,否则必须保持制冷状态。即使没有存货,冷冻库房温度也要保持在-5℃以下,冷藏库房控温在露点以下。

要按照货物的类别和保管温度的不同分类使用库房。食品库房不得存放其他货物,食品也不能存放在非食品库房。控制温度不同的货物不能存放在同一库房内。

(2)货物出入库。货物入库时,除了通常所进行的查验、点数外,冷库还要对货物的温度进行测定、查验货物内部状态,并进行详细记录,对于已霉变的货物不接受入库。货物入库前要进行预冷,保证货物均匀地降到所需要的温度。未经预冷冻结的货物不得直接进入冷库,以免高温货物大量吸冷造成库内温度升高,影响库内其他冻货。

货物出库时应认真核对,由于冷库内大都储存相同的货物,要核对货物的标志、编号、所有人、批次等区别项目,防止错取、错发。对于出库时需要升温处理的货物,应按照作业规程进行加热升温,不得采用自然升温。

(3)冷货作业。为了减少冷耗,货物出入库作业应选择在气温较低的时间段进行,如早晨、傍晚、夜间。出入库作业时应集中仓库内的作业力量,尽可能缩短作业时间;要使装运车辆离库门距离最近,缩短货物露天搬运距离;防止隔车搬运。在货物出入库时,若库温较高,应停止作业,封库降温。出入库搬运应采用推车、叉车、输送带等机械及托盘等成组作业,提高作业速度。作业中不得将货物散放在地面,避免货物和托盘冲击地面、内墙、冷管等,吊机悬挂重量不得超过设计负荷。

库内堆码应严格按照仓库规章进行。选择合适货位,将存期长的货物存放在库房深处,将存期短的货物存放在库门附近,将易升温的货物放在冷风口或排管附近。根据货物或包装形状合理采用垂直叠垛或交叉叠垛,如冻猪肉要采用肉皮向下、头尾交错、腹背相连、长短对弯、码平码紧的方式堆码。货垛要求堆码整齐,货垛稳固,间距合适。货垛不能堵塞或者影响冷风的流动,避免出现冷风短路。堆垛完毕在垛头上悬挂货垛牌。

堆垛间距要求:①低温冷冻库房货垛距顶棚0.2m;②高温冷藏库房货垛距顶棚0.3m;③距顶排水管下侧0.3m;④距顶排水管横侧0.3m;⑤距未装设墙冷排管的墙壁0.2m;⑥距冷风机周围1.5m。

拆垛作业时应从上往下取货,禁止在垛中抽取。取货时要注意防止因货物冻结粘连强行取货而扯坏包装。

(4)冷货保管。冷库内要保持清洁干净,地面、墙、顶棚、门框上无积水、结霜、挂冰,随有随扫,特别是在作业以后,应及时清洁;要及时清除制冷设备、管系上的结霜、结冰,以提高制冷功能。

定时、经常测试库内温度和湿度,严格按照货物保存所需的温度控制库内温度,尽可能减少温度波动,防止货物因变质或者解冻变软而倒垛。

按照货物的通风需求,进行通风换气。为了保持库内合适的氧分和湿度,冷库一般采用机械通风,要根据货物保管的需要控制通风次数和通风时间,如冷藏库房每天2~4次,每次换气量为冷藏间体积的1~2倍,或者使库内二氧化碳含量达到适合的范围。通风能将外部的空气带入库内,也能将空气中的热量、水汽带入库中,因而要选择合适的时机。

当货物存期届满、接近保存期到期、出现性质变化和变质等时,要及时通知存货人处理。

4. 冷库安全

虽然冷库不会发生爆炸、燃烧等恶性危险事故,但冷库低温、封闭的环境对人员还是会产生伤害,低温会造成设备的材料强度、性能降低,须引起足够的重视。

(1)防止冻伤。进入库房的人员,必须做好保温防护,穿戴手套、工作鞋。身体裸露部分不得接触冷库内的货物,包括排管、货架、作业工具。

(2)防止人员缺氧窒息。冷库特别是冷藏库房内的植物和微生物的呼吸作用使二氧化碳浓度增加或者冷媒泄漏进入库内,会造成库内氧气不足,甚至人员窒息。人员在进入库房,尤其是长期封闭的库房前,须进行库房通风,排除氧气不足的可能。

(3)避免人员被封闭于库内。库门应设专人开关,限制无关人员进库。人员入库时应在门外悬挂告示牌。作业工班须明确核查人数的责任承担人,只有在确定人员都出库后,才能摘除告示牌。

(4)妥善使用设备。冷库内人员作业应使用抗冷设备,且进行必要的保温防护,不使用会发生低温损害的设备和用具。

任务四　在库货物盘点

一、在库货物盘点

货物在库房中因不断地搬动和进出库而容易产生库存账面数量与实际数量不符的现象。

有些货物因存放时间过久、储存措施不当而产生变质、丢失等损失。为了有效地掌握货物在库数量,仓库须对在库货物的数量进行清点,即进行盘点作业。货物盘点是保证储存货物账、货、卡完全相符的重要措施之一。仓库的盘点能够确保货物在库数量的真实性及各种货物的完整性。

二、盘点作业的目的

(一)确认货物现存数量

多记、误记和漏记会使库存资料记录不实；损坏、丢失、验收和发货清点有误,会造成库存量不实;盘点方法不当,产生误盘、重盘和漏盘,也会使库存不实,为此必须确认现存数量。

(二)确认企业损益

企业的损益与总库存金额有着极其密切的关系,而库存金额与库存量及单价成正比,为准确计算出企业实际损益,仓库必须进行盘点。

(三)提高企业管理水平

通过盘点,仓库可以发现呆滞品和废品,掌握呆滞品、废品的处理情况,还可了解存货周转率及保养、保管、维修情况,从而采取相应的改善措施。

三、仓库盘点的方法

(一)账面盘点

账面盘点就是将每种货物分别设立存货账卡,将每天出库、入库货物的数量及单价记录在电子计算机或账簿的存货账上,连续计算汇总得出账面上的库存结余数量及库存金额。

(二)现货盘点

现货盘点也称为实地盘点,就是在储存场所清点货物数量,依货物单价计算出实际库存金额。现货盘点按时间频率的不同又可分为期末盘点及循环盘点。期末盘点是指在会计计算期末统一清点所有货物;循环盘点是指在每天、每周清点一部分货物,一个循环周期将每种货物至少清点一次。

由于期末盘点是将所有货物一次清点完,因此工作量大、要求严格,通常采取分区、分组的方式进行,其目的是明确责任,防止重复盘点和漏盘。分区就是将整个储存区域划分成一个个的责任区,不同的区由专门的小组负责盘点。一个小组通常至少需要 3 人:一人负责清点数量并填写盘点单;一人复查数量并登记复查结果;一人负责核对前两次盘点数量是否一致,对不一致的结果进行检查。待所有盘点结束后,再与电子计算机或账面上的数量核对。

循环盘点通常是对价值高或重要的货物进行盘点。这些货物对库存条件的要求比较高,一旦出现差错,不但严重影响仓库的经济效益,而且有损仓库的形象。因此,在仓储管理过程中,仓库要对货物按重要程度进行科学分类,对重要的货物进行重点管理,加强盘点,防止出现差错。由于循坏盘点只对少量货物盘点,所以通常只需保管人员自行对库存物品进行盘点即可,发现问题及时处理。

目前,国内大多数配送中心使用电子计算机来处理库存账务,当账面库存数量与实际库存数量有差异时,很难断定是记账有误还是实际盘点出现错误,应采取账面盘点与现货盘点相结合的方法进行盘点。

四、仓库盘点的程序

(一)盘点前的准备工作

盘点前的准备工作是否充分,关系盘点作业能否顺利进行。准备工作主要包括盘点人员的确定和盘点工具的准备。

(二)确定盘点时间

1. 盘点频率的确定

从理论上讲,在条件允许的情况下,盘点的次数越多越好,但每次盘点都要耗费大量的人力、物力和财力,因此,应根据实际情况确定盘点的时间。货物周转频率比较低的企业,可以半年或一年进行一次货物盘点。货物周转量大的企业和库存品种比较多的企业,可以根据货物的性质、价值、流动速度、重要程度来分别确定不同的盘点时间,可以每天、每周、每月、每季、每年盘点一次。例如,可按 ABC 分类法将货物分为 A、B、C 三个不同的等级,分别设定相应的盘点周期,重要的 A 类货物每天或每周盘点一次,一般的 B 类货物每两周或三周盘点一次,相对不重要的 C 类货物可以每个月甚至更长时间盘点一次。

2. 盘点时间的确定

一般情况下,盘点的时间选择在财务决算前夕,这样仓库通过盘点决算损益,可以查清财务状况。仓库还可以选择在销售淡季进行盘点,这是因为销售淡季储货较少,进出库业务不太频繁,盘点较为容易,人力调动也较为方便。

项目四　在库作业物品的养护与管理

(三)确定盘点方法

不同的储存场所对盘点的要求不尽相同,盘点方法也会有所差异。为尽可能快速、准确地完成盘点作业,仓库必须根据实际需要确定盘点方法。

(四)培训盘点人员

为使盘点工作顺利进行,每当定期盘点时,仓库必须抽调人手增援。对于从各部门抽调来的人手,仓库必须加以组织分配,并进行短期的培训,使每一位人员在盘点工作中能够彻底了解并完成其任务。

(五)清理盘点现场

在盘点工作开始时,仓库首先要对储存场所及库存货物进行一次清理。清理工作主要包括以下几方面内容:对尚未办理入库手续的货物,应标明不在盘点之列;对已办理出库手续的货物,要提前通知有关部门,运到相应的配送区域;账卡、单据、资料均应整理后统一结清;整理货物堆垛、货架等,使其整齐有序,以便于清点计数;检查计量器具,使误差在规定范围内;确定在造货物及运输货物是否属于盘点范围。

(六)盘点作业

盘点人员对仓库货物按照盘点方法、程序和盘点区域进行实物点数。初盘人对实物盘点后,将初盘的结果填入盘点单并签字。复盘人对实物进行核对盘点后,将实际盘点数目填入盘点单,签字后结束点数作业。将盘点所得的库存货物的实际数量与库存账目进行核对。

(七)差异因素分析

若发现账物不符,且差异超过容许的误差,则要查明差异产生的原因。差异产生的原因是多方面的,具体包括以下几个方面:账物处理系统的管理制度和流程不完善,导致货物数据不准确;盘点时发生漏盘、重盘、错盘等现象,导致数据不准确;盘点前数据资料未结清,致使账面数据不准确;出入库作业时产生误差;盘点人员在盘点过程中出现过失,如损坏、丢失货物等;其他。

(八)盘盈、盘亏处理

盘点工作完成以后,对于所产生的差错、呆滞、变质、盈亏、损耗等结果,仓库应予以迅速处理,并防止以后再发生。处理方法如下:依据管理绩效,对分管人员进行奖惩;对废次品、不良品减价的部分,应视为盘亏;存货周转率低、占用金额过大的库存货物应设法降低库存量;若呆滞品比例过大,则应设法研究降低呆滞品库存量,可采取打折出售、与其他公司进行以物易物的相互交换、修改再利用、调拨给其他单位利用等措施进行处理;除了盘点时产生数量上的盈亏外,有些货物在价格上会有所升降,这些差异经主管审核后,必须利用货物盘

点盈亏及价格升降更正表修改。

任务五　库存控制管理

一、库存管理概述

加强库存控制，科学管理存货，目的就是在保证企业生产或经营活动能够正常进行的前提下，使库存量维持在合理的水平上，降低库存成本，提高企业的经济效益。库存控制理论研究在什么时间，以什么数量，从什么来源补充库存，可使得保持库存和补充采购的总成本最低。

（一）库存的概念

库存是指处于储存状态的货物。广义的库存还包括处于制造加工状态和运输状态的货物。通俗地说，库存是指企业在生产经营活动中为现在和将来的耗用或者销售而储备的资源。当某些库存承担起国家的安全使命时，这些库存通常被称为国家储备。

库存具有二重性。一方面它是生产和流通的前提，没有库存，正常的生产和流通不能维持；另一方面，库存又是生产和流通的负担，库存要占用一定的资金，企业还要负担库存的保管费用，承担库存损失和库存风险。因此，库存不能没有，但也不能过多。

（二）库存管理的概念

库存管理，包括库存业务管理、库存品种数量管理、库存成本管理和库存量的控制管理。重点是库存量的控制管理。

由库存的二重性可知，库存管理的目标主要有两个：一是保障供应，二是成本低。对于企业来说，这两个目标是互相矛盾的。库存管理的任务，就是通过科学的决策，使库存既满足生产或流通的需要，又使总库存成本最低。

（三）影响库存管理的因素

1. 需求的性质

对货物的需求性质的不同，库存控制方法也不同。如需求是确定而已知的，则在需求产生时准备库存，库存的数量根据给定的计划确定；若需求是不确定的，则需要保持经常储备量，以供应随时产生的需求。

需求虽有变动，但变动存在着规律性。针对规律性变动，如季节性变动，仓库可有计划地根据变动规律，在旺季到来之前准备较多的库存储备以备销售增长的需要。若需求变动没有规律，呈现随机性变化，仓库就需要设置经常性库存，甚至准备一定的保险储备量来预防突然产生的需求。

独立需求是企业所不能控制的，它们随机发生，只能用预测的方法而无法精确计算，在确定供货数量和时间时主要考虑成本上的经济性。相关需求库存控制的发展方向是供应链库存管理模式。

有些货物可用其他货物替代，它们的库存量可以定得少些，万一发生缺货也能用替代品来满足需求；而对于没有替代品的货物，则需要保持比较多的库存才能保证预期的供应需求。

2. 提前期

提前期是指从订购或下达生产指令开始，到货物入库的时间周期。提前期是确定订购时间或下达生产指令时间时的主要考虑因素。在库存控制中，仓库根据库存量将要消耗完的时间，提前一个提前期提出订货，以避免在订货到达之前发生缺货。提前期的长短与订单处理时间、货物在途时间以及货物的日常用量有关。

3. 自制或外购

所需要的货物是自制还是外购，也影响库存决策。若从外部采购，应着重从经济性，即节约成本的角度来确定供货数量和供货次数。若属于自制，则不但要考虑成本上的经济性，还需要考虑生产能力的约束性、生产各阶段的节奏性等因素，以此来确定供货的数量和时间。

4. 服务水平

服务水平指的是库存满足客户需求的程度。如果库存能够满足全部客户的全部订货需求，则其服务水平为优秀。若100次订货，只能满足90次，则服务水平为良好。服务水平一般是根据经营目标和战略而定的。服务水平影响库存水平。服务水平要求高，就需要较多的库存储备。

二、经济订货批量库存控制技术

物流领域存在着很多"效益背反"现象，例如，企业每次订货的数量多少直接关系库存水平高低，同时关系库存总成本的高低。订货数量减少会使订货次数增加，订货成本相应增加。因此，企业希望有科学的方法可以帮助自己作出正确的库存决策。经济订货批量模型可以确定一个科学的订货批量，使保管仓储成本与订货成本的和最小。

（一）经济订货批量模型的含义

经济订货批量模型是通过平衡订货成本和保管仓储成本，确定一个最佳的订货批量来实现最低总库存成本的方法。它根据需求和订货、到货间隔时间等条件是否处于确定状态分为确定条件下的模型和概率统计条件下的模型。由于概率统计条件下的经济订货批量模型较为复杂，因此这里只介绍确定条件下的经济订货批量模型。

（二）经济订货批量模型的假设条件

确定条件下的经济订货批量模型，需要设立的假设条件如下：企业能及时补充存货，即需要订货时能立即取得存货；不允许缺货，无缺货成本；需求量确定，每天的需求量为常数；不存在商业折扣，不考虑现金折扣，存货单价不变；能集中到货，而不是陆续到货；订货提前期已知，且为常量。

(三)经济订货批量模型的分析

与物品仓储有关的成本可分为两大类,即订货成本和仓储保管成本。订货成本与其订购的次数成正比,与每次购买物品量的多少关系不大;仓储保管成本则与每次购置物品的数量成正比,与订购的次数关系不大。在一定时期内所需订购的物品一定,订货成本会随着订货批量增大而减少,而储存费用却随着订货批量增大而增加,在两者相加所得的总成本中,存在着一个使订货成本和存储成本之和最低的点,这一点所对应的物品订购数量即是经济订购批量。

订货成本和存储成本的关系如图 4-5 所示,图中两条实线的交叉点对应的订货量就是所说的经济订货批量。

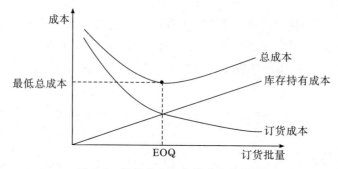

图 4-5 订货成本和存储成本的关系

假设:A 为全年物品的需要量,C 为每次订货成本(元/次),H 为单位货物年保管成本(元/年),(H=PF,F 为年仓储保管费用率),TC 为年库存总成本,P 为单位货物的购置成本,Q 为批量或订货量。

1. 订货成本

订货成本主要包括订购物品而产生的差旅费、电话电报费及物品采购中的运输、验收、搬运等跟订货次数有关的费用。

年订货成本=年订购次数×每次订货成本

$$=\frac{A}{Q}C$$

2. 仓储保管成本

仓储保管成本主要包括库存物品占用货款的利息,仓储设施、装卸搬运设备、专用工具等维修、折旧及相关的管理费用。

仓储保管成本=平均库存量×单位物品的年储存费用

$$=\frac{1}{2}QH$$

3. 存货的总成本

年库存总成本=仓储保管成本+年订货成本

$$TC=\frac{1}{2}QH+\frac{A}{Q}C$$

要 TC 最低,令 $dc(Q)/dQ = \frac{1}{2}QH + \frac{A}{Q}C = 0$

可得:$Q = \sqrt{\frac{2AC}{H}}$

这就是著名的经济订货批量公式,简称 EOQ 模型。

年库存总成本为:$TC = \sqrt{2ACH}$

因单位物品存储费用直接搜集较烦琐,一般运用单位物品储存费用率求得。

若 I 为年单位物品储存费用率,则经济订购批量公式就变为:$Q = \sqrt{\frac{2AC}{PI}}$

【例 4-1】 某公司年度需耗用 A 材料 7200 千克,该材料采购成本为 20 元/千克,年度储存成本为 8 元/千克,平均每次进货费用为 50 元。

1. 要求。

(1)计算本年度 A 材料的经济进货批量。

(2)计算本年度 A 材料经济进货批量下的相关总成本。

(3)计算本年度 A 材料经济进货批量下的平均资金占用额。

(4)计算本年度 A 材料最佳进货批次。

2. 答案。

(1)本年度 A 材料的经济进货批量 = $[(2 \times 7200 \times 50)/8]^{1/2}$ = 300(千克)

(2)本年度 A 材料经济进货批量下的相关总成本 = $[2 \times 7200 \times 50 \times 8]^{1/2}$ = 2400(元)

(3)本年度 A 材料经济进货批量下的平均资金占用额 = 300÷2×20 = 3000(元)

(4)本年度 A 材料最佳进货批次 = 36000÷300 = 120(次)

三、定量订购与定期订购管理法

(一)定量订购管理法

1. 定量订购管理法的原理

定量订货法是指当库存量下降到预定的最低库存量(订货点 R)时,按规定数量(一般以经济批量 EOQ 为标准)进行订货补充的一种库存控制方法。实施定量订购法主要控制两个参数:一个是订货点 R,即订货点库存量;另一个是订货批次的数量,即经济订货批量 EOQ。这样既可以最好地满足库存需要,又能使总费用最小化。

2. 定量订购管理法解决的问题

(1)订货批次的数量,即经济批量 EOQ 的确定。

(2)订货点的确定。

通常订货点的确定主要取决于需要量、订货提前期和安全库存这三个因素。在需要量固定均匀、订货提前期不变的情况下,订货点的计算公式为:

订货点 = 平均每天需要量×订货提前期 + 安全库存

安全库存＝(预计日最大耗用量－平均日需要量)×订货提前期

注：在需求和订货提前期确定的情况下，不需要设安全库存，即：

订货点＝平均每天需要量×订货提前期。

【例 4-2】 企业某种物品的订购批量为 2000 个，平均提前期为 10 天，平均每日正常需用量为 50 个，预计日最大耗用量为 80 个，则

安全库存＝(80－50)×10＝300(个)

订货点＝50×10＋300＝800(个)

这就是说，当实际库存量超过 800 个时，不考虑订购；而当降低到 800 个时，就应及时按规定的订购批量 2000 个提出订购。

3. 定量订购管理法的模型图

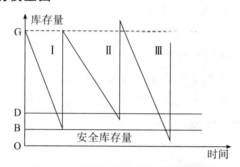

图 4-6 定量订购管理法的模型图

在图 4-6 中，最高库存量 OG 为每次订购批量 BG 与安全库存 OB 之和，D 为订货点，Ⅰ为库存量按预计需求速度均匀消耗的情况。当达到 D 时即提出订购，当库存量降至安全库存 B 时刚好得到补充，补充量为 BG。Ⅱ 为当需求速度减慢时的情形。当库存量降至 D 点时即提出订购，订购量为 BG，但由于需求速度减慢，库存量还未降至 B 点即到货，补充以后超出最高库存量。Ⅲ 为需求加快时的情形。当库存量降至点 D 点时，提出订购，由于需求加速，当库存量降至 B 点时，订购的货还未到来，动用了安全库存，补充后库存未达到最高储备量。

4. 定量订购管理法的优缺点

(1)优点。

①由于定量订货法数量固定，仓库便于采用经济订货批量模型进行订货，可以降低库存成本，节约费用，提高经济效益。

②控制参数确定，实际操作简单。实际经常采用"双堆法"来处理：将某货物库存分为两堆，一堆为经常库存，另一堆为订货点库存，当经常库存被用完就开始订货，并使用订货点库存，不断重复操作。这样可以使经常盘点库存的次数减少，方便可靠。

③当订货量确定之后，货物的验收、入库、保管和出库业务可以利用现有规格化方式进行，搬运、包装等方面的作业量可以减少。

(2)缺点。

①要随时掌握库存动态，对安全库存和订货点库存进行严格控制，占用一定的人力和物力。

②订货模式过于机械,缺乏灵活性。
③订货时间不能预先确定,对于人员、资金、工作业务的计划安排具有消极影响。
④受单一订货的限制,进行多品种联合订货时要灵活进行处理。

5. 定量订购管理法的适用范围

(1)单价比较便宜,不便于少量订货的物品,如螺栓、螺母等。
(2)需求预测比较困难的维修材料。
(3)品种数量繁多、库房管理事务量大的货物。
(4)消费量计算复杂的物品。
(5)通用性强、需求量比较稳定的物品等。

(二)定期订购管理法

1. 定期订购管理法的原理

定期订货控制模式,又称为订货间隔期法。它是一种以固定检查和订货周期为基础的库存控制法。它是基于时间的订货控制方法,基本原理是:预先确定一个订货周期和最高库存量,周期性地检查库存,根据最高库存量、实际库存和在途订货量,计算出每次订货批量,发出订货指令,组织订货。

2. 定期订购管理法解决的问题

订货间隔期的长短直接决定最高库存量有多少,即库存水平的高低,进而决定库存成本的高低。订货周期不能太长,否则会增加成本;也不能太短,太短会使订货次数增加,使得订货费用增加,进而增加库存总成本。从费用方面来看,如果要使总费用最小,订货周期可以采用经济订货周期的方法来确定,其公式是:

(1)订货间隔期 $T = \sqrt{\dfrac{2 \times 单次订货成本}{单位物品年储存成本 \times 单位时间内库存物品需求量}}$

(2)最高库存量=平均每日需用量×(订购时间+订购间隔期)+保险储备定额

(3)每次订购量=平均每日需用量×(订购时间+订购间隔期)+保险储备定额-实际库存量-在途订货量

【例4-3】 某物品月需求量为15吨,每次订货的成本为30元,单位物品存储费用为1元/月,采购提前期为15天。

1. 问题。

(1)该物资的经济订货周期为多久?
(2)若不考虑安全库存,该物资的最高库存应为多高?

2. 答案。

(1)订货周期 $T = \sqrt{\dfrac{2 \times 单次订货成本}{单位物品年储存成本 \times 单位时间内库存物品需求量}}$

$= \sqrt{\dfrac{2 \times 30}{1 \times 15}} = 2(月)$

(2)最高库存量=平均每日需用量×(订购时间+订购间隔期)+保险储备定额

$$=\left(\frac{15}{30}+2\right)\times 15=37.5(吨)$$

【例 4-4】 某物品的采购提前期为 10 天,每日需求量为 20 吨,安全库存为 200 吨。

1. 问题。

(1)如果企业采用定期订购法采购,每 30 天订购一次,订购当日的实物库存为 450 吨,已经订购但尚未到货的数量为 45 吨,求订货批量。

(2)若采用定量订货法,试确定其订货点。

2. 答案。

(1)最高库存量=平均每日需用量×(订购时间+订购间隔期)+保险储备定额

$$=20\times(10+30)+200=20\times 40+200=1000(吨)$$

订货批量=最高库存量-实际库存量-在途订货量

$$=1000-450-45=505(吨)$$

(2)订货点=平均每天需要量×订货提前期+安全库存

$$=20\times 10+200=400(吨)$$

3. 定期订购管理法的模型

定期订购管理法的模型如图 4-7 所示,图中 $t=t_2-t_1=t_3-t_2$。

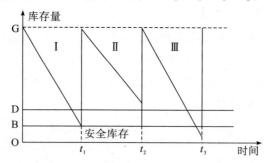

图 4-7 定期订购管理法的模型图

OB 为安全库存,OG 为最高库存量。

图 4-7 中 Ⅰ 为正常需求下的情形。当达到订货点(D 点)时,提出订购,当库存量降至 B 点时,所订货物运到,补充库存至最高库存量。

图 4-7 中 Ⅱ 为需求放慢时的情形。当达到订货点(D 点)时,提出订购,但因需求减少,库存量还未降至 B 点时,库存即得到补充,同样也补充库存至最高库存量。

图 4-7 中 Ⅲ 为需求加快时的情形。由于需求增加,盘点时库存量已较低,这使得订的货到库时库存降至安全库存(B 点)以下,需要动用安全库存。

4. 定期订购管理法的优缺点

(1)优点。

①不必每天检查库存(定量订货法需每天盘存),只要在订货周期这一天检查即可,简化了工作。

②可以进行多品种联合订货,减少订货费用。

(2)缺点。

①安全库存量不能设置得太小,因为保险周期(订购时间+订购间隔期)较长,若需求量较大,则需求标准偏差也较大,所以需要设置较大的安全库存量来保障需求。

②每次订货的批量不一致,无法制定经济订货批量,因而运营成本降不下来,经济性较差。

5. 定期订购管理法的适用范围

(1)消费金额高、需要实施严格管理的重点货物,如常见的 A 类货物;

(2)根据市场的状况和经营方针经常调整生产或采购数量的货物;

(3)需要量变动幅度大,但变动具有周期性,且可以正确判断其周期性的货物;

(4)建筑工程、出口等时间可以确定的货物;

(5)受交易习惯的影响,需要定期采购的货物。

四、ABC 分类管理法

(一)ABC 分类管理法的基本原理

ABC 分类管理法又称为 ABC 分析法、重点管理法,它是"关键的少数和次要的多数"的帕累托原理在仓储管理中的应用。ABC 分类管理法强调对物品进行分类管理,根据库存物品的不同价值而采取不同的管理方法。

ABC 分类管理法的基本原理是:由于各种库存的需求量和单价各不相同,其年耗用金额也各不相同,那些年耗用金额大的库存所占用企业的资金较多,对企业经营的影响也较大,因此需要进行特别的管理。ABC 分类管理法就是根据库存的年耗用金额的大小,把库存划分为 A、B、C 三类。A 类库存:其年耗用金额占总库存金额的 75%~80%,其品种数却只占总库存品种数的 5%~10%。B 类库存:其年耗用金额占总库存金额的 20%~25%,其品种数占总库存品种数的 15%~20%。C 类库存:其年耗用金额占总库存金额的 5%~10%,其品种数却占总库存品种数的 70%~80%。

(二)ABC 分类管理法的实施步骤

1. 搜集数据

按分析对象和分析内容,搜集有关数据。例如,若分析产品成本,则应搜集产品成本因素、产品成本构成等方面的数据;若针对某一系统实施价值工程,则应搜集系统中各局部功能、各局部成本等数据。

2. 处理数据

利用搜集到的年需求量、单价,计算出各种库存的年耗用金额。

3. 编制 ABC 分析表

根据计算得到的各种库存的年耗用金额,把库存按照年耗用金额从大到小进行排列,并计算累计百分比。

4. 根据 ABC 分析表确定分类

根据计算得到的年耗用金额的累计百分比,按照 ABC 分类的基本原理,对库存进行分类。

5. 绘制 ABC 分析图

以库存品种数百分比为横坐标,以累计耗用金额百分比为纵坐标,在坐标图上取点,并联结各点,绘成如图 4-8 所示的 ABC 分析图。按 A、B、C 曲线相对应的数据,确定 A、B、C 三个类别,在图上标明 A、B、C 三类。

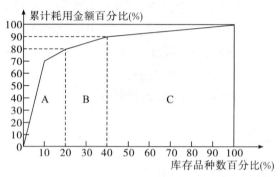

图 4-8 ABC 分析图

(三)ABC 分类管理法在库存控制中的作用

对 A、B、C 三类货物可按以下方法进行区别管理。

1. A 类货物

(1)每件货物皆编号;

(2)尽可能慎重、正确地预测需求量;

(3)少量采购,尽可能在不影响需求的情况下减少库存量;

(4)请供货单位配合,力求出货量平稳化,以减少需求变动,降低库存量;

(5)采用定期订货方式,对其存货进行定期检查;

(6)必须严格执行盘点,每天或每周盘点一次,以提高库存精确度;

(7)对交货期限必须严格控制,在制品及其发货也必须从严控制;

(8)货物放至易于出入库的位置;

(9)实施货物包装外形标准化,增加出入库单位;

(10)采购须经高层主管审核。

2. B 类货物

(1)采用定量订货方式,但对前置时间较长,或需求量有季节性变动趋势的货物宜采用定期订货方式;

(2)每 2~3 周盘点一次;

(3)中量采购;

(4)采购须经中级管理人员审核。

3. C 类货物

(1) 采用复合制或定量订货方式以节省手续；
(2) 大量采购，以便在价格上取得优惠；
(3) 简化库存管理手段；
(4) 安全库存可以大些，以免发生库存短缺；
(5) 每月盘点一次；
(6) 采购仅须基层主管核准。

项目小结

本项目主要介绍了以下内容：进行仓库的分区分类、堆码苫垫，科学地为在库货物选择合适的储位和堆码方式；货物变化的形式受到仓库内、外部因素的影响，要根据货物的性能和特点，提供合适的环境及保管条件，以保证库存货物不仅数量正确，而且质量完好；库内温湿度对货物质量的影响较大，控制库内温湿度对保证物品在储存中的质量非常重要，应掌握库内温湿度调节和控制的方法，并能为生鲜食品等特种货物的在库作业提供科学的管理方案。

同步练习

一、单项选择题

1.（　　）比较适用于仓库客户数量较少，且储存货物比较单一的情况。
A. 按货物种类和性质划分　　　　B. 按货物发往地区划分
C. 按货物危险性质划分　　　　　D. 按不同客户储存的货物划分

2.（　　）适用于大宗散货。
A. 散堆法　　B. 货架堆码法　　C. 托盘化码垛法　　D. 货垛堆码法

3. 下列不属于货物的化学变化的是（　　）。
A. 分解　　　　B. 水解　　　　C. 化合　　　　D. 串味

4. 在定期订购管理法中，不属于确定订货点需考虑的因素的是（　　）。
A. 需要量　　　B. 订货提前期　　C. 订货批量　　D. 安全库存

5.（　　）是帕累托原理在仓储管理中的应用。
A. 先进先出　　B. 零数先出　　C. 重下轻上　　D. ABC 分类

二、判断题

1. 货物经过验收入库后，便进入货物的在库作业管理阶段。它是仓储作业管理的核心环节，也是货物出库作业的基础。（　　）

2. 通常的货物堆垛方法有三种，即散堆法、货架堆码法和托盘化码垛法。（　　）

3. 在仓库保管中，先进先出是一项非常重要的原则，尤其是有时间性要求的货物，如果不按先进先出的原则处理的话，恐怕会造成货物过期或者变质，以致影响整个仓库的保管效益。（　　）

4.货物在库房中因不断地搬动和进出库,不容易产生库存账面数量与实际数量不符的现象。（　　）

5.定期订购管理法适用于管理C类货物。（　　）

三、简答题

1.什么是库存管理？库存管理有何作用？

2.货物堆码的方式有哪些？

3.仓库温湿度控制的常用方法有哪些？

4.库存管理的基本方式有哪些？

5.ABC分类管理法在库存控制中有什么作用？

四、思考题

人们所熟悉的烟酒、糖茶、服装鞋帽等,有的怕潮、怕冻、怕热,还有的易燃、易爆。引起储存货物质量变化的因素很多,其中一个重要的因素是空气的温度。有的货物怕热,如蜡等,如果储存温度超过要求（30℃～35℃）就会发黏、熔化或变质；有的货物怕冻,会因库存温度过低冻结、沉淀或失效,如苹果贮藏在1℃比贮藏在4℃～5℃寿命要延长一倍,但贮藏温度过低,也可引起果实冻结或生理失调,缩短贮藏寿命。

思考：

1.哪些货物怕太热？哪些货物怕太冷？

2.哪些货物怕潮湿？哪些货物怕干燥？

任务实训

一、实训目的

掌握盘点的流程、盘点技巧等相关知识。

二、实训总体要求

在校内物流实训室进行盘点实训的过程中,学生应积极配合老师。具体要求如下：

1.在实训开始前,认真听老师讲解,发现问题并及时提出问题；

2.认真做好笔记,与本章所学内容进行对比；

3.在实训过程中,注意安全规定,不得到处乱走,听从老师的安排；

4.注意操作规范,养成良好的职业道德；

5.要注意保持环境的清洁卫生,爱护公共财物；

三、实训目标

1.通过现场教学,学生应进一步了解盘点工作的重要性；

2.通过实训,学生应掌握盘点的流程、盘点技巧等相关内容。

四、实训组织形式

以3人为一个小组的形式进行轮训。

五、实训成果

提交盘点实训手册。

六、实训考核

成绩评定主要指标如下:

1. 学生参加实训的出勤情况及态度(40%);
2. 盘点实训手册完成的质量(60%)。

项目五
出库作业管理

学习目标

知识目标

1. 了解货物出库的基本流程;
2. 熟悉货物出库的依据、出库的形式;
3. 掌握不同拣选方式的特点;
4. 掌握货物出库的原则及要求;
5. 掌握补货时机及补货方式。

技能目标

1. 依据出库要求熟练选择相应的设备设施;
2. 运用出库知识解决出库过程中的问题;
3. 熟练运用出库作业过程中所需要的各种设施与设备;
4. 根据作业需要,熟练处理出库过程中的各项单据报表;
5. 依据仓储作业需求,在合适的时机进行补货作业;
6. 依据仓储作业绩效指标对出库作业进行相应的评价;
7. 作业团队构建及协作。

重点、难点

1. 对相应设施设备的选择及设备的组合;
2. 出库作业过程中的异常处理;
3. 信息技术在出库作业中的应用;
4. 订单拣选策略的运用;
5. 货物出库作业方案的设计。

任务情境

苏宁物流"黑科技":30分钟订单出库,跑出电商"双11"新速度

苏宁打造的亚洲第一、世界前三的智慧物流基地——"苏宁云仓",在仓储规模、日出货量、自动化水平等科技能力和智能化水平方面,打破了亚洲物流行业的纪录。ASRS系统、

Miniload 系统、SCS 系统……这些苏宁智慧物流不可或缺的元素让苏宁云仓成为引领行业的物流"黑科技"。

据了解,苏宁云仓日处理包裹可达 181 万件,处理能力是行业同类仓库的 4.5 倍以上;拣选效率每人每小时可达 1200 件,是同类最先进仓库的 10 倍以上;单个订单最快可以实现 30 分钟内出库,是行业同类仓库最快处理速度的 5 倍以上。

消费者下单后,订单立即转至全自动化仓库系统,30 分钟包裹就可以出仓。此外,针对门店端有库存的货物,系统还将自动搜索匹配离消费者最近的门店进行配送,最快的可实现半小时送达。

而在快速提升仓储规模的基础上,苏宁物流还在重点进行智能化仓储建设和布局,加大智能设备的投入,以及推进数字园区、智慧仓储的全方位落地。以南京雨花物流基地为例,南京雨花物流基地作为苏宁智能化仓储的核心基地,占地面积 20 万平方米,配备了高密度存储、SCS 货到人拣选、高速交叉分拣等国内领先的智能化设施。另外,苏宁物流仓储还配备了外骨骼机器人、无人机、无人车等,将 IOT、人工智能、大数据等技术在仓运配全链路上应用,大大提升了各环节作业效率。

苏宁一直坚持自建物流,打造 O2O 融合的物流体系,意在给用户提供更好的物流服务体验。如今,苏宁已经建成智能高效的仓储网络。在未来,物流自动化水平还将不断提升。

任务一 货物出库准备

货物的出库管理是指仓库根据业务部门或者客户单位(货主单位)开出的提单、调拨单等货物出库凭证,按照货物出库凭证所列的货物名称、编号、型号、规格数量、承运单位等各个具体的项目,组织货物出库的一系列工作的总称。货物出库意味着货物储存阶段的终止,因此货物出库管理是仓库作业的最后一个环节,货物出库也使得仓库与运输单位、配送单位、货物的使用单位直接发生了业务联系。

为了做好货物出库工作,仓库必须事先做好相应的准备,按照一定的作业流程和管理规章组织货物出库。货物出库要求仓库准确、及时、安全、保质保量地发放货物,出库货物的包装也要完整牢固、标志正确、符合运输管理部门和客户单位的要求。做好货物出库管理的各项工作,对完善和改进仓库的经营管理,降低仓库作业成本,实现仓库管理的价值,提高客户服务质量等具有重要的作用。

一、货物出库的依据

货物出库应严格依据业务部门或者客户单位开出的提货单、调拨单等货物出库凭证进行。在任何情况下,仓库都不能擅自动用或者外借库存的货物。在实际工作中,仓库工作人员要坚决杜绝凭口头、凭信誉、凭白条发货,否则极易发生差错事故甚至法律纠纷。遇到抢险救灾等紧急情况,发生非常规的货物出库,也要符合仓库的有关管理规定。业务部门或者客户单位开出的提货单、调拨单等货物出库凭证,其格式会不尽相同,但是,无论采用什么格式,都必须是符合财务和业务管理制度要求的具有法效力的凭证。通常,仓库与业务部门在货物出库管理规定中或者与客户单位在管理合同中,要明确规定有效的出库凭证格式等内容。

二、货物出库的要求

货物出库管理不仅涉及仓库的管理水平和服务质量,而且直接影响货物准确、及时、安全地送达接收单位,还直接影响仓库的经济效益。货物出库管理事关重大,要遵循以下一些基本要求。

(一)按程序作业,手续必须完备

货物出库必须按章办事,严格遵守货物出库的各项规章制度。"收有据,发有凭"是货物收发管理的重要原则,仓库发放货物必须凭真实有效的出库凭证组织货物出库,发出的货物必须与调拨单或者提货单上所列的货物名称、编号、型号、规格、数量等项目相符合。

货物出库的规章制度通常还包括以下内容:入库未验收的货物以及在储存过程中已发现有问题的货物不得出库;货物出库的检验计量办法与货物入库的检验计量办法要一致,以免发生人为的库存盈亏;超过提货单注明的提货有效期,且未办妥相关更正手续的,以及实际承运单位与提货单注明的承运单位不相符,且未得到业务部门或者客户单位确认的,都不能发货;货物发出后要及时记账并保存好相关凭证、账册等。

(二)严格贯彻"先出"原则

在保证库存货物的价值和使用价值不变的前提下,坚持"先进先出"的原则。除非业务部门或者客户单位特别要求,否则一般根据货物入库时间的先后,先入库的货物先出库,以确保货物储存的质量。实际操作时,易霉易腐、机能接近退化或者接近老化的货物先出库,接近失效期的货物先出库,保管条件差的先出库,变质失效的货物则不予出库。

(三)严格贯彻"三不、三核、五检查"的原则

货物出库要做到"三不、三核、五检查"。"三不",即未接单据不翻账,未经审单不备货,未经复核不出库;"三核",即在发货时,要核对凭证、核对账卡、核对实物;"五检查",即对单据和实物要进行品名检查、规格检查、包装检查、数量检查、重量检查。具体地说,货物出库要严格执行各项规章制度,杜绝差错事故,以提高服务质量,让用户满意。

(四)做好发放准备

为使货物及时流通,合理使用,快速、及时、准确地发放,仓库必须做好货物发放的各项准备工作。如集装单元化、备好包装、复印资料、组织搬运人力、准备好出库的各种设施设备及工具。

（五）发货和记账要及时

保管员接到发货凭证后，应及时发货，不压票；货物发出后，保管员应立即在货物保管账上核销，并保存好发料凭证，同时调整垛牌或料卡。

（六）保证安全

货物出库作业要注意安全操作，防止损坏包装和震坏、压坏、摔坏货物。同时，还要保证运输安全，做到货物包装完整，捆扎牢固，标志清楚正确。仓库作业人员必须经常注意货物的安全保管期限等，对已变质、过期失效或已失去原使用价值的货物不允许出库。

（七）注重提高服务水平，力求满足客户需要

在货物出库时，仓库要注意做到准确、及时、保质、保量，确保安全，防止差错事故的发生，还要特别注重服务质量的提升，提高出库作业效率，为客户提货创造各种便利条件，主动帮助客户解决实际问题。如有些仓储企业在货物出库时，为提货司机专门准备了用来装放出库凭证的单据袋，上面印有仓储企业的通信地址、联系电话和"祝你一路平安"等字样，这既可以避免司机在运输途中丢失、损坏凭证，又展示了企业形象，方便了客户和司机与仓库方面的工作联系。

三、货物出库的形式

（一）送货

仓库根据货主预先送来的出库通知或出库请求，凭仓单通过发货作业，把应发货物交由运输部门送达收货人，这种发货形式通常称为送货。仓库实行送货制，要划清交接责任。仓储部门与运输部门的交接手续，是在仓库现场办理完毕的。运输部门与收货人的交接手续一般根据货主与收货人签订的协议，在收货人指定的到货地点办理。

送货具有"预先付货、按车排货、发货等车"的特点。仓库实行送货制具有多方面的好处：仓库可预先安排作业，缩短发货时间；收货人可避免因人力、车辆等不便而发生的取货困难；在运输上，送货可合理使用运输工具，减少运输费用。仓储部门开展送货业务，应考虑货主不同的经营方式和供应地区的距离，既可向外地送货，也可向本地送货。

（二）收货人自提

收货人自提是指由收货人或其代理人持仓单直接到仓库提取货物仓库凭单发货。收货人自提具有"提单到库随到随发，自提自运"的特点。为划清交接责任，仓库发货人与提货人应在仓库现场对出库货物当面交接并办理签收手续。

（三）过户

过户是一种就地划拨的出库形式，货物虽未出库，但所有权已从原存货户头转移到新存

货户头。仓库必须根据原存货人开出的正式过户凭证办理过户手续。在日常操作时,往往是由仓单持有人转让,仓库应注意转让手续的合法性。

(四)取样

取样是货主出于对货物质量检验、样品陈列等需要,到仓库提取货样。货主取样时必须持有仓单,仓库必须根据正式取样凭证发给样品,并做好账务登记和仓单记载。

(五)转仓

货主为了方便业务开展或改变储存条件,需要将某批库存货物自某仓储企业的甲仓库转移到该企业的乙仓库,这就是转仓的发货形式。转仓时货主必须出示仓单,仓库根据货主递交的正式转仓申请单,办理转仓手续,并同时在仓单上注明有关信息资料。转仓只在同一仓储企业的不同仓库之间进行。若需要从A企业的某仓库将货物转移到B企业的某仓库,应该办理正常的出库和入库手续。

四、货物出库作业流程

根据货物在库内的流向或者出库凭证的流转,构成货物出库各个业务环节的衔接,也即货物出库流程。一般货物出库流程有七个作业环节。

(一)出库准备

出库作业工作量较大也比较复杂,仓库要事先对出库作业加以组织、合理安排,充分做好相应的准备工作。货物出库前的准备工作主要包括包装整理、分拆组装、用品准备、设备调配、人员组织、联络客户等方面的内容。

出库货物的包装要符合运输管理部门的规定,要便于搬运装卸。对那些经过多次中转装卸、堆码倒垛致使包装不能适应运输要求的货物,要根据具体情况认真、主动地整理加固或者改换包装。

根据客户需要,对货物出库时需要分拆的,仓库要事先备足分拆的货物,以免在货物发货时临时分拆延误时间;而对货物出库时需要组装的,也要事先进行分类、挑选、配套、整理、拼箱等。

货物出库时有分拆、组装、拼箱或改装作业的,在发货前仓库应根据作业的性质和运输的要求,准备相应的包装材料和衬垫物,以及刷写包装标志的颜料、标签唛头等用品用具和打包工具等。

仓库在货物出库时需要留出一定的仓容或者站台作为理货场地,有的仓库专门设立了理货区;按不同的货物类型,仓库需要准备相应的装卸搬运设备、计量设备和电子设备,如人力搬运用的货仓车,机械作业用的叉车、吊车,以及电子秤、电子扫描仪等。

货物出库管理的人员包括仓库管理人员和装卸工、叉车司机等操作人员,人员的合理组织安排是做好货物出库管理的重要措施。同时,仓库在实施出库作业前,可主动与业务部门和客户单位进行工作联系,以确保货物出库顺利进行,避免忙乱。现在比较流行的做法是仓库方面与客户单位建立货物出库的预约制度,有条件的仓库还可以与客户单位进行电子数据联网,了解货物出库的最新动态和各项具体要求。

(二)审核凭证

出库凭证通常包括凭证编号、收货单位或提货单位名称(有些还会注明提货车辆的车号等)、发货方式(自提、送货、代运等),货物的名称、型号、规格、数量、重量、单价、总值以及业务部门或者客户单位的签章等主要内容。

审核凭证是货物出库管理的一项非常重要的环节。货物出库必须有正式有效的出库凭证,仓库必须认真核对出库凭证。首先,仓库要审核出库凭证的合法性和真实性,认真检查凭证的格式是否符合规定,签章是否齐全、是否相符、有无涂改,仓储客户也往往留有印鉴式样在仓库,以便仓库方面核对。其次,在出库凭证审核无误之后,仓库要按照出库凭证上所列的货物的名称、型号、规格、数量、重量、单价、总值等与仓库货账和货卡进行全面核对,同时审核收货单位或者提货单位等内容。最后,如果客户另有约定或出库凭证签有提货有效期的,仓库方面要严格审核出库凭证的有效期。

凡在出库凭证审核中,发现有货物名称、规格型号、出库数量与库存数量不符的,有签章不相符、不齐全、不清晰的,有涂改或者其他手续不符合要求的,仓库不能发货出库,并且要及时与业务部门或者客户单位取得联系。管理人员在审核出库凭证时,要有高度的责任感,工作疏忽大意、不严谨都可能造成重大差错事故,给仓库和企业带来巨大的经济损失和负面影响。

(三)分拣备货

在审核出库凭证后,要进行分拣和备货。仓库保管员按出库凭证所列项目的内容和凭证上的批注,在相应货位核实后进行分拣和备货。一般地,大宗货物或者整批货物出库,就在原货位上备货,不需要进行分拣。而对于不是整批出库的货物,尤其是各种不同品名、不同类型、不同规格的货物,需要先将货物从货位上分拣出来,再搬运到指定的理货区域等待装车。

备货过程包括理单、销卡、核对、点数、签单等流程。理单是指根据出库凭证所列出库货物的内容,迅速找准库存货位。销卡就是在货物出库时,到货物存放的货位上对悬挂在货垛上的货卡进行核对并登记出库数量。核对是指在销卡后,再行单(出库凭证)、卡(货卡)、货(实物)三核对。点数就是仔细清点应发货物的数量,防止差错。签单是为明确责任,要求保管员在货卡上签名并批注结存数,同时在出库凭证上予以签认等。仓库在备货时,如果出库凭证上特别注明了发货批次的,则按照规定的批次进行备货;出库凭证上未规定批次的,要按照"先进先出"的原则进行备货。

(四)复核查对

实际上,出库管理的各个环节都贯穿着复核查对工作。为有效防止差错,仓库在分拣备货后,应立即进行专门的复核查对作业。复核查对的形式应视具体情况而定。复查核对作业可由仓库所设的复核员、仓库主管等工作人员负责,也可由保管员负责。复核查对的主要内容是:货物的名称、规格、型号、数量等项目是否与出库凭证所列的内容一致,外观质量是否完好,包装是否完好、正确且便于装卸搬运作业,出库货物的配件(如机械设备等)是否齐全,出库货物所附证件、单据是否齐全等。

若复核查对无误,复核人员应在出库凭证和仓库内部的相关账册上签认。若经过复核查对,所备货物与出库凭证不符,应立即查明原因、予以调换,并及时更正或者除掉所备货物外包装上的有关标记,及时调整货卡和账册。

(五)清点交接

仓库对出库货物进行分拣备货,并经过全面的复核查对确认无误之后,即可办理清点交接手续。如果是收货人自提或者客户自提,仓库要将出库货物与提货人当面清点,办理交接手续;如果是客户委托仓库方面送货或者代运,仓库要将出库货物与承运人当面清点,办理交接手续,即使该承运人是仓库内部的,也要办理内部交接手续,即由保管人员与运输、配送人员清点交接。

货物出库管理清点交接的工作要点主要有:仓库方面与提货人、承运人等要当面点交;仓库方面对重要货物、特殊货物的技术要求、使用方法、运输注意事项等,要主动向提货人、承运人交代清楚;清点交接完毕后,提货人、承运人必须在相关出库单证上签认,同时仓库保管员应做好出库记录。

(六)登账结算

在各类正规的仓库,货物出库都需要填写出库单。出库的货物清点交接完成后,仓库工作人员在出库单上认真填写实发数、发货日期等相关项目并签名。仓库门卫通常凭出库单的出门联或者专门的出门单放行。

仓库依据业务部门或客户单位的出库凭证和保管人员开具的出库单,按照货物账目日清日结的原则,进行货物账的登记。在实际工作中,往往在库存的货物出库之后,仓库方面才与客户单位结算仓租费、装卸搬运费、手续费等相关费用,因此,仓库的货物账要及时登记,以便仓库结算人员或财务人员及时进行结算。

先付货后登账适用于发货频繁、出库单较多、与客户单位签有长期合同的仓库,这种方式有利于提高仓库的服务水平和工作效率。但先付货后登账要求能够全面控制、及时回收仓库出库单。需要说明的是,在仓库的发货作业中,也有"先登账后发货"的货物出库流程。先登账后发货方式的复核查对和登账环节连续完成,仓库可以在发货前更好地把关。

(七)库内清理

发货后的库内清理包括现场清理和档案清理。货物在出库后,有的货垛被拆开,有的货位被打乱,有的库内留有垃圾和杂物,这就需要对现场进行清理。现场清理的主要内容有:

对库存的货物进行并垛、挪位、腾整，清扫发货场地，保持清洁卫生，检查相关设施设备和工具是否损坏、有无丢失。在货物出库后，仓库还要按规定传递出库凭证、出库单等，相关原始单证要存入货物保管档案，档案应妥善保管，以备查用。

以上所述的是传统的货物出库管理的作业流程。目前许多仓库在仓储管理中已经普遍运用了先进的信息技术，如在出库管理中使用 RF 扫描仪等。而有些现代物流仓库已经通过计算机来实施仓储管理。

用计算机管理的自动化仓库，其货物出库作业流程和上述传统的作业流程有所不同。计算机管理的自动化货物出库作业流程如下：仓库计算机系统接收业务部门或客户单位发来的发货指令；仓库计算机系统对发货指令进行分析，按照"先进先出"等原则确定应取货的货位并生成出库内容，向管理控制台发出出货指令；管理控制台向堆垛机的地上控制盘发出货物出库指令；堆垛机从指定的货位取出托盘，并搬运到相应的移动台车上；移动台车自动行走，此时系统的出货终端显示出库单号和其他相关内容；系统确认出库成功；打印出库单据。

五、出库中发生的异常问题及处理方式

出库中遇到的问题主要有无单提货、凭证问题、单货不符、包装损坏、货未发完、货已错发等。

（一）无单提货

无单提货主要指没有正式提货凭证而要求提货。遇到这种情况，不能发货。

（二）凭证问题

发货前验单时，若发现提货凭证有问题，如抬头、印鉴不符，有涂改痕迹，超过提货有效期，应立即与货主联系，并向主管部门反映。配货后复核时若发现凭证有问题，仓库应立即停止发货作业。总之，手续不符，仓库有权拒绝发货。

（三）单货不符

发货之前验单时，若发现提货凭证所列物资与仓库储存的物资不符，一般应将凭证退回开单单位，经更正确认后，再发货。遇上特殊情况，如出库货物必须立即发运出库，货主要求先行发货，然后更改提货凭证时，经主管部门批准后，可以发货，但应将联系情况详细记录，并在事后及时请货主补办更正手续。若配货后复核时发现所备物品与提货凭证所列不符，应立即调换。

（四）包装损坏

物品外包装有破损、脱钉、松绳的，应整修加固，以保证运输途中物品安全。若发现包装内的物品有霉烂、变质等质量问题或数量短缺，不得以次充好、以溢余补短缺。

（五）货未发完

仓库发货在原则上是按提货单当天一次发完，如确有困难，不能当日发货完毕，应办理分批发货手续。

（六）货已错发

如果仓库发现货已错发，首先应将情况尽快通知货主，同时报告主管部门负责人，接着应了解物品已运到什么地方，能及时追回的应及时追回，无法追回的，应在货主帮助下采取措施，尽量挽回损失，然后查明原因，设置警示录，以防再犯。

任务二　订单处理

订单处理是指从接到客户订单开始到着手准备拣货之间的作业阶段。其作业内容通常包括订单确认、存货查询、单据处理等内容。订单处理是与客户直接接触和沟通的作业阶段，对后续的拣选作业、调度和配送将产生直接影响。

一、订单处理方式

订单处理分为人工处理和系统处理。人工处理具有较大的弹性，但人工处理受个人能力等因素的影响，作业效率较低且容易产生差错，具有较大的局限性，只适用于订单量较少的情况。系统处理即利用计算机信息技术对订单进行处理，处理速度快、效率高，适用于订单量较大的情况。系统化处理是目前配送中心普遍采用的方式。

二、订单处理流程

在服务客户的整个过程中，订单处理非常重要，订单处理既是作业的开始，也对服务质量具有重要影响。

订单处理的职能之一是填制文件并通知指定仓库将所订货物备齐，一般用订单分拣清单表明所需集合的货物项目，该清单的其中一联须送到仓库人员手中。仓库接到物品的出货通知后，按清单拣货、贴标签，最后将货物组配装车进行配送。

配送中心收到客户订单后，应进行如下处理：检查订单的全部有效性；信用部门应审查顾客的信誉；市场销售部门应把销售额记入有关销售人员的账目；会计部门应记录有关的账目。

具体订单处理流程如图 5-1 所示。

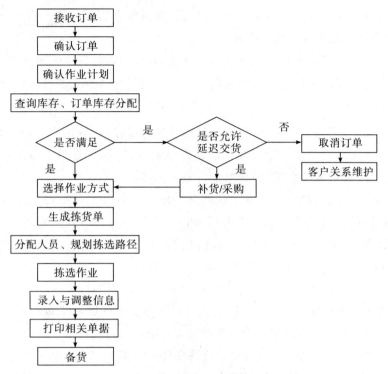

图 5-1 订单处理的流程

（一）订单接收

接单作业是订单处理的第一步。随着社会、经济、信息技术、通信技术的发展，订货方式由传统的人工下单、接单，演变为电脑直接接收订货资料的电子订货方式。订货方式主要有传统订货方式和电子订货方式两种。

1. 传统订货方式

传统订货方式所需的人工成本及其效率、正确性，随着订单的大量化、多元化及订货提前期的缩短而受到挑战，当配送中心每天订单数量非常多及订货品项非常复杂时，传统订货方式效率低、错误率高、时间和费用耗费较大的缺点就比较明显。传统订货方式主要有以下七种。

（1）厂商补货。供应商直接将货物放在车上，依次给各订货方送货，缺多少补多少。这种方式常用于周转率较快的货物或新上市货物。

（2）厂商巡货，隔日送货。供应商派巡货人员提前一天到各客户处巡查需要补充的货物，隔天再予以补货。这样厂商可利用巡货人员为店铺整理货架、贴标或提供经营管理意见等机会促销新产品或将自己的产品放在占优势的货架上。

（3）电话订货。订货人员以电话方式向厂商订货，但由于客户每天需订货的种类可能很多，数量也不尽相同，所以订单错误率较高。

（4）传真订货。客户将缺货资料整理成书面资料，利用传真机发给厂商。传真订货速度较快，但传送的资料常因内容不清楚而增加确认作业的难度。

(5)邮寄订单。客户将订货表单,或订货磁片、磁带邮寄给供应商。目前,这种方式的订货效率及品质已经不能满足市场的需求。

(6)业务员跑单。接单业务员先到各客户处推销产品,再将订单带回公司。

(7)客户上门自提。客户自行到供应商处看货、补货,此种方式多为传统杂货店采用。

2.电子订货方式

传统订货方式皆需人工输入、输出资料且经常性重复输入、输出资料,在输入、输出之间常出现误差,造成无谓的浪费。随着现代市场经济的发展,客户更趋于高频率订货,传统订货方式显然已无法满足客户需求,因而电子订货方式应运而生。

电子订货方式可较为理想地解决上述问题。电子订货方式是一种依靠计算机网络,借助计算机信息处理功能,代替传统人工书写、输入、传输的订货方式。它将订货信息转为计算机网络能识别的电子信息,并由通信网络传送,故又被称为电子订货系统(EOS,Electronic Order System)。电子订货方式能极大地提高仓库服务水平,及时、准确地反映当前库存情况,达到准确订货的目的。电子订货方式主要有三种。

(1)用订货簿或货架标签配合手持终端机及扫描器实现订货。订货人员携带订货簿及手持终端机巡视货架,若发现货物缺货就先用扫描器扫描订货簿或货架上的货物条形码标签,再输入订货数量,当所有订货资料都录入完毕后,利用数据机将订货信息传给供应商或总公司。

(2)用POS实现自动订货。POS可在货物库存档内设定安全存量,每当销售一笔货物时,电脑自动扣除该货物相应的库存。当库存低于安全存量时,便自动生成订单,经确认后通过通信网络传给总公司或供应商。显然,POS订货方式更便捷快速。

(3)订货应用系统。顾客利用具有一定格式的计算机信息系统的订单处理系统,通过计算机网络与供应商的系统进行对接,在约定的时间里将订货信息传送到供应商处订货。这种订货方式还可以根据相关的数据预测货物下一时间段的销售数量,以便及时准确地满足市场需求。

(二)订单确认

订单确认的主要内容有:需求品项、数量及日期;客户信用;订单号码;加工包装;订单价格;客户基本资料;客户档案等。

1.客户信用的确认

无论订单是由何种方式传至仓库的,仓库都要检查客户的财务状况,以确定客房是否有能力支付该订单的账款。通常的做法是检查客户的应收账款是否已超过其授信额度。一般采取以下两种途径来核查客户的信用状况。

(1)客户代号或客户名称输入。当输入客户代号或名称资料后,系统即检核客户的信用状况,若客户应收账款已超过其信用额度,系统将加以警示,以便输入人员决定是继续输入订货资料还是暂时给予锁定。

(2)订购货物资料输入。若客户此次的订购金额加上以前累计的应收账款超过信用额度,输入人员应将此订单资料锁定,以便主管审核。只有当订单审核通过后,订单资料才能进入下一个处理步骤。

原则上顾客的信用调查由销售部门负责,但有时销售部门往往为了获取订单并不太重视这项核查工作,因而有些公司授权其他部门(如运销部门)负责调查客户的信用问题。一旦发现客户的信用有问题,则将订单送回销售部门再调查或退回订单。

2.订单形态的确认

配送中心虽有整合传统批发商的功能以及有效率地处理物流信息的功能,但在面对较多的交易对象时,仍需根据顾客的不同需求采取不同做法。在接受订货业务上,订单具有多种交易形态,配送中心应对不同的客户采取不同的处理方式。

(1)一般交易订单。

①交易形态。

接单后按正常的作业程序拣货、发送、收款。

②处理方式。

接到订单,将资料输入订单处理系统,按正常的订单处理程序处理,之后进行拣货、出货、发送、收款等作业。

(2)现销式交易订单。

①交易形态。

与客户当场交易,直接给货。如业务员到客户处巡货、补货所得的交易订单或客户直接到配送中心取货的交易订单。

②处理方式。

订单资料输入后,因货物此时已交给客户,故订单资料不再参与拣货、出货、发送等作业,只需记录交易资料即可。

(3)合约式交易订单。

①交易形态。

与客户签订配送契约。如约定在某期间内定时配送某物品。

②处理方式。

在约定的送货日,将配送资料输入系统处理以便出货配送,或一开始便输入合约内容的订货资料并设定各批次送货时间,以便在约定日期系统自动产生所需的订单资料。

(4)间接交易订单。

①交易形态。

客户向配送中心订货,直接由供应商配送给客户。

②处理方式。

接单后,将客户的出货资料传给供应商代配。此方式须注意客户的送货单是自行制作还是委托供应商制作,应对出货资料加以核对确认。

(5)寄库式交易。

①交易形态。

客户因促销、降价等市场因素先行订购,之后视需要再进行出货。

②处理方式。

当客户要求配送寄库货物时,系统应检核客户是否确实有此项寄库货物。若有,则出货,否则应加以拒绝。这种方式须注意交易价格应依据客户当初订货时的单价计算,而不是依现价计算。

3. 订单价格的确认

不同的客户、不同的订购批量,可能对应不同的售价,因而在输入价格时应加以检查核验。若输入的价格不符,应锁定订单,以便主管审核。

4. 客户档案的建立

将客户状况详细记录,有助于进行有效的客户关系管理与服务跟踪,建立长期的业务联系。客户档案的内容一般包括:客户姓名、代号、等级形态;客户信用度;客户销售付款及折扣率的条件;开发或负责此客户的业务员;客户配送区域;客户收账地址;客户点配送路径顺序;客户点适合的车辆形态;客户点的卸货特性;客户配送要求;过期订单处理指示;等等。

(三)存货查询与存货分配

1. 存货查询

存货查询的目的是确认库存是否满足客户订货需求。存货资料一般是指货物名称、编号、库存量、有效存货等内容。输入人员在输入客户订货货物名称、代码时,应在系统中核查存货的相关资料,看此货物是否缺货,以便接单人员与客户协调是否改订替代品或采取推迟出货等权宜办法,提高人员的接单率及接单处理效率。

2. 存货分配

订单资料输入系统并确认无误后,最主要的处理作业是将大量的订货资料,进行有效汇总分类、调拨库存,以便后续的物流作业能有效进行。存货的分配可结合现代拣选技术进行,主要有两种形式。

(1)单一分配。此种情形多是在线即时分配,也就是在输入订单资料时,就将存货分配给该订单。

(2)批次分配。此种情形是指先累积汇总数笔已输入的订单资料,再一次性分配库存。配送中心若订单数量多、客户类型多,且每天固定配送次数,则通常采用批次分配形式,以确保库存实现最佳分配。进行批次分配时,须注意订单的分批原则,即批次的划分方法。根据作业内容的不同,各配送中心的分批原则也可能不同,

在选定参与分配的订单后,若订单中某货物的总出货量大于可分配的库存量,这时应设立相应的衡量指标来确定分货的先后顺序,以实现企业效益或企业利益最大化。存货优先分配的原则如下:具有特殊优先权者先分配;根据订单交易量或交易金额来取舍,对贡献大的订单作优先处理;根据客户信用状况,对信用较好的客户订单作优先处理;按客户等级来取舍,也即按照客户重要性程度来处理;综合评议客户优先级,按优先级的大小来分配。

(四)计算拣取的时间

订单处理人员要事先掌握不同订单或不同批次订单可能花费的拣取时间,以便有计划

地安排出货过程。

1. 计算拣取一单元货物的标准时间

计算拣取每一单元(一托盘、一纸箱、一件)货物的标准时间,并在电脑中记录下来,从而推算出其他标准时间。

2. 计算品项拣取时间

有了单元的拣取标准时间后,便可依每品项订购数量(多少单元),加上每个品项的寻找时间,计算出每个品项拣取的标准时间。

3. 计算整批订单拣取时间

根据每一张订单或每批订单的订货物项,计算出整张或整批订单的拣取时间。

(五)确定拣选及出货顺序

对于已分配存货的订单,仓库通常会依客户需求、拣取标准时间及内部工作负荷来安排出货时间及拣货先后顺序。

(六)处理分配后存货不足的情况

在货物分配过程中,现有存货数量无法满足客户需求,客户又不愿使用替代品时,仓库应按照客户意愿与仓库政策采取相应的处理方式。处理方式主要有如下几种。

1. 重新调拨

若客户不允许过期交货,而仓库也不愿失去此客户订单,则有必要重新调拨分配订单。

2. 补送

若客户允许不足额的订货可等待有货时再予以补送,且仓库政策也允许,则采用补送方式。若客户允许不足额的订货或整张订单留待下一次订单一起配送,则可采用补送方式。

3. 删除不足额订单

若客户允许不足额订单可等待有货时再予以补送,但仓库并不希望分批出货,则只能删除不足额的订单。若客户不允许过期交货,且仓库无法重新调拨货物,则可考虑删除不足额订单。

4. 延迟交货

延迟交货主要有以下两种情形。

(1)有时限延迟交货。即客户允许一段时间的过期交货,且希望所有订货一起配送。

(2)无时限延迟交货。即不论需要等多久,客户都允许过期交货,且希望所有订货一起送达。对于这种整张订单延后配送的情况,仓库应将顺延的订单记录成档。

5. 取消订单

若客户希望所有订货一起配送,且不允许过期交货,而仓库也无法重新调拨,则只能将整张订单取消。

(七)订单资料输出

订单信息经过处理后即可打印或输出出货单据,拣货人员凭相应的单据进行后续作业。订单资料输出主要有以下几种形式。

1. 拣货单(出货单)

拣货单的作用在于提供货物出库指示资料,以此作为拣货的依据。拣货单的形式应配合配送中心的拣货策略及拣货作业方式加以设计,以提供详细且有效率的拣货信息,便于拣货的进行。

此外,拣货单的打印应考虑货物货位,依据货位前后相关顺序打印,以减少人员重复往返取货,提高作业效率,同时拣货数量、单位也要详细确认标示。

2. 送货单

送货单是客户签收和确认出货资料的凭证,其正确性非常重要。在交货配送时,通常需附上送货单(或相应的装箱单),以便客户清点和签收。

3. 缺货资料

库存分配后,对于缺货的货物或缺货的订单资料,工作人员应利用系统的查询或报表打印功能进行处理。

(1)库存缺货货物。提供依货物类别或依供应商类别查询到的缺货货物资料,以提醒采购人员紧急采购。

(2)缺货订单。提供依客户类别或依业务员类别查询到的缺货订单资料,以便业务人员处理。

三、订单处理的关键因素及改善方法

1. 订单处理的关键因素

在订单处理过程中,主要涉及以下几个关键因素。

(1)时间。订单处理过程的时间耗费,对配送中心来说是订单处理周期,而客户则将其定义为订货提前期。在保证订单处理正确无误的前提下努力减少时间耗费,是争取更多订单的基础。如果配送中心能够将尽量少的时间花费在作业上,减少客户的订货提前期,则可使客户节约大量的进货成本和库存成本,从而增加效益,效益的增加将使客户信赖并更多地采用配送服务的形式,这有助于提高配送中心的经营效益和市场竞争力。

(2)供货的准确性。供货准确性要求配送中心按照客户订单的内容提供准确品种、数量和质量的货物,并送到正确的交货地点。当需要延期供货或分批送货时,配送中心应与客户充分协调和沟通,征得客户的同意。

(3)成本。订单处理的成本包括配送中心设置的地点和数量、运输批量和运输路线的调控等。配送成本对配送中心和客户都很重要,它直接影响双方的经济利益。配送中心要选择适当的出货地点和合理的运输批量和路线,以保证客户的配送成本较低而又能兼顾配送中心的利润。

(4)信息。通过完善的信息系统,配送中心向客户以及企业内部的生产、销售、财务及仓储运输等部门提供准确、完备、快速的信息服务。

2. 订单处理的改善方法——网络图改善法

网络图改善法的步骤如下。

(1)调查公司当前的订单处理流程,绘制流程图。

(2)调查现有订单处理流程中各步骤的时间耗费。

(3)绘制订单配送过程的网络结构图。

(4)利用流程改善原则和订单处理过程。流程改善经常遵循的一些原则包括并行处理、分批处理、交叉处理、删除不增值工序、减少等待、在瓶颈处添加额外资源等。

任务三　拣选计划与实施

一、拣货方式

拣货作业可分为订单拣取、批量拣取和复合拣取三种方式。

(一)订单拣取

订单拣取是针对每一份订单,作业员巡回于仓库内,按照订单所列货物和数量,先将客户所订购的货物逐一从储位或其他作业区中取出,然后集中在一起的拣货方式。订单拣取又称为"摘果式"拣取。其具体的拣货作业原理如图 5-2 所示。

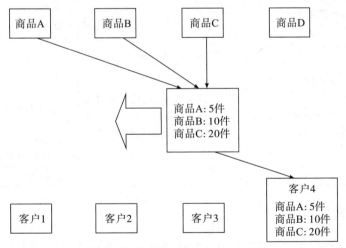

图 5-2　"摘果式"拣货作业原理

(二)批量拣取

批量拣取是将多张订单集合成一批,先按照货物种类汇总,再进行拣货,依据不同客户或不同订单分类集中的拣货方式。批量拣取又称为"播种式"拣取或"分货式"拣取。其具体的拣货作业原理如图5-3所示。

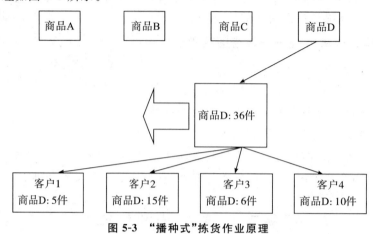

图5-3 "播种式"拣货作业原理

(三)复合拣取

复合拣取是将按订单拣取和批量拣取结合起来的拣货方式,即根据订单的品种、数量及出库频率,先确定哪些订单适用于订单拣取,哪些适用于批量拣取,然后分别采取不同的拣货方式。

各种拣货方式的特点及适用范围如表5-1所示。

表5-1 各种拣货方式的特点及适用范围比较表

拣货方式	优点	缺点	适用范围
摘果式拣取	1.作业简单 2.作业前置时间短 3.作业人员分工明确 4.导入容易,作业弹性大	1.货物品项多时,拣货行走路径长,效率低 2.拣货区域大时,搬运系统设计难度大 3.少量多批次拣选时,效率低	1.用户波动大 2.用户之间共同需求差异大 3.用户需求种类较多,不便于统计和共同取货 4.用户配送时间要求不一致
播种式拣取	1.扩大拣货规模,降低拣货成本 2.可以缩短拣货时的行走时间,提高效率 3.节约人力	1.对加急订单无法及时处理 2.积累订单数量,延长停滞时间 3.增加分货作业 4.必须全部作业完成后才能发货	1.用户稳定,数量较多 2.用户之间共同需求大 3.用户需求种类较少,便于统计和共同取货 4.用户的配送时间没有明确要求 5.专业性强的配送中心
复合拣取	/	/	订单较为密集的场合

二、拣货方式的确定

在规划设计分拣作业之前,必须先对分拣作业的基本模式有所认识。分拣作业最简单的分拣方式有按单分拣和批量分拣两种。

(一)按出货物品项的多少及货物周转率的高低确定分拣作业方式

配合EIQ的分析结果(表5-2),按当日EN值(货物品项数)及IK值(货物重复订购频率)的分布判断货物品项的多少和货物周转率的高低,确定不同作业方式的区间。

其原理是:EN 值越大表示一张订单所订购的货物品项越多。货物的种类越多越杂,批量分拣的分类作业越复杂,按单分拣较好。相反,IK 值越大,表示某品项货物的重复订购频率越高,货物的周转率越高,此时采用批量分拣可以大幅度提高分拣效率。

表 5-2　拣货方式选定对照表

货物重复订购频率(IK 值) 货物品项数(EN 值)	高	中	低
多	S+B	S	S
中	B	B	S
少	B	B	S+B

注:S 表示按单分拣;B 表示批量分拣。

(二)按拣货策略运用组合表确定分拣作业方式

表 5-3 中第一项为每日的订单数,主要考虑的因素为重复行走所花费的时间;第二项为一天订单的货物品项数,考虑的是寻找货物货位的时间;第三项为一张订单中每一品项货物的数量,考虑的是分拣货物所用的时间;第四项为每一品项货物一天的订单数,考虑的是同一品项货物重复分拣所花费的时间。采用何种方式分拣,主要看分拣方式的效率,也就是何种分拣方式所耗费的总时间最短,且可避免不必要的重复行走时间。

表 5-3　订单要素影响下的拣选策略运用组合表

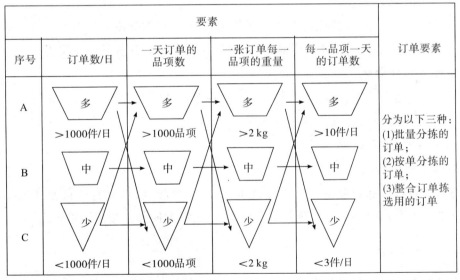

表 5-3 中从左至右可以有多种组合形式,如 A—C—C—A,表示的是每日的订单很多,而订单的品项却很少,且一张订单的每一品项也很少,但不断地被重复订购。因此,可将每一品项数加总合计,采取批量分拣方式,以减少重复行走分拣同一品项所耗费的时间。但也要考虑分拣完后分类集中作业的效率问题。在 C—A—A—C 形式中,每天的订单很少,但一天订单的货物品项很多且不重复,每一张订单的货物品项很少,此时适合采用单个订单方式分拣。

总的来说,按单分拣弹性较大,临时性的产能调整较容易,它适用于订单品项差异较大、订单数量变化频繁及订单有季节性变化的货物配送中心。批量分拣通常采用系统化、自动化设备,较难调整拣选能力,适用于订单量大且稳定、变化小的配送中心。

三、拣货策略

拣货策略的选择是影响拣货作业效率的重要因素,拣选人员应了解拣货策略的影响因素,对不同的订单需求采取不同的拣货策略。决定拣货策略的四个主要因素是:分区、订单分割、订单分批和分类。

(一)分区

所谓分区作业就是将拣货作业场地划分区域,由相应的拣选员负责区域内的货物。按分区原则的不同,有以下五种分区方法。

1.按货物特性分区

按货物特性分区就是根据货物原有的性质,对需要特别储存搬运或分离搬运的货物进行区分,以保证货物的品质在储存期间保持完好。

2.按储存单位分区

在按货物特性分区后,将相同储存单位的货物集中起来,即按储存单位分区。

3.按拣货方式分区

在不同的拣货单位中,按拣货方式及设备的不同,又可划分出若干分区。仓库通常按货物出库量、各品类货物的拣选次数及拣选特征等,决定合适的拣货设备及拣货方式。

4.按作业场地分区

在相同的拣货方式下,将拣货作业场地细分成不同的区域,由一个或一组固定的拣货人员负责拣取区域内的货物。这一策略的优点在于减少了拣货人员所需记忆的存货位置及移动距离,缩短了拣货时间。

5.按拣货单位分区

将拣货作业区按拣货单位划分为托盘货区、箱装拣货区、单品拣货区及冷冻品拣货区等。分区的目的是使储存单位与拣货单位分类统一,以方便分拣与搬运单元化。

(二)订单分割

订单分割是指将订单切分成若干子订单,交由不同的拣货人员同时进行拣货作业的拣货策略,采用此种策略可以提高拣货速度。通常订单分割与分区联合运用更能发挥效用。

(三)订单分批

订单分批是指为了提高拣货作业效率而把多张订单集合成一批,进行批次拣选作业。如果先将每批次订单中的同一货物种类汇总拣取,然后把货物分类至每一顾客订单,则形成批量拣取,这样不仅缩短了拣取时平均行走搬运的距离,也减少了重复寻找储位的时间,从而提高了拣货效率。订单分批方式主要有以下四种。

1. 总量分批

总量分批是指将拣货作业前所有累积的订单中的货物先按品项合计总量,再按总量进行拣取。这种拣取方式的优点是一次性拣出货物总量,从而使平均拣货距离最短;缺点是仓库要有较强的分类系统支持,订单量不宜过多。

2. 时窗分批

当接到客户紧急订单时,仓库可利用时窗分批策略,开启短暂而固定的时窗,如5~10分钟,将时窗中所有的订单集中作为一批,进行批量拣取。这一拣取方式常与分区及订单分割联合运用,特别适用于密集频繁的订单,或者紧急插单。

3. 固定订单量分批

固定订单量分批按先到先出的基本原则,当订单累积达到设定的数量时,开始进行拣货作业。这种方式偏重于维持较稳定的作业效率,但在处理速度上慢于时窗分批方式。这种方式的优点是可以维持稳定的拣货效率,使自动化的拣货、分类设备发挥最大的功效。缺点是当订单总量变化太大时,分类作业会不经济。

4. 智慧型分批

智慧型分批方式需要借助计算机系统进行处理。在计算机系统处理后,拣取路径相近的订单被分成一批。采用这种分批方式的配送中心通常将前一天的订单汇总,经过计算机处理在当天产生拣货单据,拣货速度较快。

仓库要做到智慧型分批,最重要的就是将货物储存位置和货位编码相配合,在输入货物编号后可凭借编号找到货物储存位置,根据拣选作业路径的特性,进行订单分批。

(四)分类

当采用批量拣货作业方式时,仓库在拣货完毕后还必须进行分类作业。分类策略主要有拣取时分类和拣取后集中分类两种。

1. 拣取时分类

在拣取的同时将货物按各订单分类,这种分类方式常与固定订单量分批或智慧型分批结合使用。因此,仓库需使用计算机辅助台车作为拣货设备,以加快分拣速度,同时避免错误发生。这种分类方式较适用于订单货物少量多样的场合,且由于拣选台车不能太大,所以每批次的客户订单量不宜过大。

2. 拣取后集中分类

拣取后集中分类一般有两种方式:一是以人工作业为主,将所有货物搬运到空地上进行分发,而每批次的订单量及货物数量不宜过大,以免超出人力负荷;二是利用分类输送机系统进行集中分类,这属于自动化的作业方式。当订单分割越细,分批批量品项越多时,越适合使用后一种方式。

四、拣货策略的运用

拣选策略包括分区、订单分割、订单分批、分类,这四者之间存在相互关系,仓库在进行拣选作业整体规划时,必须按照一定的作业顺序,将复杂程度降低到最低。

图 5-4 是拣选策略运用的组合图,从左至右表示拣选系统规划时所考虑的一般次序,箭头表示可以相互配合的策略方式,任何一条由左至右的组合链都表示一种可行的拣选策略。

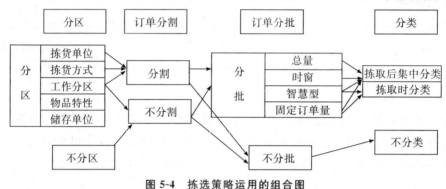

图 5-4　拣选策略运用的组合图

(一)分区的考虑

拣选作业流程优化过程中的分区优化设计,除前面介绍的拣选分区外,还必须考虑储存分区的部分。因此,在设计拣选分区之前,只有先对储存分区进行了解、规划,才能使系统整体配合完善。

1. 按货物特性分区

在拣选单位的确定过程中,货物已按特性完成分区,接下来要做的就是根据不同的分组特性设计储存区域,该过程的原则是尽量使用共同设备,目的是降低设备操作成本。

2. 按储存单位分区

同一货物可能因储存单位不同而分别储存在两个以上的区域,货物储存单位已在拣选前决定,因此只需将按特性分区后具有相同储存单位的货物集中,便可形成储存单位分区。

3. 按拣选单位分区

在同一储存单位分区内,有时也可按拣选单位的差异再进行分区设计,如 AS/RS 自动仓储系统及托盘货架都是以托盘为储存单位,AS/RS 自动仓储系统又以托盘为取出单位,而托盘货架则以箱作为拣选单位。因此,在分区设计时还必须考虑拣选方式。如果按单拣选,则拣选分区可完全按拣选单位的结果进行。若按批量分拣,则拣选单位必须依订单分批后合计量的结果进行修正。

4. 按拣选方式分区

拣选方式除有批量拣货和按单拣货的分别外,还包括搬运、分拣及其设备等差异,若想在同一拣选单位分区之内采取不同的拣选方式或设备,就必须考虑拣选方式分区。通常在拣选方式分区中,要考虑的重要因素是货物被订购的概率及订购量。被订购的概率和订购量越高,拣选方式越具有时效性。

5. 工作分区

先定出工作分区的组合并预计拣货能力,再计算出所需的工作分区数。工作分区数一般等于总拣选能力需求除以单一工作分区预估分拣能力。

(二)订单分割策略

订单分割策略视分区策略而定,一般订单分割策略主要是配合拣选分区的结果,因此在拣选单位分区、拣选方法分区及工作分区完成之后,再决定订单分割的范围。订单分割可以在原始订单上作分割设计,也可以在订单接受之后作分割处理。

(三)订单分批策略

在批量分拣作业方式中,订单分批的原则和批量是影响分拣效率的主要因素。仓库应根据配送客户数、订货类型及需求频率三项条件,选择合适的订单分批方式。

(四)分类方式的确定

采取批量拣货方式时,其后必须有分类作业与之相配合,而且不同的订单分批方式的分类作业的方式也有所不同,也就是说,决定分类方式的主要因素是订单分批的方式。不采取批量拣货的作业方式就不需要进行分类作业。

分类方式可分为分拣后集中分类(SAP)和分拣时分类(SWP)两种。分拣后集中分类可以由分类输送机完成或在空地上以人工方式完成。分拣时分类一般由计算机辅助拣选台车来进行,这种分类方式较适合与固定订单量分批方式及智慧型分批方式配合使用。

任务四 出库复核

一、复核

为防止出现差错,备货后应立即进行复核。出库的复核形式主要有专职复核、交叉复核和环环复核 3 种。除此之外,在发货作业的各个环节中都贯穿着复核工作。例如,理货员核对单货、门卫凭票放行、财务员核对账单等。这些分散的复核形式,起到分头把关的作用,都有助于提高仓库发货业务的工作质量。

(一)出库复核制度要点

出库复核制度要点有:依据和作用;复核要求;工作方法;差错管理要求;考核与奖惩。

(二)出库复核业务处理的内容

复核员在进行货物出库复核时,应注意对配送地点、货物名称、型号、规格、批号、有效

期、生产厂商、数量、销售日期、质量状况等内容进行复核。

复核时,如发现以下问题应停止配送,并报有关部门处理:货物包装内有异常响动和液体渗漏;外包装出现破损、封口不牢、衬垫不实、封条严重损坏等现象;包装标识模糊不清或脱落;货物已超出有效期。

对停止配送的货物,属于货物质量问题的应及时报质量管理部门处理,属于货物包装和破损等问题的应及时报有关业务部门处理。

复核后,应及时填写复核记录表。复核记录内容应包括配送地点、货物名称、型号、规格、批号、有效期、生产厂商、数量、销售日期、质量状况和复核人员等项目。

复核记录表应保存至超过货物有效期一年且不得少于三年。

对于保管员发货的工作差错应及时作出记录。

装箱时应尽量将属性相同或相近的货物放在同一个运输箱内,而将性质冲突的货物分开装箱,有挥发性的货物应单独装箱。

对特殊货物的出库复核,必须根据规定,实行双人复核点交制度。

二、点交

出库货物经复核后,要向提货人员点交,同时应将出库货物及随行证件逐笔与提货人员当面核对。在点交过程中,对于某些重要货物的技术要求、使用方法、注意事项,保管员应主动向提货人员交代清楚,做好技术咨询服务工作。货物移交清楚后,提货人员应在出库凭证上签名。货物点交后,保管员应在出库凭证上填写"实发数""发货日期""提货单位"等内容并签名,将出库凭证有关联次同有关证件即时送交货主,以便办理有关款项结算。

任务五　装载与发运

一、装载

装载上车是指车辆的配载。根据不同配送要求,在选择合适车辆的基础上对车辆进行配载可达到提高车辆利用率的目的。

由于货物品种、特性各异,为提高送货效率,确保货物质量,首先必须对特性差异大的货物进行分类,并分别确定不同的运送方式和运输工具。特别要注意散发异味的货物不能与具有吸收性的货物混装,散发粉尘的货物不能与清洁货物混装,渗水货物不能与易受潮货物一同存放。另外,为了减少或避免差错,仓库还应尽量把外观相近、容易混淆的货物分开装载。

仓库必须预先确定哪些货物可配于同一辆车、哪些货物不能配于同一辆车,以做好车辆的初步配载工作。送货部门既要按订单要求在送货计划中明确运送顺序,又要安排理货人员将各种所需的、不能混装的货物进行分类,同时还应按订单内容标明到达地点、客户名称、运送时间、货物明细等,按流向、流量、距离等将各类货物进行车辆配载。

在具体装车时,装车顺序或运送批次的先后,一般按客户要求的时间先后确定,但对同一车辆运送的货物装车则要依"后送先装"的顺序。有时在考虑有效利用车辆空间的同时,还要根据货物的特性(怕震、怕压、怕撞、怕湿)、形状、体积及重量等作出调整,如轻货应放在重货上面,包装强度差的货物应放在包装强度大的货物上面,易滚动的卷状、桶状货物要垂直摆放等。另外,应按照货物的性质、形状、重量、体积等来决定货物的具体装载方法。

二、发运

发运是指根据送货计划所确定的最优路线,在规定的时间及时准确地将货物送到客户手中。在运送过程中,要注意加强运输车辆的考核与管理。发运是配送的主要过程。

任务六　补货作业

一、补货的含义

补货是指配送中心在库存低于设定的最低库存标准的时候,向供应商发出订货信息,将货物从仓库保管区搬运到拣货区的作业过程,从而保证货物不断货,以降低缺货率。补货作业的目的是确保货物能保质、保量、按时送到指定的拣货区,以满足拣选的需求。

二、补货的流程

补货的流程如图 5-5 所示。

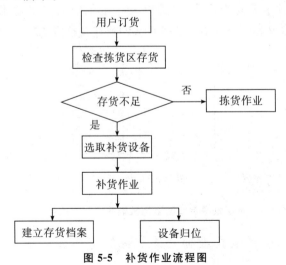

图 5-5　补货作业流程图

三、补货的方式

补货为拣货提供货源,拣货作业的效率与补货作业密切相关。按照补货时货物移动的特性,补货方式可分为整箱补货、整托补货和货架补货三种。

(一)整箱补货

整箱补货是指由货架保管区补货到流运货架拣选区。这种补货方式的保管区为料架储放区,动管分拣区为两面开效式的流动分拣区。分拣员在分拣之后把货物放入输送机并运到发货区,当动管区的存货低于设定标准时,进行补货作业。整箱补货方式由作业员到货架保管区取货箱,用手推车载箱至拣货区。整箱补货方式较适用于体积小且少量多品项出货的货物。整箱补货流程如图5-6所示。

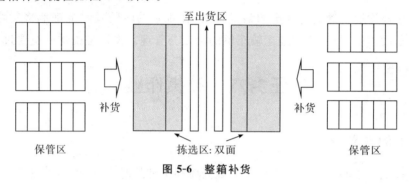

图5-6 整箱补货

(二)地板堆叠保管区至地板堆叠拣货区的整托盘补货

在这种补货方式中,保管区是以托盘为单位的地板平置堆叠存放区,动管区也是以托盘为单位的地板平置堆叠存放区,不同之处在于保管区的面积较大,存放货物量较多,而动管区的面积较小,存放货物量较少。拣取时,拣货员于拣取区拣取托盘上的货箱并放至中央输送机出货,或者使用叉车将整个托盘送至出货区(拣货区)。这种补货方式适用于体积大或出货量多的货物。地板堆叠保管区补货至地板堆叠拣货区的整托盘补货流程如图5-7所示。

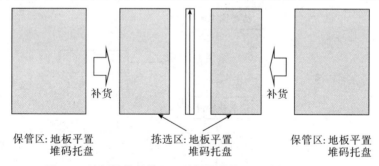

图5-7 地板堆叠保管区至地板堆叠拣货区的整托盘补货

(三)地板堆叠保管区至托盘货架拣货区的整托盘补货

在这种补货方式中,保管区是以托盘为单位的地板平置堆叠存放区,动管区则为托盘货架存放区。这种补货方式为作业员使用叉车或堆高机从地板平置堆叠的保管区搬运托盘,送至动管区托盘货架上暂时存放,以备拣选。这种补货方式较适用于体积中等或中量(以箱为单位)出货的货物。地板堆叠保管区至托盘货架拣货区的整托盘补货流程如图5-8所示。

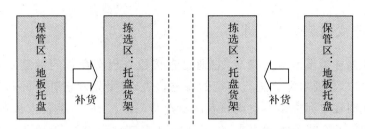

图 5-8　地板堆叠保管区至托盘货架拣货区的整托盘补货

（四）货架上层向货架下层的补货

这种补货方式为利用叉车或堆高机将上层保管区的货物搬至下层拣货区。这种补货方式适用于体积不大，每种品项存货量不高，且出货多属中小量的货物。

四、补货的时机

补货作业是否发生应视动管拣货区的货量是否满足需求而定，因此需要合理确定检查动管区存量的时间，以避免拣货中途发觉动管区的货量不足而临时补货，影响整体出货效率。通常有批次补货、定时补货和随机补货三种方式。

（一）批次补货

在每天或每一批次拣取前，先由计算机计算所需货物总拣取量，再对应检查动管拣货区的货物量，如不能满足拣选需求，则在拣选开始前补足货物。这种"一次补足"的补货方式，较适用于一日内作业量变化不大，紧急插单不多的情况。

（二）定时补货

将每天划分为若干个时段，补货人员于时段内检查动管拣货区货架上的货物存量，若不足则马上对货架进行补货。这种补货方式较适用于分批拣货时间固定，且紧急处理时间也固定的情况。

（三）随机补货

随机补货是指定专人进行补货，补货人员随时巡查动管拣货区的货物存量，有不足随时补货。这种"不定时补足"的补货方式，较适用于每批次拣取量不大，紧急插单多以至于一日内作业量不易事前掌握的情况。

五、补货技术的应用

补货技术的应用关系拣货作业的效率与质量，配送中心常用的补货技术主要有人工视觉检测补货技术、双箱补货系统技术、配送需求计划（DRP）系统技术、定期检测补货系统技术四种，这些技术各有特点，既能在补充存货中单独使用，也可以结合起来使用。配送中心要根据具体情况选择相应的补货技术，以达到良好的效果。

（一）人工视觉检测补货技术

人工视觉检测补货技术较为简单，它通过直接检查现有存货的数量来决定是否补货。仓库采用这种方法，只要对存货进行定期的视觉检查，并事先确定补货的规则，就可以进行补货。如补货规则规定存货箱半空或只有两盘存货时就应补货，巡视人员在定期检查中首先将符合补货规则的存货种类找出来，然后填制补充订货购置单，交给采购部门审核采购。一般来讲，对数量小、价格低、前置期短的物品，使用人工视觉检测补货系统较好，其成本低、存货记录准确。但这种技术也存在不足，即没有办法确保物品得到适当的定期检测，不能及时反映由当前供给、需求和前置期的变化造成的过度库存或缺货，反应比较迟钝。

（二）双箱补货系统技术

双箱补货系统是一种固定数量的补货系统。存货放到两个箱子（或其他形式的容器）里，其中一个放在分拣区，另一个放到库房存储区保存起来。当分拣区的箱子空了，库存区的箱子就被提到分拣区来满足拣选需求。空箱子起到了补货的驱动器的作用，每箱所要求的数量是在等待补货到达期间服务于需求所必需的最小库存。当新采购的物品到达后，先放进箱子，存到存储区，等到分拣区的箱子空了，再移到分拣区，这样循环往复。这种补货技术处理简便，但是不能及时地对市场的变化作出反应。

（三）配送需求计划（DRP）系统技术

DRP系统是计算机化的管理工具，它以优先序列、时间阶段的方法，通过接触顾客并预测需求来对存货进行规划。这种技术也被称为时间阶段订购法。DRP系统能及时地将供给与预期需求相匹配，以此决定订购行为。当需求超过供给的时候，系统会提醒规划者根据预先确定的批量规模订购产品，并在预期发生缺货的时候保证供应。此外，DRP系统在运行过程中，将不断重新调整供给与需求的关系，为订购者提出一套新的需求订购方案。

（四）定期检测补货系统技术

在定期检测补货系统中，每一种物品都有一个固定的检测周期，在检测结束时作出物品补货订购决策。只要能够满足物品需求，检测周期可以按天、周、月或季度来确定。这种系统也叫作同定周期/可变订购量系统。使用这种系统的优势在于不需要连续做存货记录，成本也不高。此外，定期检测补货系统还可保持人工操作，不必使用计算机，适用于一些总数巨大、种类繁多的存货。

六、补货员的职责

为了保证作业正常进行，配送中心应设补货员岗位。

（一）补货员的职责范围

补货员的职责范围是：根据作业经验或者相关的统计技术与方法，或由计算机系统辅助确定库存水平和订货量,在库存低于限定库存水平时发出存货再订购指令,以确保存货中的每种货物都在目标服务水平下处于最优存货水平。

(二)补货员岗位操作流程

为了科学地把握配送中心补货计划,补货员首先要确定现有存货水平,其次要确定订购点,再次要确定订购数量,最后进行采购、补货。操作流程如图5-9所示。

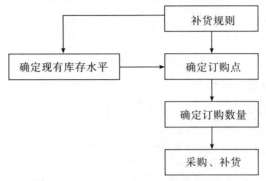

图5-9 补货员岗位操作流程示意图

任务七 退货处理

在物流活动中,退货或换货应尽可能地避免增加相应的成本、减少企业利润。

一、退货的原因

(一)有质量问题

对于不符合质量要求的货物,接收方提出退货要求,仓库将给予退换。仓库快速地配合,可使损害减轻,增进与厂商及客户间的关系。

(二)搬运途中损坏

在搬运过程中物品发生破损或包装污染,仓库将退回。

(三)货物送错

送达的货物不是订单所要求的货物,如货物条码、品项、规格、重量、数量与订单不符,客户要求换货或退回。这时必须立即处理,以减少客户抱怨。

(四)货物过期

有保质期的货物在送达接收单位时超过货物的有效保质期限,仓库应予以退换。

二、退货处理的方法

(一)无条件重新发货

对于因仓库按订单发货而发生错误的,应由仓库更新调整发货方案,将错发货物调回,重新按正确订单发货,中间产生的所有费用应由发货人承担。

(二)运输单位赔偿

对于在运输途中物品受到损坏而发生退货的,根据退货情况,由仓库确定所需的修理费用或赔偿金额,由运输单位负责赔偿。

(三)收取费用,重新发货

对于因客户订货有误而发生退货的,退货所有费用由客户承担,在退货后,仓库根据客户新的订单重新发货。

(四)重新发货或替代

对于因物品有缺陷而发生客户要求退货的情况,仓储方接到退货指示后,作业人员应安排车辆收回退货,将退货集中到仓库退货处理区进行处理。一旦物品回收活动结束,生产厂家及其销售部门就应立即采取行动,用没有缺陷的同一种产品或替代品更新有缺陷的产品。

退货涉及各方面的关系,如制造商与采购商、采购商与仓库经营者、仓库经营者与承运人、承运人与经销商、经销商与客户、客户与制造商等。妥善处理退货,每个环节都要检验,一环扣一环,只有环环都负责,环环才能都满意。只有这样才能使相关方面维持良好关系。

项目小结

货物出库是仓储作业管理的最后一个环节,做好出库作业对改善仓储经营管理、降低作业费用、提高服务质量有重要的作用。

本章主要介绍货物出库的要求与形式以及出库操作的一般程序,学生要在掌握货物出库要求的基础上理解货物出库的原则,掌握出库作业的操作技能。

同步练习

一、判断题

1. 货物出库业务,也叫发货业务。它是仓库根据业务部门或存货单位开具的出库凭证,经过审核出库凭证、备料、拣货、分货等业务直到把货物点交给要货单位或发运部门的一系列作业过程。( )

2. 转仓是通过转账,变动货物所有者户头,而仓库货物保持不动的一种发货方式。( )

项目五　出库作业管理

3.过户是指某些货物由于业务上的需要或保管条件的要求,必须从甲库转移到乙库储存的一种发货方式。（　　）

4.取样是货主单位出于对货物质量检验、样品陈列等需要到仓库提取货样。一般都要开箱、拆包、分割。（　　）

5.凡在证件审核中,发现有货物名称、规格、型号不对的,印鉴不齐全的,数量有涂改的,手续不符合要求的,根据客户关系情况,可经酌情处理后进行出库作业。（　　）

6.出库作业就是依据客户的订货要求或仓储配送中心的送货计划,尽可能迅速地将货物从其储存的位置或其他区域拣取出来的作业过程。（　　）

7.移库信息来源于客户的订单,是进行拣货作业的依据。（　　）

8.拣货单是企业采用计算机进行库存管理时,将客户订单原始信息输入计算机,经过信息处理后,生成并打印出来的拣货单据。（　　）

9.分拣就是根据客户订单、出库凭证等单据,把不同种类、数量的货物集中在一起分门别类堆放作业。（　　）

10.在储存的货物不易移动,或者每一个客户需要的货物品种较多,而每种货物的数量较小时,可采用播种拣选作业方式。（　　）

二、单项选择题

1.货主为了方便业务开展或改变储存条件,需要将某批库存货物自某仓储企业的甲仓库转移到该企业的乙仓库,这种发货形式是(　　)。

　　A.送货　　　　B.过户　　　　C.自提　　　　D.转仓

2.将存储或拣货区划分成几个区域,一张订单由各区人员采取前后接力方式共同完成的拣选方式是(　　)。

　　A.单人拣选　　B.分区接力拣选　　C.批量拣选　　D.分区汇总拣选

3.(　　)是一种计算机辅助的无纸化拣货系统,其原理是在每一个货位安装数字显示器,利用计算机进行控制与信息传输,拣货人员按货架上显示的数字进行拣选。

　　A.RF拣选系统　　　　　　　　B.电子标签辅助拣选系统
　　C.RFID拣选系统　　　　　　　D.自动拣选系统

4.若配送客户数量较多且较为稳定,订货类型差异小,订货数量大,需求频率具有周期性,则可采用的订单分批方式是(　　)。

　　A.固定订单量分批　　B.时窗分批　　C.智慧型分批　　D.总量分批

5.订单品种较单一,批量大,可以进行(　　)。

　　A.定时分拣　　B.定量分拣　　C.批量分拣　　D.订单分拣

6.拣货作业可以最简单地划分为订单拣取、(　　)及复合拣取三种方式。

　　A.摘果式拣取　　B.播种式拣取　　C.单件分拣　　D.批量分拣

7.如果客户所需货物需要特殊的配送车辆(低温车、冷冻车、冷藏车)或客户所在地需特殊类型车辆,可汇总合并处理的批量拣选方式是(　　)。

　　A.按配送区域/路径分批　　　　B.按拣选单位分批

173

C. 按流通加工需求分批　　　　　　　D. 按车辆需求分批

8. 适用于订单拣选方式的情况是(　　)。

A. 需求种类不多　　　　　　　　　　B. 客户稳定且客户数量较多

C. 品种共性要求较高　　　　　　　　D. 配送时间要求不严格

9. "五检查"即对单据和实物要进行(　　)、规格检查、包装检查、件数检查、重量检查。

A. 品名检查　　　B. 形状检查　　　C. 数量检查　　　D. 单位检查

10. 订单分批按(　　)的基本原则,当累计订单数达到设定的固定量后,再开始进行拣货作业。

A. 不同　　　　　B. 不分先后　　　C. 先进先出　　　D. 后进先出

11. 补货作业是将货物从(　　)搬到拣货区的工作。

A. 月台　　　　　B. 仓库　　　　　C. 仓库保管区域　D. 暂存区

12. 适用于体积不大、每品项存货量不高,且出货多属中小量的货物的补货方式是(　　)。

A. 由货架保管区补货至流动货架的拣选区

B. 由地板堆叠保管区补货至地板堆叠拣选区

C. 由地板堆叠保管区补货至货架拣选区

D. 由货架上层向货架下层补货

三、多项选择题

1. 拣货作业包括(　　)。

A. 行走或搬运　　B. 分类与集中　　C. 拣货　　　　　D. 拣货资料处理

2. 拣货作业的基本方式有(　　)。

A. 按订单拣取　　B. 批量拣取　　　C. 复合拣取　　　D. 订单分批拣取

3. 影响拣货路径选择的因素包括(　　)。

A. 拣货区域布局　B. 订单批量　　　C. 拣货方式及策略 D. 货物种类

4. 以下选项中,属于"五检查"内容的有(　　)。

A. 品名检查　　　B. 规格检查　　　C. 数量检查　　　D. 单位检查

5. 主要的补货方式有(　　)

A. 由地板堆叠保管区补至货架拣选区

B. 货架上层向货架下层的补货

C. 由地板堆叠保管区补货至地板堆叠拣选区

D. 由货架保管区补货至流动货架拣选区

6. 常见的补货时间为(　　)。

A. 随时补货　　　B. 定时补货　　　C. 批次补货　　　D. 定量补货

四、简答题

1. 简述出库的基本作业方式有哪些。

2. 简述出库作业流程包括哪些环节的内容。

3. 简述货物出库的要求。

4. 简述常用的拣选方法有哪些,各自的特点是什么。

5. 简述配货作业的主要形式。

任务实训

仓储出库作业方案设计与实施

一、实训目的

根据订单分别用两种拣选方式进行作业,对比不同类型订单下的作业效率,在此基础上学会选择合适的拣货方式,并完成相应的拣货任务。具体目标如下。

(一)知识目标

1. 了解拣选作业在配送中的作用。

拣选是配送的基本作业环节。它是完善送货、支持送货的准备性工作,是不同配送企业在送货时进行竞争和提高经济效益的必要工作。

2. 掌握拣选作业方式。

拣选作业可分为订单拣取、批量拣取及复合拣取三种方式。

订单拣取,每次只针对一份订单来拣取。订单拣取的处理弹性比较大,临时性的生产能力调整较为容易。它适用于订单差异较大、订单数量变化频繁、季节性强的货物配送。

批量拣取是先将多张订单累积成一批,将同种货物数量进行汇总,再进行拣取处理。批量拣取方式通常在实现作业系统化、自动化,作业速度快的情况下采用,适用于订单变化较小、订单数量稳定的配送中心和外形较规则、固定的货物的拣取,如箱装、袋装的货物。此外,需进行流通加工的货物也适合先批量拣取,再批量进行加工和分类配送。

复合拣取是为克服订单拣取和批量拣取方式的缺点,将订单拣取和批量拣取组合起来的拣取方式。仓库应根据订单的货物品种、数量及出库频率,确定哪些适合订单拣取,哪些适合批量拣取,采取不同的拣取方式。

(二)技能目标

1. 能够识别拣选信息的资料;

2. 能合理运用拣选方法(电子标签、人工播种及摘果作业)

3. 能够自行判定快捷的拣选路径;

4. 能够合理使用拣选和搬运工具;

5. 能够自行分辨不同库区货架货位编制规律;

6. 能够准确判定拣选库区货位,快速计算出拣选数量;

7. 能够在拣选过程中实现零货损、零失误,提高工作效率;

8. 能熟练进行月台理货;

9. 能够独自完成拣选任务,分析问题、解决问题。

二、实训内容

1. 按单拣选作业。

2. 批量拣选作业。

三、实训时间、场地、形式及要求

1. 实训学时建议:4~6学时。

2. 场地:物流一体化实训中心,要求有相应的设备——计算机及 WMS、RF 设备、货架(含电子标签货架及托盘货架),相应的货物,并设有相应拣货功能区。

3. 形式:实训采取小组的形式进行,每4人一组。

4. 要求:利用信息系统与 RF 配合完成。

四、实训情景

现配送中心接到3个客户的订单,具体情况如下列订单所示。

订单一

接单处理号	2022002001		订单号	20220528001	
公司名称	合肥××超市				
公司地址	合肥市金寨路××号				
电话	0551-6578××××(总机)				
传真	0551-6578××××				
E-mail			订单日期	2022年5月28日	
负责人的联系信息					
姓名	××		地址	合肥市金寨路××号	
电话	0551-6578××××		传真	0551-6578××××	
手机号码	1352630××××		E-mail		
订货要求					
序号	货物编码	货物名称	规格型号	需求数量	单位	单价(元)	交货日期
1	85667	婴儿纸尿裤	1×10包	5	箱	100	2022年9月30日
2	85668	可乐年糕	1×10包	4	箱	100	2022年9月30日
3	95666	可口可乐	300ml	2	瓶	50	2022年9月30日
4	95667	零度可口可乐	300ml	3	瓶	50	2022年9月30日
5	95668	芬达橙味汽水	300ml	1	瓶	50	2022年9月30日
6	95669	百事可乐	330ml	1	瓶	50	2022年9月30日
7	95671	农夫山泉矿泉水	550ml	2	瓶	50	2022年9月30日
8	95672	剐水饮用天然水	550ml	2	瓶	50	2022年9月30日
9	95673	康师傅冰红茶	550ml	1	瓶	50	2022年9月30日
10	95674	康师傅绿茶	550ml	1	瓶	50	2022年9月30日
备注	请于9月30日 15:00前送至合肥市金寨路××号						

项目五 出库作业管理

订单二

接单处理号	2022002002		订单号	20220528002
公司名称		合肥××超市		
公司地址		合肥市金寨路××号		
电话		6578××××(总机)		
传真		6578××××		
E-mail			订单日期	2022年5月28日
负责人的联系信息				
姓名	××		地址	合肥市金寨路××号
电话	0551-6578××××		传真	0551-6578××××
手机号码	1352200××××		E-mail	
订货要求							

序号	货物编码	货物名称	规格型号	需求数量	单位	单价(元)	交货日期
1	85666	幸福方便面	1×10包	13	箱	100	2022年5月30日
2	85668	可乐年糕	1×10包	3	箱	100	2022年5月30日
3	85669	顺心奶嘴	1×10包	5	箱	50	2022年5月30日
4	85670	好娃娃薯片	1×10包	7	箱	50	2022年5月30日
5	95667	零度可口可乐	300ml	1	瓶	50	2022年5月30日
6	95668	芬达橙味汽水	300ml	2	瓶	50	2022年5月30日
7	95669	百事可乐	330ml	1	瓶	50	2022年5月30日
8	95670	雪碧	300ml	1	瓶	50	2022年5月30日
9	95675	名仁苏打水	375ml	2	瓶	50	2022年5月30日
10	95676	纯悦饮用水	550ml	1	瓶	50	2022年5月30日
11	95677	冰露饮用水	550ml	2	瓶	100	2022年5月30日
12	95678	统一冰红茶	500ml	1	瓶	100	2022年5月30日
13	95673	康师傅冰红茶	500ml	1	瓶	50	2022年5月30日
备注		请于9月30日15:00前送至合肥市金寨路××号					

订单三

接单处理号	2022002003		订单号	20220528003
公司名称	合肥××超市			
公司地址	合肥市黄山路××号			
电话	0551-6278××××（总机）			
传真	0551-6278××××			
E-mail			订单日期	2022年5月28日
负责人的联系信息				
姓名	××		地址	合肥市黄山路××号
电话	0551-6278××××		传真	0551-6278××××
手机号码	1353300××××		E-mail	
订货要求				

序号	货物编码	货物名称	规格型号	需求数量	单位	单价（元）	交货日期
1	85666	幸福方便面	1×10包	13	箱	100	2022年5月30日
2	85668	可乐年糕	1×10包	3	箱	100	2022年5月30日
3	85669	顺心奶嘴	1×10包	5	箱	100	2022年5月30日
4	85670	好娃娃薯片	1×10包	7	箱	100	2022年5月30日
5	95667	零度可口可乐	300ml	1	瓶	50	2022年5月30日
6	95668	芬达橙味汽水	300ml	2	瓶	50	2022年5月30日
7	95669	百事可乐	300ml	1	瓶	50	2022年5月30日
8	95670	雪碧	300ml	1	瓶	50	2022年5月30日
9	95675	名仁苏打水	375ml	2	瓶	50	2022年5月30日
10	95676	纯悦饮用水	550ml	1	瓶	50	2022年5月30日
11	95677	冰露饮用水	550ml	2	瓶	50	2022年5月30日
12	95678	统一冰红茶	500ml	1	瓶	50	2022年5月30日
13	95673	康师傅冰红茶	500ml	1	瓶	50	2022年5月30日
备注	请于5月30日15:00前送至合肥市黄山路××号						

五、实训流程

整理分析订单—选择拣货方式—选择拣货路径—制作拣货单—根据订单进行分类与集中。

六、实训步骤

1. 整理分析客户订单。

2. 根据订单特点,选择适当的拣货方式。

3. 根据不同的拣货方式,以及货物在拣货区的位置,规划设计路径。

4. 制作拣选单。

5. 拣货实施。

6. 进行备货作业。

七、实训考核

综合评定=小组互评(30%)+出勤态度(20%)+教师评定(50%)

补货作业计划编制

一、实训目的

根据订单,分析各货物相应的补货时机,并按相应的要求完成补货计划的编制任务。具体目标如下。

(一)知识目标

1. 了解补货时机

补货作业既是拣选作业的前提,也是提升客户服务水平、提高出库效率的保障。

2. 掌握补货方式

整箱补货、整托补货和货架补货。

(二)技能目标

1. 能够依据订单信息,编制相应的补货计划;

2. 能够合理使用相应的物流设备;

3. 能够独自完成补货计划的编制,有较好的分析问题、解决问题能力。

二、实训内容

补货作业计划的编制。

三、实训时间、场地、形式及要求

1. 实训学时建议:2学时。

2. 场地:物流一体化实训中心,要求有相应的设备——计算机及 WMS、RF 设备、货架(含电子标签货架及托盘货架),相应的货物,并设有相应补货功能区。

3. 形式:实训采取小组的形式进行,每2人一组。

4. 要求:利用信息系统与 RF 配合完成。

四、实训情景

补货作业计划资料

表1　Y仓库重型货架存储区

货位	01-03-02-03	02-01-02-01	02-02-02-03	01-04-01-02	02-03-05-02
品名	大丽花香皂	菊香洗手液	海棠水果罐头	沙丁鱼罐头	夏菲蚊香
规格	1×36块	1×24瓶	1×24瓶	1×24盒	1×80盒
存储单位	箱	箱	箱	箱	箱
数量	24	30	20	23	18
货位	01-03-02-02	02-01-02-02	02-02-02-01	01-04-01-03	02-03-05-01
品名	婴儿纸尿裤	可乐年糕	艾尔湿纸巾	可乐磁化杯	多乐儿童牙膏
规格	1×48片	1×24袋	1×24包	1×24个	1×80支
存储单位	箱	箱	箱	箱	箱
数量	24	30	20	23	18
货位	01-03-02-01	02-01-02-03	02-02-02-02	01-04-01-01	02-03-05-03
品名	陈记香油	蟹味儿生抽	安溪铁观音	安化黑茶	科利尔碳素笔
规格	1×12瓶	1×24瓶	1×24罐	1×24盒	1×60支
存储单位	箱	箱	箱	箱	箱
数量	24	30	20	23	18

表2　Y仓库重型货架散货区

货位	09-02-03-04	09-01-04-02	09-02-03-02	09-03-01-02	09-04-02-01
品名	大丽花香皂	菊香洗手液	海棠水果罐头	沙丁鱼罐头	夏菲蚊香
规格	250g	420ml	650g	500g	2片
拣选单位	块	瓶	瓶	盒	盒
补货前数量	12	9	13	32	90
存储上/下限	120/10	60/8	70/10	60/10	200/20

以下为Y仓库接到的客户订单。

订单编号：D202210130101　　　　　　订货时间：2022.5.28

序号	货物名称	单位	单价(元)	订购数量	金额(元)	备注
1	婴儿纸尿裤	箱	100	5	500	
2	大丽花香皂	块	20	15	300	
3	菊香洗手液	瓶	30	19	570	
4	沙丁鱼罐头	箱	960	2	1920	
5	可乐年糕	箱	100	4	400	
6	海棠水果罐头	瓶	20	18	360	
	客户名称			大安梅朵顾家1号店		

订单编号：D202210130102　　　　　　订货时间：2022.5.28

序号	货物名称	单位	单价(元)	订购数量	金额(元)	备注
1	婴儿纸尿裤	箱	100	6	600	
2	艾尔湿纸巾	箱	100	8	800	
3	大丽花香皂	块	20	20	400	
4	海棠水果罐头	瓶	20	17	340	
5	沙丁鱼罐头	盒	40	14	560	
6	菊香洗手液	瓶	30	15	450	
客户名称				大安梅朵顾家2号店		

订单编号：D202210130103　　　　　　订货时间：2022.5.28

序号	货物名称	单位	单价(元)	订购数量	金额(元)	备注
1	陈记香油	箱	100	7	700	
2	蟹味儿生抽	箱	100	8	800	
3	夏菲蚊香	盒	10	30	300	
4	大丽花香皂	块	20	10	200	
5	菊香洗手液	瓶	30	13	390	
6	沙丁鱼罐头	盒	40	16	640	
客户名称				大安梅朵顾家3号店		

订单编号：D202210130104　　　　　　订货时间：2022.5.28

序号	货物名称	单位	单价(元)	订购数量	金额(元)	备注
1	可乐磁化杯	箱	100	8	800	
2	可乐年糕	箱	100	7	700	
3	安溪铁观音	箱	100	9	900	
4	沙丁鱼罐头	盒	40	14	560	
5	安化黑茶	箱	100	6	600	
6	大丽花香皂	块	20	10	200	
客户名称				大安梅朵顾家4号店		

订单编号：D202210130105　　　　　　订货时间：2022.5.28

序号	货物名称	单位	单价(元)	订购数量	金额(元)	备注
1	科利尔碳素笔	箱	100	9	900	
2	大丽花香皂	块	20	20	400	
3	海棠水果罐头	瓶	20	16	320	
4	多乐儿童牙膏	箱	100	8	800	
5	夏菲蚊香	盒	10	35	350	
6	安化黑茶	箱	100	7	700	
客户名称				大安梅朵顾家5号店		

操作说明：

1.以箱为单位订货的,从托盘货架拣选出库;以 SKU 为订货单位的,从重型货架散货区拣选出库;

2.必须以整箱补货;

3.每次补货量以满足一个拣选批次需要及规定为宜。

请根据上述情况,完成下列补货计划的编制。

序号	品名	源货位	目标货位	补货数量

五、实训考核

综合评定＝小组互评(30%)＋出勤态度(20%)＋教师评定(50%)

项目六 仓储成本与绩效管理

学习目标

知识目标

1. 了解仓储成本管理与绩效管理在仓储作业活动中的作用;
2. 了解仓储成本的构成;
3. 熟悉仓储成本的核算方法和控制途径;
4. 掌握仓储绩效管理的基本指标及相关知识。

技能目标

1. 能够分析仓储成本的构成并进行核算;
2. 能对仓储作业所产生的成本进行有效的控制;
3. 能够使用仓储绩效管理指标体系对仓储作业进行绩效管理。

重点、难点

本项目重点为仓储成本的含义、仓储成本的构成、仓储绩效管理的基本指标;难点为仓储成本的核算方法和控制途径,利用仓储绩效管理的基本指标及相关知识对仓储作业进行评价。

任务情境

拥有15个仓储中心,每日的库存货品有上千种,价值可达5亿元人民币,所有库房一年只丢一根电缆;半年一次的盘库,由公证公司作第三方机构检验,前后统计结果只差几分钱;陈仓损坏率为0.3‰;运作成本不到营业额的1%……这就是"英迈中国"。是什么创造了这些奇迹呢?下面,让我们去看看"英迈中国"的库房,感受一下"英迈中国"运作部门强烈的成本概念和服务意识。

1. 几个数字

(1)一角二分钱。

英迈仓库中的所有货品在摆放时有严格的要求,货品标签一律向外,不允许有一个倒置,目的是方便出货和清点库存时查询。运作部门计算过,如果货品标签向内,以一个熟练的库房管理人员操作为标准,将货品恢复至标签向外,需要8分钟,而8分钟的人工成本换算下来就是一角二分钱。

(2)3千克。

英迈的每一个仓库里都有一本重达3千克的行为规范指导手册。这本指导手册非常详细地介绍了各项工作:怎样检查销售单、怎样装货、怎样包装、怎样存档、每一步骤在系统上的页面是怎样的等。指导手册内还另附流程图及文字说明,任何受过基础教育的员工都可以从中查询和了解到每一个物流环节的操作规范。在英迈的仓库中,只要有操作就有规范,严格执行操作流程的要求为每一个员工所熟知。

(3)5分钟。

统计和打印出英迈上海仓库或全国各个仓库的劳动力生产指标,包括人均收货多少钱、人均收货多少单(其中人均每小时收到或发出多少份订单是仓储系统评估的一个重要指标),只需要5分钟。在公司的Impulse系统中,劳动力生产指标统计实时在线,随时可调出,而如果没有系统支持,统计这样的一个指标至少要花费1个月的时间。

(4)10公分。

仓库的空间结构与布局是经过精确设计和科学规划的,货架之间的过道空间也是经过精确计算的,为了尽量增大库存可使用面积,仓库货架过道只给运货叉车留出了10厘米的宽度,这要求叉车司机的驾驶必须稳而又稳,尤其是在拐弯时。因此英迈的叉车司机都要经过专业培训和考核。

(5)20分钟。

在日常操作中,仓库员工从接到订单到完成取货,规定时间为20分钟。因为仓库将每一个货位都标注了货号标志,并输入Impulse系统中,Impulse系统会根据发货产品自动生成产品货号,货号与仓库中的货位一一对应,所以仓库员工在发货时就像邮递员寻找邮递对象的门牌号码一样方便快捷。

(6)1个月。

英迈的库房是根据中国市场的现状和生意的需求而建设的,目标清楚,能支持现行的生意模式并做好随时扩张的准备。每个地区的仓库经理都要求能够在1个月之内完成一个新增仓库的考察、配置与实施,这是为了飞快地启动物流支持系统。在英迈的观念中,如果人没有准备,有钱也没用。

2.几件小事

(1)英迈库房中的很多记事本都是收集已打印一次的纸张装订而成的,即使是经理层用的也不例外。

(2)所有进出库房的活动都必须严格按照流程进行,每一个环节的责任人都必须明确自己的责任,即使有总经理的同意也不可以违反操作流程。

(3)货架上的货品号码标识用的都是磁条,能够节约成本。英迈以往采用打印标识纸条的方法,但因进仓货品经常变化,占据货位的情况也不断改变,而用纸条标识的灵活性差且打印成本很高。采用磁条后,上述问题得到了根本性解决。

(4)英迈要求所有合作的货运公司都在运输车辆的厢壁上安装薄木板,以避免因板壁不平而使货品的包装出现损伤。

(5)在英迈的物流运作中,厂商的包装和特制胶带都不可再次使用,否则视为侵害客户权益。包装和胶带代表着公司自身知识产权,这涉及法律问题。如有装卸损坏,必须运回原厂出钱请厂商再次包装。而由英迈自己包装的散件产品,全都统一采用印有指定总代理公司标识的胶带进行包装,以分清责任。

3.仅仅及格

英迈在分销渠道中最大的优势是运作成本,而这一优势又往往被归因于采用了先进的Impulse系统。但从以上描述中可看出,英迈运作优势的获得并非看起来那样简单,这一优势是对每一个操作细节不断改进、日积月累而成的。从所有的操作流程看,成本概念和以客户需求为中心的服务观念贯穿始终,这是英迈竞争优势的核心所在。

尽管如此,"英迈中国"的系统能力和后勤服务能力在英迈国际的评估体系中仅获得62分,刚刚及格。作为对市场销售的后勤支持部门,英迈运作部门认为,真正的物流应是一个集中运作体系,一个公司如何围绕新的业务,通过一个订单把后勤部门全部调动起来,这是一个核心问题。产品的覆盖面不见得是公司物流能力的覆盖面,物流能力覆盖面应跟得上公司业务模式的转换,其中关键是建立一整套物流运作流程和规范体系,这也正是国内不少企业所欠缺的物流服务观念。

思考:

1."英迈中国"是从哪几个方面降低成本,提升仓储绩效的?
2."英迈中国"的仓储绩效管理指标有哪些?
3.从这个案例中,我们得到什么启示?

(资料来源:锦程物流网,文字有删改)

任务一　仓储成本管理

一、仓储成本的构成与分类

仓储作为物流系统中保证企业生产和经营过程顺利进行的重要部门,创造了产品的时间效用,缓冲了产需时间差。但同时,作为"物"的时间停滞,不合理的仓储活动会带来物流总成本的增加,也常常会有损物流系统效益,妨碍物流系统高效运行,从而冲减企业利润。

在物流成本管理中,仓储成本是物流总成本的一个重要组成部分,对物流成本有很大的影响,同时,仓储成本对于企业的生产水平或为客户提供服务的水平有着重要影响,因此,仓储成本管理一定要以保证客户服务水平为前提。企业在日常生产经营过程中,要运用科学的管理方法对仓储成本进行管控。要想合理控制仓储成本,首先必须充分认识仓储成本,对仓储成本的构成、核算方法等有深入了解。

(一)仓储成本的含义

仓储成本是指仓储企业在开展仓储业务活动中各种要素投入以货币计算的总和。具体来说，仓储成本指的是企业在储存货物过程中，装卸搬运、存储保管、流通加工、收发货物等各项环节和建造、购置仓库等设施设备所消耗的人力、物力、财力和风险成本的总和。仓储成本可分为以下三个部分：一部分是用于仓储设施设备的投资、维护和货物本身的自然损耗；一部分是仓储活动所消耗的物化劳动和活劳动，如工资和能源消耗；还有一部分则是仓库持有库存所带来的资金成本和风险成本。

仓储成本是物流成本的重要组成部分，仓储成本管控的好坏可以很大程度上反映企业管理水平的高低。企业的管理水平越高，各种仓储设施设备利用越合理、越充分，仓储成本越低；反之，仓储成本越高。

（二）仓储成本的构成

由于不同仓储企业的服务性质、服务范围和运作模式不同，仓储成本的内容和组成部分也各不相同，如专门的物流仓储企业和持有库存的生产型及销售型企业对仓储成本考察的角度是不同的。同样，控制仓储成本的方法也多种多样。

这里将仓储成本分为以下四个方面：仓储持有成本、仓储订货成本、缺货成本和在途存货成本。

1. 仓储持有成本

仓储持有成本是指为保持适当库存而产生的成本，由固定成本和变动成本构成。固定成本与仓储数量无关，如仓储设备折旧、仓储设备的维护费用、仓库职工工资等。变动成本与仓储数量的多少相关，包括仓储运作成本、仓储维护成本、资金占用成本、存货风险成本等。

（1）仓储运作成本。仓储运作成本是在仓储过程中，为保持货物合理储存，正常出入库管理而产生的与储存货物运作有关的费用，通常包括：①仓储运作过程中产生的各类损耗，如人力和物力的消耗、包装材料的消耗、固定资产的磨损、修理费等；②仓库人员的工资、奖金及各种形式的补贴；③仓库运作中运输储存、装卸搬运的费用支出；④货物在保管过程中的合理损耗，即货物在保管过程中的正常损耗，如正常磨损、挥发、氧化；⑤组织仓储活动所产生的其他费用，如办公费等。

（2）仓储维护成本。仓储维护成本主要包括与仓库有关的租赁、取暖、照明、设备折旧、保险费用和税金等费用。仓储维护成本随企业仓储方式的不同而变化。

①企业自有仓库。如果企业自己建造仓库、购买可以长期经营使用的固定设施，那么大部分仓储维护成本是固定的。

②租赁仓库或公共仓库。当企业不自建仓库时，可以采用租赁仓库的方式来满足企业对仓储空间的需求，或者使用公共仓库。租赁仓库一般合约期较长，只提供储存货品的服务；公共仓库一般签约短期合同，除了提供仓储空间外，还为企业提供各种各样的物流服务，如卸货、存储、存货控制、订货分类、拼箱、运输安排、信息传递以及其他服务。如果企业利用公共仓库，则有关仓储维护成本将会随库存数量的变化而变化。在作仓储决策时，上述成本都要考虑。另外，如果产品丢失或损坏的风险高，就需要较高的保险费用。保险费用和税金

根据产品的不同而有很大变化,在计算仓储维护成本时,必须考虑这些内容。

(3)资金占用成本。资金占用成本是指为购买货品和保证存货而使用的资金所带来的机会成本。资金占用成本也称为利息费用,可以用公司投资的机会成本或投资期望值来衡量,是仓储成本的隐藏费用,它能反映企业失去的盈利机会。在一般情况下,资金占用成本指占用资金能够获得的银行利息。

(4)存货风险成本。存货风险成本是指在货品持有期间,由于企业无法控制的因素,如市场变化、货物价格变化、货品质量变化等使企业库存货物贬值、损坏、丢失、变质等而产生的成本。

2.仓库订货成本

仓库订货成本是指企业为了实现一次订货而进行的各种活动所产生的差旅费、办公费等支出。其中有一部分与订货次数无关,如常设机构的基本开支等,称为固定性订货成本,这类成本是维持企业采购活动所必需的费用;另一部分与订货的次数直接相关,称为变动性订货成本,如通信费等。订货成本具体主要包括:检查、清点存货费用;编制并提出订货申请费用;对多个供应商进行调查比较,选择合适的供应商的费用;填写并发出订单、填写并核对收货单所带来的费用;验收货物的费用;筹集资金和付款过程中产生的各种费用。

3.缺货成本

缺货成本是指因库存供应中断而产生的损失,包括原材料供应中断造成的停工损失、产品缺货造成的延迟发货损失和丧失销售机会的损失。缺货成本的产生有两种情况,一种是由于外部缺货,即企业的客户得不到全部订货;一种是由于内部缺货,即企业内某个部门得不到全部订货。

外部缺货将会给企业带来延期交货、失销和失去客户等后果。

(1)延期交货。延期交货可以有两种形式:一种是客户同意缺货货物在下次订货周期补充;另一种是企业需要使用快递弥补延期交货。如果是前者,那么在当次缺货事件中,企业实际上没有什么损失。如果是后者,则需要利用速度快、收费较高的运输方式补送货物,那么就会使企业产生特殊订单处理费用和额外运输费用,从而增加企业的物流成本。

(2)失销。如果企业经常缺货,客户则可能会转向其他供应商订货。市场中,许多公司都有生产替代货物的竞争者,因此,当一个供应商没有客户所需的货物时,客户就会从其他供应商那里订货,这时缺货会导致企业失去销售的机会。对于企业来说,直接损失就是销售货物的利润损失。同时,失销还会对企业未来的销售造成不良的影响,这些无形损失是无法衡量的。

(3)失去客户。第三种可能发生的情况是因缺货而失去客户,也就是说,客户永远转向其他供应商,这种缺货造成的损失很难估计,企业失去了未来一系列可能的收入,这种情况下的损失需要用科学的市场营销研究方法来分析和计算。除了利润损失,还有因缺货而产生的商誉损失。在仓储决策中,商誉的概念经常被忽略,商誉很难度量,但它对未来销售及企业经营活动非常重要。

因此,企业要想确定必要的库存量,就有必要确定因发生缺货而产生的损失,计算缺货成本(利润损失)和其他无形的损失。如果增加库存的成本少于一次缺货的损失,那么就应该增加库存以避免缺货。

内部缺货主要会给企业带来生产损失(如机器设备和人员闲置)和交货期的延误。如果某项货物的短缺会引起整个生产线停工,那么这时的缺货成本可能非常高,尤其对于实行了JIT(准时制)管理方式的企业来说,后果更是灾难性的。

4. 在途存货成本

在途存货成本没有前面几项成本那么明显,但是企业也必须考虑这项成本。当企业以目的地交货方式销售商品时,企业要负责将货物送达客户。当客户收到商品后,商品的所有权才转移给购买者。这种在途货物在交给客户之前仍属于企业所有,是企业库存的一部分,企业应该对在途存货成本进行分析。在途存货成本主要与货物的运输服务相关,因为运输服务具有短暂性,货物的过时、变质等风险也非常小,所以一般来说,在途存货成本主要指的就是在途存货的资金占用成本及库存货物的保险费用。

本书主要介绍仓储运作成本,以下简称仓储成本。

(三)仓储成本的分类

1. 按仓储运作过程中所消耗的各要素的成本和费用构成分类

(1)固定资产折旧费或租赁费。固定资产折旧主要包括库房、堆场等基础设施建设的折旧、仓储设施设备的折旧。企业根据自己的业务特点和策略,可以选择适宜的折旧方法。对于一般的仓储区,企业可采用平均年限法折旧,有的设备可采用工作量法折旧。固定资产的折旧年限不完全相同,一般是5~40年。若采用加速折旧法(双倍余额递减法、年总数法),可在较短的时间内将投入回收,但此种做法要经过有关部门的批准。

(2)货物保管费。保管费是指为存储货物所开支的养护、保管等费用。它包括用于货物保管的货架、货柜的费用开支,仓库的房地产税等。

(3)人员工资和福利。人员工资是指仓储企业各类人员的工资、奖金和各种生活补贴。福利是指由企业交纳的住房公积金、医疗保险、退休基金等。

(4)能源、水、耗材费。该项费用包括动力、电力、燃料、流通加工耗材费用,水费,装卸搬运工具、衬垫苫盖材料费用等。

(5)设备维修费。修理费包括仓储设施、设备的大修基金及其他修理费用。大修基金一般每年从经营收入中提取,提取额度大多占设备投资额的3%~5%。

(6)管理费用。管理费用是指仓储企业或部门为组织和管理仓储生产经营活动而产生的各种间接费用,主要包括行政办公费、人员培训费、工会经费、劳动/待业保险费、业务招待费、营销费、排污费、绿化费以及其他管理费用等。

(7)仓储损失费用。仓储损失是指保管过程中货物损失而需要仓储企业赔付的费用,如坏账损失、存活盘亏、货物毁损和报废等。货物损失的原因一般包括仓库本身的保管条件,管理人员的因素,货物本身的物理、化学性能,搬运过程中的机械损坏等。在实际工作中,应根据具体情况,按照企业的制度标准,分清责任并合理计入成本。

(8)其他费用类型。除了上述费用,仓储成本还包括保险费、外协费、税费等。其中保险费指仓储企业对于意外事故或者自然灾害造成的仓储货物损害承担赔偿责任所支付的保险费用。一般来说,如果事先没有协议,仓储货物的财产险由存货人承担,仓储保管人仅承担责任险。外协费指仓储企业在提供仓储服务时,由其他企业提供服务所支付的费用,包括业务外包(如配送业务外包)。这里所说的税费是指由仓储企业承担的税费。

2. 按成本的性质分类

根据成本的性质,仓储成本可分为固定成本和变动成本两个部分。仓库固定成本是在一定仓储存量的范围内,不随出入库货量变化的成本。固定成本主要包括固定资产(库房、设备等)折旧或长期租赁费用和固定人员固定工资。仓库变动成本是仓库在运作过程中与出入库货量相关的成本。变动成本主要包括设备运转成本(水电气费用、设备的消耗与维修费用)、工人加班费和货品损坏成本等。

二、仓储成本的核算

(一)仓储成本的核算目的

仓储成本是客观存在的,但是仓储成本的核算内容和范围没有统一的标准,不同企业的核算方法可能千差万别,这给仓储成本核算与管理带来很大困难。从企业经营角度看,企业进行仓储成本核算所得到的数据主要是满足企业以下几个方面的需要:为企业内部各个层次和部门的经营管理者提供物流管理所需的成本资料;为企业编制物流预算及进行预算控制提供所需的成本数据资料;为企业制定物流计划提供所需的成本资料;为监管控制仓储管理水平提供各种成本信息;为企业提供价格计算所需的成本资料。

为达到以上目的,企业在进行仓储成本核算时,除了按物流活动领域、支付形态等类别分类外,还要根据企业的管理需要进行分类,并且要对不同期间所产生的成本进行比较、对实际费用与预算标准进行比较,结合企业实际的仓库库存周转数量和企业的仓储服务水平,对仓储成本进行不同层次、不同维度的分析比较。

(二)仓储成本的核算项目

核算仓储成本时所采用的原始成本数据主要来自财务部门的数据资料,因此,仓储成本核算首先要按财务管理中成本费用的支付形态确定各成本核算的项目。一般来说,企业对外支付的保管费可以直接作为仓储物流成本全额统计,而企业内产生的仓储费用往往是与其他相关部门产生的费用混合在一起的,在核算仓储成本时,需要将仓储成本从上述费用中剥离出来。具体来讲包括以下几个方面。

1. 材料费

材料费主要是仓储过程中使用的衬垫苫盖材料、包装材料、消耗工具、器具用品、燃料等费用。仓库一般根据材料的出入库记录,将与仓储有关的使用数量(消耗量)计算出来,再分别乘以单价,得出仓储材料费。

2. 人工费

人工费可以按从事仓储作业的操作工人与其他有关人员实际支付的工资、奖金、津贴、福利、五险一金等职工薪酬金额计算。

3. 物业管理费

物业管理费主要包括水、电、气等费用。严格地讲，每一个物流设施都应安装计量表直接计费，如没有安装，则可以根据整个企业支出的物业管理费按物流设施的面积和物流人员的比例计费。

4. 维护费

维护费是指与仓库存货保管有关的费用。具体包括仓库使用的设施设备维修保养费、租赁费、保险费、税金等。维护费应根据成本计算当期实际产生额计算，对于多个期间统一支付的费用（如保险费、租赁费等），可按期间分摊计入当期相应的费用中。

5. 管理费用

管理费用指仓储企业或部门为管理仓储活动或开展仓储业务而产生的各种间接费用，对于差旅费、邮资费、人员培训费等使用目的明确的管理费用，可直接计入物流成本，对于不能直接计入的，如办公费、招待费、营销费等，也可按物流人员的比例来计算。

6. 营业外费用

营业外费用包括按实际使用情况计算的仓储设施设备的折旧费和利息等。折旧费可根据设施设备的折旧年限、折旧率来计算；利息可根据仓储相关资产的贷款利率计算。

7. 对外支付的保管费用

对外支付的保管费用应全额计入仓储成本。

（三）仓储成本的核算方法

一般来讲，仓储成本的核算可以采用以下三种方法。

表 6-1　仓储成本的核算方法

方法	内容
按支付形式核算	从仓储的月度损益表"管理费用、财务费用、营业费用"等各个项目中取出一定数值乘以一定的比例（物流部门比例），得出仓储部门的成本费用。
按仓储项目核算	将仓储成本总额按照项目详细区分开来，找出成本浪费点，算出标准仓储成本。
按适用对象核算	分析各产品、地区、客户等不同适用对象产生的仓储成本。

1. 按支付形式核算

按仓储费用的支付形式分类仓储成本，先将企业产生的各项仓储费用按保管费、搬运费、人工费、耗材费、管理费、占用资金利息等支付形式分类，然后将各形式下的费用乘以一定的比例（物流部门比例，分别按平均人数、平均台数、平均面积、平均时间等）计算出仓储成本的总额。具体做法是从月度损益表"管理费用、财务费用、营业费用"等各个项目中取出一定数值乘以物流部门比例，算出仓储部门的费用。

项目六　仓储成本与绩效管理

【例 6-1】　某物流公司总面积为 3000 平方米,其中仓储设施面积为 1600 平方米,该公司现有员工 80 人,仓储作业人员 20 人,通过查找企业仓储月度损益表,得出该公司该月按支付形式核算的仓储成本如表 6-2 所示。

表 6-2　某物流公司 3 月份按支付形式核算的仓储成本表

序号	费用支付形式	费用(元)	仓储成本(元)	计算比例(%)	计算比例标准
1	仓库租赁费	120000	120000	100.00	全额
2	材料消耗费	38400	38400	100.00	全额
3	工资	551600	137900	25.00	人数比例
4	燃料费	20300	10826	53.33	面积比例
5	维修费	15500	8266	53.33	面积比例
6	保险费	8500	4533	53.33	面积比例
7	仓储保管费	30000	15999	53.33	面积比例
8	仓储搬运费	35000	18666	53.33	面积比例
9	易耗品费	18400	7964	43.28	仓储费比例
10	仓储管理费	14500	6276	43.28	仓储费比例
11	资金占用利息	24400	10560	43.28	仓储费比例
12	税金	33800	14629	43.28	仓储费比例
	成本合计	910400	394019	43.28	仓储费比例

备注:
(1)人数比例=(仓储作业人数/总公司人数)×100%=(20/80)×100%=25%
(2)面积比例=(仓储设施面积/公司总面积)×100%=(1600÷3000)×100%=53.33%
(3)仓储费比例=(1~8 项的仓储费之和/1~8 项的管理等费用之和)×100%
=[(12000+38400+13790+10826+8266+4533+15999+18666)÷(12000+38400+551600+20300+15500+8500+30000+35000)]×100%
=(354590÷819300)×100%=43.28%

2.按仓储项目核算

按支付形式进行仓储成本分析,便于了解企业费用开支最多的项目,从而帮助企业确定仓储成本管理的重点,但是这种方法不能充分展示企业仓储成本各组成费用的分布情况。因此,仓储成本也可按照仓储活动项目分别进行计算,就是将仓库中的各个运作环节产生的成本分别进行统计,以找出企业在哪些仓储活动项目上的开支较高,从而重点控制该项目成本。例如,某物流公司 3 月份仓储成本按项目核算情况见表 6-3 所示。

表 6-3　某物流公司 3 月份按仓储项目核算的仓储成本表(单位:元)

序号	费用支付形式	费用(元)	仓储活动项目				
			仓储租赁费(元)	仓储保管费(元)	仓储管理费(元)	材料消耗费(元)	搬运费等(元)
1	仓库租赁费	120000	120000	—	—	—	—
2	材料消耗费	38400	6820	9400	2600	19580	—
3	工资费	551600	156880	161140	120080	—	113500
4	燃料费	20300	3700	—	6200	5800	4600
5	维修费	15500	5600	—	6120	3780	—
6	保险费	8500	980	6700	820	—	—
7	仓储保管费	30000	—	30000	—	—	—
8	仓储搬运费	35000	—	—	—	7550	27450
9	易耗品费	18400	—	—	—	18400	—
10	仓储管理费	14500	2100	3300	6500	2600	—
11	资金占用利息	24400	15150	9250	—	—	—
12	税金	33800	19750	14050	—	—	—
	成本合计	910400	330980	233840	142320	57710	145550
	物流成本构成(%)		36.36%	25.69%	15.63%	6.33%	15.99%

与按支付形式核算成本的方法相比,按仓储项目核算仓储成本可以帮助企业核算出标准仓储成本,如仓储设施设备、耗材的标准使用数量、质量、单位容器成本等,帮助企业进一步找出阻碍实现仓储合理化的原因,从而进行成本控制和改进。

3. 按适用对象核算

按适用对象分类核算仓储成本指的是按企业产品、地区、客户的不同,分别统计仓储成本费用,由此分析产生仓储成本的不同对象。如按货物核算,将按项目计算出来的仓储费分配给各类货物,计算出各类货物所产生的仓储成本,从而分析各类货物的盈亏情况。

三、仓储成本的控制

所有企业经营都追求在满足市场需求的情况下实现利润最大化,而企业仓储成本直接影响着企业的整体经济效益。因此,加强仓储成本的控制,降低仓储成本,把仓储成本控制在同类企业的先进水平,是增强企业竞争力、求得生存和发展的保障。

(一)仓储成本控制的意义

1. 仓储成本是企业的"第三利润"源,控制仓储成本即为企业增加赢利

获得利润、提升利润是每个企业的经营目标之一,也是社会经济发展的原动力。在收入不变的情况下,降低成本就等同于增加了利润;在收入增加的情况下,降低成本可以使得利润更快速地增长;在收入下降的情况下,降低成本也可以减缓利润的下降速度。

2.仓储成本控制可提升企业市场竞争力,是企业得以生存和扩张的重要保障

企业通过仓储成本控制降低各种运作成本、增加利润,与企业提高产品质量、创新产品设计同等重要,是企业在市场竞争中保持竞争力的有效手段。

3.仓储成本控制是保障企业持续发展的基础

企业应将仓储成本控制在同类企业的先进水平,从而促进企业的持续发展。仓储成本一旦失控,会造成企业的大量资金占用与沉淀,严重影响企业的正常生产经营活动。

(二)仓储成本控制的原则

1.政策性原则

(1)注意质量和成本的关系。企业不能一味地追求降低仓储成本,要保证储存货物的保管条件和保管质量,要能以一定的客户服务水平为基础实施成本控制。

(2)利益协调性原则。降低仓储成本从根本上说,对国家、企业、消费者都是有利的,但是在仓储成本控制过程中采用不适合的手段损害国家和消费者的利益是错误的,应避免。

2.经济性原则

和销售、生产、财务活动一样,任何仓储管理工作都要讲求经济效益。经济性原则主要强调仓储成本控制要起到降低成本、纠正偏差的作用,并控制产生的费用支出。推行仓储成本控制而产生的成本费用支出,不应超过因缺少控制而丧失的收益。

3.全面性原则

全面性原则要求企业在进行仓储成本管理时,不能片面地强调仓储成本。仓储成本控制涉及企业管理及其他部门,因此,要进行全员、全过程和全方位的控制。

(三)仓储成本的分析与控制

仓储成本管理水平对整个物流成本管理具有重要意义。由于仓储成本与物流成本的其他构成要素如运输成本、配送成本以及服务质量和水平之间存在二律背反,因此,降低仓储成本要在保证物流总成本最低和不降低企业的总体服务质量和目标水平的前提下进行。

从固定成本和变动成本的性质看,一方面仓储企业必须有足够的存储量以达到较高的货位利用率,以分摊固定成本,有效降低固定成本;另一方面要提高装卸搬运活性,提高劳动效率,降低机具物料的损耗和燃料的消耗,降低风险成本,提高仓储服务质量,有效降低变动成本。以下主要从仓储的储存成本、装卸搬运成本、人工费用成本三个方面具体阐述仓储成本的控制方法。

1.储存成本的分析与控制

储存成本主要是为保持存货而产生的成本,包括仓储费、搬运费、保险费、库存占用资金的利息等。

储存成本分为与存货数量有关的变动成本和与存货数量无关的固定成本。储存量和储存的规律性会影响储存成本,这是因为仓库的储存量可以分摊固定成本,仓库可以通过降低单位货物的储存成本而提高储存效益,也就是说,一个库场在各项支出相对稳定的情况下,单位面积存储量的增加与每吨货物的存储费用成反比。

控制仓储的储存成本可以从以下几个方面考虑。

(1) 合理选择仓库的获得方式。企业可根据自身情况在满足某一客户服务水平的条件下选择自有仓库、租赁仓库、公共仓库或多种形式的组合。企业应结合仓储经营特征,如仓储货物的周转量、需求稳定性、市场密度等指标,并以成本为依据合理选择仓库的获得方式。这里的市场密度指的是仓储企业的市场份额及分布情况,市场密度较大或供应商比较集中的,适合选择自有仓库。

(2) 合理设计仓库结构与空间布局。设计仓库结构与空间布局,不仅要合理选择仓库的基本结构,还要研究内部货位、货架和巷道的布局。缩小仓库内部通道宽度可以有效地增加储货面积,但是,库内通道宽度也决定了仓库搬运作业的通道通过能力,因此在具体研究设计时要多方面考虑,既要考虑如何提高仓储的有效面积,又要考虑装卸搬运设备的通过能力。

(3) 合理安排仓储的作业模式。合理安排仓储的作业模式是指仓储企业应合理地根据仓储货物吞吐周转量来安排和选择仓库的形式及其搬运作业形式。例如,随着企业仓储货物吞吐量的不断提升,公共仓库、租赁仓库(手工搬运)、自有仓库(托盘叉车搬运)、自有仓库(全自动搬运)会依次成为企业的最佳选择。

2. 装卸搬运成本的分析与控制

装卸搬运成本主要包括装卸搬运设备的成本和费用,燃料、润料消耗费用,人工成本和时间费用等。有效控制装卸搬运成本可以从以下几个方面着手。

(1) 合理选择装卸搬运的设备。装卸搬运的设备折旧维修费在仓储成本的构成里占有很大比重,合理选择和使用装卸搬运设备是提高仓储作业效率、降低仓储成本的重要环节,因此,仓储企业应根据企业自身特点和需要合理选择装卸搬运设备的类型。

装卸搬运设备按机械化程度分为以下三个等级。

① 简单等级:地牛、各类传送带等。

② 半自动化等级:吊车、电动叉车、纸箱夹抱车等。

③ 高度自动化等级:利用计算机实现自动化、无人化装卸搬运,如自动堆垛机、轨道车、电子小车等。

(2) 尽可能提高装卸搬运的活性。装卸搬运活性是指进行装卸搬运作业的方便性。待运货物应处在易于移动的状态。为提高搬运活性,货物应被整理成堆或包装成件放在托盘上、车上、输送机上。从成本角度分析,并不是货物装卸搬运的活性越高越好,活性要适宜。装卸搬运活性指数分为 5 个等级,具体见表 6-4 所示。

表 6-4　装卸搬运活性指数

装卸搬运活性指数	货物状态描述
0 级	货物杂乱地堆放在仓库地面上
1 级	货物被成捆地捆扎或集装起来
2 级	货物被置于箱内,且包装箱下面放有托盘或衬垫,叉车或其他机械可以进行装卸搬运
3 级	货物被放置于台车或起重机等装卸、搬运机械上,处于待移动状态
4 级	货物处于装卸、搬运的直接作业状态

（3）合理选择装卸搬运方式,改进装卸搬运作业方法。在装卸搬运过程中,应尽可能地借助货物重力的作用,减少劳动力和其他能源的消耗。如利用地势安装倾斜无动力小型传送带进行货物装卸,依靠货物本身重力完成装卸搬运作业。除此之外,在装卸搬运过程中还必须根据货物的种类、性质、形状、重量来确定装卸搬运方式。在装卸时对货物进行处理的方式一般有三种。①单品处理。即按普通包装对货物逐个进行装卸,对体积较大的单品来说效率较高,对体积较小的单品而言,虽符合货物的可运性,但效率较低。②单元处理。即将货物以托盘、集装箱为单位组合后进行装卸搬运,这符合货物的可运性,有助于提高装卸效率。③散装处理。即对粉粒状货物不加包装而进行装卸搬运,虽然装卸搬运活性较低,可运性较差,但可节省包装费用。

3. 人工费用成本的分析与控制

仓储企业对仓储过程中投入的劳动力应尽可能充分地利用,使劳动力发挥最大的效用。要想实现这一目标,就应当分析时间利用率。将作业性活动的实际时间除以同期员工(包括管理人员)的总制度工作时间就可以得到时间利用率,具体公式如下：

$$时间利用率 = \frac{某一期间作业性活动的实际时间}{同期全体员工数 \times 制度工作小时数} \times 100\%$$

如果这个比率接近 1,就说明利用率高,反之利用率就低。若减少非作业人员,则可以在提高时间利用率的同时减少工资支出。

除了时间利用率,还有其他一些作业指标可以对仓储活动的人工费用进行管理。企业通过考察一些业务活动(收货、存放、拣选、发货等任何一项活动及其具体作业)所耗用的生产时间的百分比,如用单位时间托盘的装载和卸货量、单位时间托盘货物的入库量、单位时间包装量、单位时间拣选出库量等,利用作业指标核算成本支出数据,从而进行有效仓储成本控制并达到降低成本的目的。

（四）几种常见的仓储成本控制策略

1. 集中储存

集中储存可以降低仓库面积占用率,减少仓储保管费用支出,实现企业的低成本运营,从而有利于提高企业和产品的市场竞争力。

2. 采用"先进先出"方式,降低仓储货物的存储风险

"先进先出"是储存管理的准则之一,它能保证每个被存储物的储存期不至于过长,降低

仓储物的保管风险。实现"先进先出"的有效方式有以下几种。

(1)贯通式(重力式)货架。重力式货架的每一个货格就是一个具有一定坡度的存货滑道,利用货架每层的贯通滑道,从高端(入库端)存入货物,货物在滑道中按先后顺序依托重力作用自动地向低端(出库端)移动,这种存取方式不会出现货物越位等现象,可有效地保证先进先出。

(2)双仓法储存。双仓法储存是指给每种被储物都准备两个仓位或货位,轮换进行存取,只有一个货位上的货物全部被取出后才可以补货,从而保证实现"先进先出"。

(3)计算机存取。存货时在计算机系统中输入存入时间,通过一个简单的按时间顺序输出的程序,取货时计算机就能按时间给予指示,以保证"先进先出"。计算机存取系统还能将储存和快进快出结合起来,即在保证先进先出的前提下,将周转速度快的货物随机存放在便于存储之处,以减少劳动消耗。

3.加大存储密度,提高仓容利用率

这样做的主要目的是减少储存设施、设备的投资,提高单位存储面积的利用率,降低成本、减少土地占用。具体有以下几种方式。

(1)增加存储的高度。高层货架可大大增加存储高度,仓库可将货垛尽量堆高。

(2)缩小库内通道宽度以增加有效储存面积。采用窄巷道式通道,配以轨道式装卸车辆,可减少车辆运行宽度;采用侧面式叉车、转向叉车、推拉式叉车等,可减少叉车转弯所需宽度。

(3)减少库内通道数量以增加有效储存面积。如采用密集型货架、不依靠通道可进车的可卸式货架、各种贯通式货架、不依靠通道的桥式起重机等。

4.采用科学的存储定位系统,提高仓储作业效率

存储定位是指储存物位置的确定。如果定位系统有效,则能大大节约货物寻找、存放、取出的时间,减少物化劳动及活劳动的消耗,并且能减少差错,便于清点,实行订货点管理等。存储定位系统可利用先进的计算机技术管理,也可用人工管理,主要有以下两种方式。

(1)"四号定位"方式。四号定位是指用四个号码来表示货物在仓库中的位置,这四个号码分别是:库号(或库内货区代号)、架号(货架、货柜代号)、层号(货架或货柜的层次代号)、位号(层内货位代号)。货物在入库时,按规划要求进行编号,并将号码记录在账卡上,提取时按四位数字的指示,能很容易进行拣选操作。这种定位方式须对仓库存货区事先作出规划,以提高效率,减少差错。

(2)计算机定位方式。仓库若采取自由货位方式,则可根据计算机指示,将货物存放在就近易存取处,或根据货物入库的时间和货物特点,指示合适的货位,取货时也尽量就近。计算机定位方式可以充分利用每一个货位,且不需要设专位待货,这有利于提高仓库的储存能力。在吞吐量相同的情况下,采取计算机定位方式的仓库可比一般仓库减少建筑面积。

5.采用有效的监测清点方式,提高仓储作业的准确程度

为避免库存货物账物不符,仓管人员必须及时且准确地掌握仓库真实的货物储存情况,这就要求仓管人员对储存货物数量和质量经常进行监测,以确保货物的完好无损。经常地监测是掌握储存货物数量状况的重要工作,仓库无论是用人工管理还是用计算机管理,监测都是必不可少的。监测清点的有效方式主要有以下几种。

(1)"五五化"堆码。"五五化"堆码是我国仓储管理常用的一种科学方法。储存物在堆垛时,以"五"为基本计数单位,垛形有梅花五、重叠五等。货物在"五五化"堆码后,有经验者可过目成数,从而大大加快了人工点数的速度,且很少出现差错。

(2)光电识别。在货位上设置光电识别装置,该装置对被存物的条形码或其他识别装置(如芯片等)进行扫描,并自动显示准确数目。利用这种方式不需要人工清点就能准确掌握库存实有数量。

(3)电子计算机监控。电子计算机指示存取可以避免人工存取容易出现差错的弊端,利用条形码技术,将条码识别和计算机系统联结,每次存取货物时,识别装置自动识别条形码并将信息输入计算机,计算机自动进行存取记录。这样只需用计算机查询,就可了解所存货物的准确情况,因而无须建立一套对仓储物实有数进行监测的系统,减少了查货、清点工作量。

6. 加快周转速度,提高单位仓容产出

仓库周转速度加快会为企业带来一系列的好处:资金周转速度加快、资本效益提高、货损货差减小、仓库吞吐能力增加、成本下降等。因此,储存现代化的重要课题就是将静态储存变为动态储存,具体做法有采用单元集装存储、建立快速分拣系统等,这些都有利于实现存储货物的快进快出、大量进大量出。

7. 采取多种经营方式,盘活资产

仓储设施和设备的投入资金只有在被充分利用的情况下才能获得良好的收益,如果不能投入使用或者使用效率低下,就会使仓储成本增加。仓储企业可采取出租、借用、出售等多种经营方式盘活这些资产,以提高设备的利用率。

8. 降低经营管理成本

经营管理成本是企业经营活动和管理活动的成本支出,包括管理费、业务费、交易成本等。加强成本管理,减少不必要支出,也能降低成本。

9. 加强劳动管理

员工工资是仓储成本的重要组成部分,劳动力的合理使用是人员管理的基本原则。对劳动力进行有效管理,避免人浮于事、出工不出力或者效率低下,这也是成本管理的重要方面。

任务二 仓储绩效管理

一、建立仓储绩效管理指标体系的意义及原则

绩效管理是企业各级管理者和员工为了实现共同的组织目标而开展的持续提升个人、部门、组织成绩的管理活动,包括对知识、技能和人力资源的管理,过程监控和事实管理,通过对组织各行为过程的观察、评估、反馈等,从而确保实现企业的战略目标。绩效管理是企业全员的行动,是从企业经营者到每一位员工的任务,它通常分为四个环节:绩效计划、绩效

辅导、绩效考核和绩效反馈。

仓储活动绩效指标可以集中反映仓储管理的成果,是企业仓储管理水平的尺度,也是考核评估仓库各方面工作和各作业环节工作成绩的重要手段。进行仓储绩效分析与评价,有助于正确判断仓储的实际经营水平,提高企业经营能力,挖掘服务潜能,进而增强企业的效益。因此,进行绩效考核管理,对提高仓储管理工作的业务和技术水平是十分必要的。

(一)建立仓储绩效管理指标体系的意义

建立仓储绩效管理指标体系对企业发展有以下几个方面的意义。

1. 对内加强管理,降低仓储成本

仓库可以利用绩效管理指标对内考核仓库各个环节的计划执行情况,纠正运作过程中出现的偏差。

(1)有利于提高仓储的经营管理水平。仓储绩效管理指标体系中的每一项指标都反映某部分工作或全部工作的一个侧面,通过对指标进行分析和对比,人们能发现工作中存在的问题。特别是对几个指标的综合分析,有助于找出问题的关键所在,从而为计划的制定、修改以及仓库生产过程的控制提供依据。同时,对比分析指标能激发仓储管理人员自觉地钻研业务,提高业务能力及管理工作的水平。随着物流业的发展,仓储行业的竞争也日趋激烈,现代仓储企业要想立于不败之地,优化管理、增强自身的竞争力、加强经济核算势在必行。

(2)有利于落实仓储管理的经济责任制。仓储绩效管理的各项指标是实行经济核算的根据,是衡量每一个工作环节作业量、作业质量以及作业效率和效益的尺度,是仓库掌握各岗位计划执行情况,实行按劳分配和进行各种奖励的依据。经济核算的各项指标是实行现代仓储经济核算的依据,也是衡量各个岗位工作成果的尺度。要推行现代仓储管理的经济责任制,实行按劳计酬,必须建立完善的经济核算制度。

(3)有利于仓库设施设备的现代化改造。仓储活动只有依靠一定数量和水平的技术设备才能正常进行,经济核算能促进企业改进技术装备和作业方法。通过对比作业量系数、设备利用等指标,仓库能及时发现作业流程的薄弱环节,对消耗高、效率低、质量差的设备,进行挖潜、革新、改造、更新,并有计划、有步骤地进行技术改造和设备更新,从而提高仓储机械化、自动化水平,逐步实现现代化。

(4)有利于提高仓储的经济效益。经济效益是衡量仓库工作的重要指标,仓库通过指标考核与分析,可以对各项活动进行全面的测定、比较和分析,从而确定合理的储备定额、仓储设备、最优的劳动组合、先进的作业定额、最优的仓储作业方案,提高储存能力和利用率,提高作业速度和收发保养工作质量,提升服务水平,降低费用开支,加速资金周转,以合理的劳动消耗获得理想的经济效益。

2. 对外进行市场开发和客户关系维护

仓库可以充分利用仓储绩效管理指标体系对外进行市场开发和客户关系维护,给货主提供相对应的质量评价指标和参考数据。

（1）有利于扩大企业市场占有率。货主在仓储市场中寻找供应商的时候，在同等价格的基础上，服务水平通常是最重要的考量因素。仓库如果能提供令客户信服的服务指标体系和数据，则将在竞争中获得有利地位。

（2）有利于稳定客户关系。在我国目前的物流市场中，供需双方的合作通常以一年为限，以供应链伙伴关系确定下来的供需关系并不多，当合同到期时，客户会对供应商进行评价，以决定今后是否继续合作。如果客户评价指标反映良好，仓库则将继续与客户保持合作伙伴关系。

（二）建立仓储绩效管理指标体系的原则

制定绩效管理指标需遵循 SMART 原则：绩效管理指标必须是具体的（Specific）；绩效管理指标必须是可以衡量的（Measurable）；绩效管理指标必须是可以达到的（Attainable）；绩效管理指标要与其他目标具有一定的相关性（Relevant）；绩效管理指标必须具有明确的截止期限（Time-bound）。

仓储是物流的重要组成部分，物流活动的整体性使得仓储绩效管理指标的建立必须从系统的角度出发，避免单一性。为了保证仓储绩效管理工作顺利进行，让指标起到应有的作用，仓库在制定仓储绩效管理指标时，必须遵循以下原则。

1. 科学实用性原则

科学实用性原则要求设计的指标体系应该建立在客观实际的基础上，能够客观地反映仓储生产的所有环节和活动要素，评估优劣得失，如实地反映仓储管理的实际水平。

2. 可行性原则

可行性原则要求所设计的指标数据容易获得，便于统计计算，便于分析比较，现有人员能很快掌握和灵活运用。

3. 协调性原则

协调性原则要求各项指标之间相互联系、互相制约、互为补充，但是不能相互矛盾和重复。

4. 稳定性原则

稳定性原则要求指标体系一旦确定之后，应在一定时间内保持相对稳定，不宜经常变动、频繁修改。在执行一段时间之后，通过总结，指标体系可以改进和完善。

5. 可比性原则

在指标分析过程中，很重要的一项活动就是对指标进行比较，如实际完成情况与计划相比、现在与过去相比、自己与同行相比、自己与先进相比等。仓库只有通过比较才能鉴别优劣，更好地掌握经营情况，不断改进，绩效管理也才有意义。

二、仓储绩效评价指标体系

（一）反映仓库生产成果数量的指标

1. 物资吞吐量（周转量）

吞吐量是指计划期内仓库中转供应货物的总量，计量单位通常为"吨"。计算公式如下。

$$物资吞吐量 = 入库量 + 出库量 + 直拨量$$

入库量是指经仓库验收入库的数量，不包括到货未验收、不具备验收条件、验收发现问题的数量；出库量是指按出库手续已经点交给用户或承运单位的数量，不包括备货待运的数量；直拨量是指企业从港口、车站或生产企业进货，不经入库直接拨给用户的货物数量，包括虽已进入储运企业的铁路专线，但不经卸车又直接转发用户的货物数量。

2. 库存量

库存量是指仓库内所有纳入仓库经济技术管理范围的全部本单位和代存单位的货物数量，不包括待处理、待验收的货物数量，通常用仓库在一定时期（计划期）内的日平均库存量表示。该指标也是反映仓库平均库存水平和库容利用状况的指标，计量单位通常为"吨"。按月度计算的平均库存量计算公式如下。

$$月平均库存量 = \frac{(月初库存量 + 月末库存量)}{2}$$

月初库存量等于上月末库存量，月末库存量等于月初库存量加上本月入库量再减去本月出库量。

（二）反映仓库储存效率的指标

1. 仓库面积利用率

仓库面积利用率是仓库可利用面积与仓库建筑总面积的比率，是衡量仓库利用程度的重要指标，是反映仓库管理工作水平的主要经济指标之一。它用以分析仓库的实际利用效率，也可以用仓库容积利用率来表示。计算公式如下。

$$仓库面积利用率 = \frac{仓库的有效堆存面积}{仓库总面积} \times 100\%$$

$$仓库容积利用率 = \frac{存储货物实际占用的空间}{整个仓库实际可用的总空间} \times 100\%$$

其中，存储货物实际占用的空间一般以库存报告期内的平均库存量计算。

2. 仓库生产率

仓库生产率是仓库实际产出与实际投入的比率，以此可以测定仓库生产过程满足需求的效率。计算公式如下。

$$仓库生产率 = \frac{仓库全年出入库重量}{仓库全年员工日总数} \times 100\%$$

3. 设备利用率

设备利用率指的是设备的使用效率，一般用每年度设备实际使用时间占计划用时的百分比表示。在一般的企业当中，设备投资常常在总投资中占较大的比例。因此，设备的充分利用，直接关系投资效益。提高设备的利用率，等于相对降低了产品成本。计算公式如下。

$$设备利用率 = \frac{设备实际使用台数时}{制度台数时} \times 100\%$$

4. 单位货物固定资产平均占用量

$$单位货物固定资产平均占用量 = \frac{报告期固定资产平均占用量}{报告期平均货物储存量} \times 100\%$$

5. 单位货物流动资金平均占用量

$$单位货物流动资金平均占用量 = \frac{报告期流动资金平均占用量}{报告期平均货物储存量} \times 100\%$$

6. 流动资金周转次数/天数

流动资金周转次数是流动资金在一定时期（通常为一年）周转的次数。流动资金在一年内周转的次数愈多，说明流动资金周转速度愈快，利用效果愈好。流动资金周转天数是流动资金周转一次所需要的天数。周转一次所需要的天数愈少，说明流动资金的周转速度愈快，利用效果愈好。计算公式如下。

$$流动资金周转次数 = \frac{年仓储业务总收入}{全年流动资金平均占用额} \times 100\%$$

$$流动资金周转天数 = \frac{360}{流动资金周转次数} = \frac{全年流动资金平均占用额 \times 360}{年仓储业务总收入}$$

（三）反映仓储作业效率的指标

1. 存货周转率

库存量指标反映的是一组相对静止的库存状态，而存货周转率更能体现仓库空间的利用程度和流动资金的周转速度。从现代仓储经营角度来看，仓库中货物的停留时间应越短越好。存货周转率的计算公式如下。

$$存货周转率 = \frac{存货销售成本}{存货平均余额} \times 100\%$$

式中，存货平均余额为年初数加年末数除以 2。

2. 存货周转天数

存货周转天数是指企业从取得存货开始，至消耗、销售为止所经历的天数。周转天数越少，说明存货变现的速度越快。存货占用资金的时间越短，存货管理工作的效率越高。计算公式如下。

$$存货周转天数 = \frac{360}{存货周转次数} = \frac{存货平均余额 \times 360}{存货销售成本}$$

3. 平均收发货时间

平均收发货时间指的是仓库收发每笔货物（即每张出入货单据上的货物）平均所用的时

间,收发时间总合一般按天计算。计算公式如下。

$$平均收发货时间 = \frac{收发时间总和}{收发货总笔数}$$

4. 全员劳动生产率

全员劳动生产率指的是在一定时期内,仓库全体员工平均每人完成的出入库货物的数量。全员劳动生产率是指根据产品的价值量指标计算的平均每一个从业人员在单位时间内的产品生产量,是考核企业经济活动的重要指标,是企业生产技术水平、经营管理水平、职工技术熟练程度和劳动积极性的综合表现。计算公式如下。

$$全员劳动生产率 = \frac{仓库全年吞吐量}{年平均员工人数}$$

5. 货物及时验收率

货物及时验收率是反映仓库按照规定的时限执行验收的情况的指标。计算公式如下。

$$货物及时验收率 = \frac{一定时期内及时验收笔数}{同期收获总笔数}$$

6. 仓库作业效率

仓库作业效率用平均每人每天完成的出入库货物量来表示。计算公式如下。

$$仓库作业效率 = \frac{全年货物出入库总量(吨)}{仓库全体员工年制度工作数}$$

(四)反映仓库生产作业质量的指标

仓库生产质量是指货物经过仓库储存阶段,使用价值满足社会生产的程度和仓储服务工作满足货主和用户需要的程度。由于库存货物的性质差别较大,货主所要求的物流服务内容也不尽相同,所以各仓库反映生产作业质量的指标体系的繁简程度会有所不同。通常情况下,反映质量的指标主要有收发差错率(收发正确率)、业务赔偿费率、账实相符率、货物损耗率、设备完好率等。

1. 收发差错率(收发正确率)

收发差错率是以收发货所发生差错的累计笔数占收发货总笔数的百分比来计算的,此项指标反映仓库收发货的准确程度。计算公式如下。

$$收发差错率 = \frac{收发差错累计笔数}{收发货物总笔数} \times 100\%$$

$$收发正确率 = 1 - 收发差错率$$

收发差错包括因验收不严、责任心不强而产生的错收、错发,不包括丢失、被盗等造成的差错,它是仓库管理的重要质量指标。通常情况下,收发差错率应控制在0.5%的范围内。而对于一些单位价值高的货物或具有特别意义的货物,客户会要求仓库的收发正确率是100%,否则将根据合同提出赔偿。

2. 业务赔偿费率

业务赔偿费率是以仓库在计划期内发生的业务赔偿罚款额占同期业务总收入的百分比

来计算的,此项指标反映仓库履行仓储合同的质量。计算公式如下。

$$业务赔偿费率 = \frac{业务赔偿罚款总额}{业务总收入} \times 100\%$$

业务赔偿罚款是指入库、保管、出库阶段,由于管理不严、措施不当而使仓储物损坏或丢失所支付的赔款和罚款,以及为延误时间等所支付的罚款,意外灾害造成的损失不计。业务总收入是指在计划期内仓储部门在入库、储存、出库阶段提供服务所收取的费用之和。

3. 货物损耗率

货物损耗率是指保管期间,某种货物自然损耗的数量占这种货物入库数量的百分比,这项指标反映仓库货物保管和维护的质量和水平。计算公式如下。

$$货物损耗率 = \frac{某种货物损耗量}{期内货物入库总量} \times 100\%$$

$$货物损耗率 = \frac{某种货物损额}{货物保管总额} \times 100\%$$

货物损耗率指标主要用于易挥发、易流失、易破碎的货物,仓库与货主根据货物的性质在仓储合同中规定一个相应的损耗上限。若实际损耗率高于合同中规定的损耗率,则说明仓库管理不善,针对超限损失部分,仓库要给予赔付;反之,说明仓库管理更有成效。

4. 设备完好率

设备完好率是指在一定时期内,仓库设备处于完好状态,并能随时投入使用的台数与仓库所拥有的设备台数的比率。它反映了仓库设备所处的状态。计算公式如下。

$$设备完好率 = \frac{完好设备台时数}{设备总台时数量} \times 100\%$$

5. 账实相符率

账实相符率是指在进行货物盘点时,仓库保管的货物账面上的结存数与库存实有数量的相互符合程度。在对库存货物进行盘点时,要求根据账目逐笔与实物进行核对。计算公式如下。

$$账实相符率 = \frac{账实相符笔数}{储存货物总笔数} \times 100\%$$

账实相符率要求整进整出的仓库不低于99.5%,整进零出的仓库不低于98.5%。这项指标可以衡量仓库账面货物的真实程度,反映保管工作的完成质量和管理水平,是避免货物损失的重要手段。

(五)反映仓储作业消耗的指标

1. 材料、燃料和动力消耗指标

由于各种仓储企业所用设备不同,所以没有一个统一标准。各企业考核大多与企业同期比较。该指标内容包括机械设备耗油量、苫垫物料年消耗量、苫垫物料重复使用率、月摊销额等。

2. 平均储存费用

平均储存费用是指一定时期（旬、月、季、年）内保管每吨货物平均所需要的费用开支。货物在保管过程中消耗一定数量的活劳动和物化劳动，其货币形式就是各项仓储费用，这些费用包括货物在出入库、验收、储存和搬运过程中消耗的材料、燃料费，人工工资和福利，固定资产折旧，修理费，照明费，租赁费，利息及应分摊的管理费等。这些费用的总和构成储存费用总额。

平均储存费用是仓库经济核算的主要经济指标之一。它可以综合地反映仓库的经济成果、劳动生产率、技术设备利用率、材料和燃料节约情况和管理水平等。计算公式如下。

$$平均储存费用 = \frac{储存费用总额}{同期平均储存量}$$

（六）反映仓储作业效益（经济性）的指标

1. 工资利润率

工资利润率是在一定时期内，仓库利润总额与同期工资总额的比率。工资利润率反映了仓库所得与所费的比例，反映了仓库的经济效益。计算公式如下。

$$工资利润率 = \frac{利润总额}{同期工资总额} \times 100\%$$

2. 成本利润率

成本利润率是在一定时期内，仓储企业利润和同期仓储成本支出的比率。它反映了成本支出的获利程度，成本利润率越高，说明仓库收入大于支出，经济效益就越高。计算公式如下。

$$成本利润率 = \frac{利润总额}{同期仓储成本总额} \times 100\%$$

3. 资金利润率

资金利润率是在一定时期内，仓库利润与同期全部资金占用的比率。它反映了仓库资金利用效果。计算公式如下。

$$资金利润率 = \frac{利润总额}{(固定资产平均占用额 + 流动资金平均占用额)} \times 100\%$$

4. 利润总额

利润总额是利润核算的主要指标，它能表明利润的实现情况，是反映企业经济效益的综合指标。计算公式如下。

$$利润总额 = 报告期仓库总收入额 - 同期仓库总支出额$$

5. 收入利润率

收入利润率是指企业实现的总利润与同期的销售收入的比率。收入利润率指标既可考核企业利润计划的完成情况，又可比较各企业之间和同一企业不同时期的经营管理水平，反映经济效益。计算公式如下。

$$收入利润率 = \frac{利润总额}{仓库营业收入总额} \times 100\%$$

6. 每吨货物保管利润

该指标是指报告期内实现的利润总额与同期货物储存总量（吨）的比值。计算公式如下。

$$每吨货物保管利润 = \frac{报告期利润总额}{报告期货物储存总量}$$

这里的报告期货物储存总量一般可以用报告期间出库的货物总量来衡量。

（七）货物储存的安全性指标

货物储存的安全性指标，反映的是仓库作业的安全程度。它可以用发生的各种事故的等级和次数来表示。事故主要包括人身伤亡事故，仓库失火、爆炸、被盗事故，机械损坏事故等类别。安全性指标一般无须计算，主要根据实际事故的损失程度来划分等级。

以上七大类指标构成仓储管理比较完整的绩效指标体系，从不同方面反映仓储部门经营管理、工作质量及经济效益的水平。

三、仓储绩效评价的方法

仓储绩效评价的方法很多，这里主要介绍对比分析法、平衡分析法、程序分析法以及成本分析法四种。

（一）对比分析法

对比分析法是将两个或两个以上有内在联系的、可比的指标（或数量）进行对比，从对比中寻差距、找原因。对比分析法是指标分析法中使用最普遍、最简单和最有效的方法。

根据分析问题的需要，主要有以下几种对比方法。

1. 计划完成情况的对比分析

将同类指标的实际或预计完成数与计划数进行对比分析，从而得出计划完成的绝对数。

2. 纵向动态对比分析

将同类有关指标在不同时间上进行对比分析，如先将本期与基期或上期比、与历史平均水平比、与历史最高水平比，再进一步分析产生这种结果的原因，提出改进措施。

3. 横向类比分析

对有关指标在同一时期相同类型的不同空间条件下进行对比分析。类比单位一般选择同类企业中的先进企业，包括国内外企业，通过横向对比找出差距，采取措施赶超先进。具体如表6-5所示。

表 6-5　某仓储企业仓储绩效对比分析一览表

指标	本期		上年实际	同行先进	差距(增＋,减－)	
	实际	计划			比上年	比先进
仓储总成本						
单位仓储成本						
物资吞吐量						
收发差错率						
业务赔偿费率						
仓库空间利用率						
库存周转次数						
货物损耗率						
……						

4. 结构对比分析

将总体分为不同性质的各部分,以部分数值与总体数值之比来反映事物内部构成的情况,一般用百分数来表示。例如,计算分析保管养护不善造成的霉变变质、损毁灭失、丢失短少、错收错发、违规作业(如未验收入库)等结果所带来的损失各占的比例为多少。如表 6-6 所示。

表 6-6　货物保管损失结构对比分析一览表

货物保管损失类型	计划单位	数量	金额(元)	所占比重(%)	
				数量	金额
霉变变质					
损毁灭失					
丢失短少					
错收错发					
违规作业					
合计					

应用以上几种对比分析法的时候,需要注意以下几点。

第一,要注意所对比的指标或现象之间的可比性。在进行纵向对比时,主要考虑指标所包括的范围、内容、计算方法、计量单位、所属时间等相互适应,彼此协调;在进行横向对比时,要考虑对比的企业必须在经济职能或经济活动性质、经营规模上基本相同,否则不同组织形式、不同规模和技术、不同管理条件的企业的客观差异会导致对比分析缺乏横向可比性。

第二,要综合使用各种对比分析指标。单一的指标对比分析只能从一个侧面反映企业的经营情况,只作单项指标的对比分析会比较片面,甚至得出误导性的分析结果。把有联系的对比分析指标结合起来,这样更有利于全面、深入地研究分析问题。

第三,要正确选择对比的基数。对比基数的选择,应根据不同的分析目的进行,一般选择具有代表性的基数。如在进行指标的纵向动态对比分析时,选择企业发展比较稳定的年份作为基数更具有现实意义,与波动较大的年份相比较达不到预期的目的和效果。

（二）平衡分析法

平衡分析是利用各项具有平衡关系的经济指标之间的依存情况来测定各项指标对经济指标变动的影响程度的一种分析方法。平衡关系式是用等式表示各相关指标间平衡关系的公式。

$$期初库存＋本期入库＝本期出库＋期末库存$$

表 6-7 所示为仓储绩效评价可使用的一种平衡分析表。

表 6-7　某企业仓储部 2022 年入、存、出情况分析一览表　（单位：吨）

指标	计划	实际	差额	备注
年初库存				
全年入库				
全年出库				
年末库存				

平衡分析表适用于分析事物发展的不平衡现象，揭示事物出现不平衡状态的原因，以指引人们用正确的方法促进事物的发展。例如，仓储部门可在上述平衡分析表的基础上，进一步分析各项差额产生的原因和在该年度内产生的影响，进而研究改进的方法。

（三）程序分析法

程序分析法是指以整个生产过程为研究对象，研究分析从第一项工作到最后一项工作是否存在多余、重复、不合理的作业，作业顺序是否合理，并制定改进方案的一种分析方法。

程序分析使人们懂得如何开展工作，以便找出改进的方法，非常适合在仓库绩效管理中使用。

这里介绍两种常用的程序分析方法：流程图分析法和鱼骨分析法。

1. 流程图分析法

流程图分析法亦称"物流系统分析法"，即通过一件产品或服务形成过程来帮助理解流程，并通过分析流程过程发现企业所面临的危险。具体做法是绘制一张详细的流程图，表明企业生产或服务形成过程各步骤及步骤间的关系，对各阶段逐项进行分析，以发现可能遭遇到的各种危险及潜在的危险因素。

仓库可以在指标对比分析的基础上，运用这种方法进行整个仓储流程或某个作业环节的分析，以将主要问题分离出来，并进行进一步分析。例如，经过对比分析发现货物验收时间出现增加的情况，就可以运用流程图分析法，对验收流程（验收准备—核对凭证—实物检验—货物编号—入库堆码—上架登账）进行分析，以确定导致验收时间增加的主要问题出现在哪一个环节上，采取相应的措施。

2. 鱼骨图分析法

鱼骨图分析法也叫因果分析法，是一种发现问题根本原因的分析方法，可划分为问题型、原因型及对策型等几类。鱼骨图（Fishbone Analysis Method）是由日本管理学大师石川馨提出的,故又名石川图。鱼骨图中的每根鱼骨(包括大骨、中骨、小骨)都代表了一个可能的差错原因,一张鱼骨图可以反映企业或仓储部质量管理中的很多问题。

鱼骨图分析可从物料(Material)、机器设备(Machinery)、人员(Manpower)、方法(Methods)和环境(Environment)五个方面进行,这五个方面简称"人机料法环",它是企业全面质量管理理论中影响产品质量的五个要素。鱼骨分析法为仓储绩效评价的分析提供了一个好的框架,只要系统地深入讨论这五个要素,就很容易找出可能存在的质量问题,从而设立相应的检验点进行重点管理。例如,一些客户对仓库服务的满意度下降,仓库管理部门可以从这五个方面分析原因,以便改进服务体系,如图6-1所示。

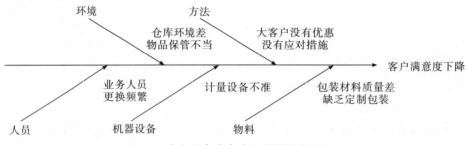

图6-1 仓库客户满意度因果原因分析图示

(四)成本分析法

1.传统的成本分析

传统的仓库成本分析经常采用的方法是将成本总额分摊到客户或渠道的库存(金额/数量)上,但实际上客户或渠道库存的货物通常并不是按金额或数量的比例消耗仓储资源。例如,仓库中经常有高低价值不同的货物混存的情况,仓库在接受、存储和发送货物时,货物不仅有价值方面的差别,还会有单个、托盘、大宗的单位差别,因此,传统的仓库成本计算方法过于简单,往往会扭曲事实。

2.以活动为基准的成本分析

以活动为基准的成本分析方法是一种相对较新的方法。这种方法将正常成本之外的其他成本直接分摊到产品或服务上,将资源分摊到活动中,将活动分摊到成本对象上。因此,这种成本分摊是分两步进行的,第一步是确定仓库等组织内的成本活动,第二步是将活动成本追溯到对服务所做的工作上,如图6-2所示。

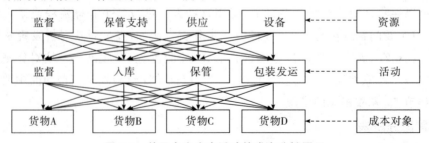

图6-2 基于仓库生产活动的成本分摊图示

以活动为基准的成本分析方法能够加强对间接费用的管理和控制。但是,成本分摊依然存在许多问题。因为客户需求和市场竞争会使物流资源的供求矛盾不断发生变化,所以使用成本分析法要注意成本分摊的潜在问题。

项目小结

本项目主要介绍仓储成本的构成与分类,核算方法与控制途径,建设仓储绩效管理指标体系的意义、原则,具体介绍仓储绩效评价体系的指标和几种评价方法。

同步练习

一、单项选择题

1. 仓储管理变动成本包括( )。
   A. 货损成本　　　　B. 库房租金　　　　C. 设备折旧　　　　D. 固定工资
2. 发生在货品持有期间,因市场变化造成的商品贬值属于( )。
   A. 订货成本　　　　B. 资金占用成本　　C. 缺货成本　　　　D. 存货风险成本
3. 下列属于仓储管理固定成本的是( )。
   A. 货品损坏成本　　B. 设备维修费用　　C. 设备设施折旧　　D. 临时人员工资
4. 以下哪项不属于反映仓库生产作业质量的指标?( )
   A. 账实相符率　　　B. 收发差错率　　　C. 仓库利用率　　　D. 货物损耗率
5. 以下哪项不属于反映仓库储存效率的指标?( )
   A. 仓库面积利用率　B. 仓库生产率　　　C. 资金使用效率　　D. 流动资金周转次数
6. 以下哪项不属于反映仓储作业效益的指标?( )
   A. 成本利润率　　　B. 设备完好率　　　C. 利润总额　　　　D. 资金利润率
7. ( )是指在货物盘点时,仓库货物保管账面上的货物储存数量与相应库存实有数量的相互符合程度,也称盘点准确率。
   A. 账实相符率　　　B. 收发差错率　　　C. 货物损耗率　　　D. 货物及时验收率
8. 以下关于仓储成本控制的描述不正确的是( )。
   A. 仓储成本控制是企业的"第三利润源"
   B. 仓储成本控制能增加库存量,提高企业效率
   C. 仓储成本控制可增强企业竞争力
   D. 仓储成本控制是企业持续发展的基础
9. 以下选项中能反映仓库平面利用效率的是( )。
   A. 期间货物直拨量　　　　　　　　　B. 期间货物吞吐量
   C. 单位面积储存量　　　　　　　　　D. 日平均储存量
10. 库存供应中断而造成的损失属于( )。
    A. 存货风险成本　　B. 缺货成本　　　　C. 订货成本　　　　D. 生产成本
11. ( )是为购买货品和保证存货而使用的资金的成本,该成本可以用公司投资的机

会成本或投资期望值来衡量。

  A. 资金占用成本 B. 存货风险成本 C. 订货成本 D. 缺货成本

12. 以下哪项不属于外部缺货所导致的情况？（ ）

  A. 延期交货 B. 失销 C. 失去客户 D. 资金积压

13. 以下哪项不属于反映仓储作业效率的指标？（ ）

  A. 存货周转率 B. 仓库作业效率 C. 资金使用率 D. 货物及时验收率

二、多项选择题

1. 仓储成本控制的原则包括（ ）。

  A. 经济性原则 B. 政策性原则 C. 数量化原则

  D. 质量原则 E. 全面性原则

2. 降低仓储持有成本可以考虑以下哪些方面？（ ）

  A. 增加采购次数 B. 降低采购数量 C. 减少库存量

  D. 增加采购数量 E. 重新配置库存时，有效、灵活地运用库存量

3. 企业工作不当发生外部缺货，可能会造成（ ）。

  A. 劳动生产率提高 B. 失销 C. 延期交货

  D. 失去客户 E. 库存量减少

4. 以下哪些选项属于建立仓储绩效管理指标体系的原则？（ ）

  A. 科学性 B. 可比性 C. 协调性

  D. 稳定性 E. 可行性

5. 以下哪些选项属于仓储固定成本的范围？（ ）

  A. 仓库水电费 B. 库房折旧 C. 库房设备折旧 D. 库房固定人工工资

6. 仓储持有成本包括（ ）。

  A. 仓储运作成本 B. 仓储订货成本 C. 仓储维护成本

  D. 资金占用成本 E. 存货风险成本

7. 反映仓储作业效益（经济性）的指标包括（ ）。

  A. 仓库生产率 B. 工资利润率 C. 流动资金周转次数/天数

  D. 利润总额 E. 每吨货物保管利润 F. 资金利润率

三、名词解释

1. 仓储持有成本

2. 存货风险成本

3. 账实相符率

4. 存货周转率

四、计算题

1. 某仓库的使用面积为 700 平方米，2018 年的出库总金额为 800 万元，年初库存金额为 40 万元，年末库存金额为 45 万元，该仓库在 3 月 15 日入库 8400 件 A 商品，该商品单件外形尺寸为 60cm×60cm×60cm，单重 50kg，包装上表示的堆码极限为 5，仓库的地面承载能

力为 $6t/m^3$。求该仓库的库存周转率、A 商品所需的货位及面积利用率。

2. 一家大型仓储企业库区总面积为 $8000m^2$，仓库办公、生活及服务区面积为 $500m^2$，通道与作业区的面积为 $1000m^2$，库房总容量 20000 万吨，全年平均库存量 14500 万吨，年均货物入库总量 60900 万吨，货物出库总量 46400 万吨，月均储存费用总额 65.25 万元。仓库年平均工作人员 145 人，全年标准工作日 302 天。试计算仓库面积利用率、库房容积利用率、全员劳动生产率、货物周转次数、平均储存费用（可保留两位小数）。

仓储企业成本构成与核算的实地调研

一、实训组织

学生分组了解某企业仓储成本的构成及仓储成本核算的方法，并撰写一份分析报告，制作 PPT 并汇报总结，以小组为单位进行实训活动，每 4 人为一个小组。

二、实训步骤

1. 通过实地调研，了解仓储企业成本的构成与核算过程。

2. 对仓储企业成本核算结果进行分析，撰写调研报告。

三、实训成果

1. 提交调研报告。

2. 制作 PPT，并进行汇报总结。

项目七 仓储管理系统

学习目标

知识目标

1. 了解仓储管理系统的概念、基本内容;
2. 熟悉仓储管理系统在物流企业中的应用;
3. 掌握仓储管理系统的主要内容;
4. 熟悉仓储设备的发展趋势。

技能目标

1. 熟悉常见仓储管理系统的主要功能模块;
2. 掌握不同仓储作业环节之间的逻辑关系;
3. 能够运用校内仓储管理系统进行仓储作业信息处理。

重点、难点

本项目重点为仓储管理系统的基本内容,仓储管理系统在物流企业中的应用;难点为掌握不同仓储作业环节之间的逻辑关系,能够运用仓储管理系统进行仓储作业信息处理。

任务情境

普田物流 WMS 解决方案

一、企业在实施 WMS 之前存在的问题

普田物流此前使用的 WMS 功能较为简单,系统功能主要有入库管理、出库管理、库内管理、费用管理、查询与统计、基础信息、系统设置等。VMI(供应商管理库存)作业存在的问题有以下四个方面:第一,纸质单据繁多,导致准确率低、工作效率低下;第二,实际的业务操作过程缺少信息化技术支撑,浪费人力及物力;第三,供应链中的各节点交接及界定不清晰,VMI 和主机厂生产车间信息不同步,这造成结账困难,给主机厂、物流公司、供应商三方均造成损失;第四,供应链各环节没有准确的实时库存,这造成整个供应链不准确并且低效,成本居高不下。

二、WMS 解决方案

根据物流公司业务整合需要,对生产物流厂外 VMI、厂内 RDC(区域分发中心)的仓储情况进行实时监控,对订单的发布和入库情况进行跟踪控制,随时查看生产物流物料的库存状况,支持主机厂多种物料拉动配送模式,指导库内作业,提高生产物流作业效率。WMS 功能有以下几个方面。

1. 基础数据维护

对组织信息、角色信息、员工信息、物料信息、仓库信息、货区信息、仓位信息、供应商数据、客户数据、单位规格等进行维护、管理。

2. 订单管理

对入库订单和出库订单进行管理,可接收上游下发订单、供应商的补货订单、手工订单等。

3. 入库管理

系统支持多种入库模式,物料可分批质检、收货,实现信息流转的自动化管理,入库时系统推荐仓位,支持物料入库、入仓位的历史记录查询和导出以及条形码打印。

4. 出库管理

系统支持多种出库模式,物料可以分批拣货、包装、出库、装车、发运,实现信息流转的自动化、电子化管理,提供出库作业指导信息,提高拣货效率,支持物料出库历史记录的查询和导出;支持一个出库单下多批次出库;支持出库流程的工作流配置。

5. 库内管理

系统对移仓、封存、分装业务、盘点、库存调整等库内作业进行管理,并生成作业记录及对应的分析结果,可将作业记录及分析结果导出。

6. 退库、紧急出库等处理

退库处理:针对主机厂因计划调整等而产生的零部件退库情况,系统支持由供应商将自提退库指令发送至物流部门材料会计,在系统内作退库记录及打印退库单,先由保管员备货,交予保管员、供应商和财务主管签字确认后,再由材料会计根据签字单据进行退库审核,完成退库闭环。

紧急出库处理:针对主机厂紧急出库情况,根据缺件紧急程度,由材料会计根据主机厂指令先在系统内创建出库计划或出库单,配送至主机厂办理主机厂入库单,再将出库单与主机厂入库单进行核对,无误后在系统内完成确认出库,实施 PDCA(计划、执行、检查、处理)闭环管理。

7. 计费管理

VMI 向供应商收费:可对生产物流的计费进行管理,包括设置计费科目、设置费率,实现费用自动计算和手工计算,形成结算单,并做成收支台账,对账单进行分类查询。

8. 报表管理

系统支持对生产物流的常用报表进行管理,可将入库记录、出库记录、物料库存、库内作业等数据以报表形式展现出来,并根据用户的管理/查询条件,对一定范围内数据按照预定模板进行列举、排序、分类及一些运算。

三、信息化建设的未来发展规划

普田物流公司根据自身信息化现状及未来发展方向,制定公司的信息化规划方案。公司在统一信息系统建设规划下,引进相关信息新型技术,完善数据采集方式,深化现有系统的功能应用,逐步构建物流信息统一平台,提升业务信息化、管理系统化水平,以实现"领跑物流行业信息化建设"的目标。

(资料来源:中国物流与采购联合会,文字有删改)

任务一　仓储管理系统发展概述

一、仓储管理系统概述

仓储管理系统(Warehouse Management System,简称 WMS)是用来管理仓库内部的人员、库存、工作时间、订单和设备的软件实施工具。其主要作用是管理和控制仓库所有出入库动态,统计分析库存数据,使决策人员较早发现问题,采取相应措施,调整库存结构,缩短储备周期,加快资金周转速度,从而保证企业生产物流的畅通,同时最大限度地降低库存占用,及时弥补管理中的漏洞,使库存管理系统实时地反映企业中各个仓库的情况,为各类管理人员从不同侧面提供所需信息,以便协调企业经营获得更大效益。

仓储管理系统是物资管理系统的核心,是企业不可缺少的部分,它的内容对于企业的决策者和管理者来说都至关重要。一直以来,人们使用传统的人工方式管理仓库,工作效率低,资料查找、更新和维护比较困难。随着仓库作业和库存控制作业的多样化、复杂化,依靠人工处理信息十分困难。如果仓库不能保证进货、验收及发货的正确性和及时性,就会产生过量的库存,延迟交货时间,增加经营成本,以致失去客户。随着科学技术的不断进步,计算机科学日渐成熟,仓库管理系统应运而生,它具有检索迅速、查找方便、可靠性高、存储量大、保密性好、寿命长、成本低等优点,极大地提高了管理的效率,能够有效地组织人员、空间和设备进行收货、存储、拣货和运输,组织运送原材料和部件到生产企业,运送成品到批发商、分销商和客户手中等,具有强大的功能。仓库管理系统是服务于采购、制造计划、制造执行、客户服务系统等的管理手段,能满足仓库对低成本和快速处理的要求,帮助不同行业的企业解决复杂的配送问题并降低订单履行成本,已越来越广泛地被应用于各大仓库,随着不断的完善发挥出越来越重要的作用。

二、仓储管理系统的发展情况

世界经济飞速发展,物流量迅猛增加,如何让物流更加畅通,如何让物流过程更加合理,成为大家关心的问题。国外仓储业起步较早,到目前为止,基本上已经实现仓储作业的自动化和无纸化,网络技术和计算机技术的发展也促进了仓储业的信息化,国外制造企业普遍在仓储方面采用信息化的管理技术,如企业资源计划(Entrise Resource Planning,ERP)、物料需求计划(Material Requirements Planning,MRP)、仓储管理系统(Warehouse Management

System,WMS)等。这些信息化技术的应用使国外仓储业得到了较好的发展。在仓储管理中,电子标签、条形码等技术得到越来越广泛的应用。

我国在1949年后较长一个时期内,仓库全部的搬运、装卸、统计、计量等工作都由人工完成,不但占用了大量劳动力,而且错误率较高、劳动强度大、劳动条件差,特别在一些危险品仓库,非常容易发生中毒爆炸等事故。经过多年的改革和发展,我国仓储业获得了较大发展。我国仓储管理一直都向着智能化方向发展,目前我国仍处在自动化仓储推广及应用的阶段,仓储业信息化程度不断提高。

三、仓储管理系统的主要内容

仓储管理的内容包括三个部分:仓储管理系统布局、库存最优控制、仓储作业操作。这三个部分彼此联系。仓储管理系统布局是顶层设计,也是物流"供应链"设计的核心。把一个复杂纷乱的物流系统通过枢纽的布局设计改造成为"干线运输、区域配送"的模式,枢纽就是以仓库为基地的配送中心。在相应的信息系统设计中,表现为"联库管理"的模式,分为集中式、分布式和混合式三类,其中配送中心的选择和设计是整个系统布局的关键。这部分内容通常并不包含在仓储管理系统之中,但是对于布局设计变化的适应性、通用性会成为客户选择仓储管理系统的一个重要依据。

库存最优控制属于确定仓库商业模式的部分,即要确定本仓库的管理目标和管理模式。如果库存是供应链上的一个执行环节,是成本中心,多以服务质量、运营成本为控制目标,追求合理库存甚至零库存;如果库存是独立核算的,除了服务质量、运行成本外,应更关心利润的核算,计费系统和客户关系管理成为极其重要的组成部分,在计费系统中要固化市场营销的战略和策略。

仓储作业操作是基础的部分,也是所有仓储管理系统的共性部分,正因为如此,仓储作业信息化成为仓储管理系统与其他管理软件如ERP等相区别的标志。仓储管理不仅要将确定的控制目标和管理模式落实为操作流程,还要与众多的专用仓储设备自动控制系统相衔接,技术是其中最复杂的部分。

四、现阶段仓储管理系统的主要应用

仓储管理系统主要为物流企业提供快速一站式的货物处理服务,应用方向主要集中在货物入库、生产订单、库内作业、报废出库等方面。

(一)货物入库

在以往的货物入库流程中,货物标签为纸质标签,标注货物编号、数量、条形码等,入库工作人员通过观看检查,进行货物的统计和记录,并形成纸质单据,提交检验主管,检验主管先通知文员进行货物登记,再进行入库作业。作业过程十分烦琐,且人工作业时间长、工作压力大,容易出现疏漏。而在仓储管理系统当中,入库工作人员可以利用扫描条形码或二维码的方式,对货物的相关信息进行搜集和统计,并利用数据库比对,完成对货物的检验。免

检货物可以直接入库,并在系统当中以历史记录的方式留存,非免检货物则锁定为冻结状态,交由人工检验判断,从而实现货物入库的流程优化。

(二)生产订单

在物流公司的实际运营中,生产订单的处理通常较为烦琐,一般先由专门的接单工作人员通过信息渠道进行接单,并以专门的表格进行单据填写,完成单据填写后需要提交仓储管理主管,由主管进行内容辨别和货物查找,实现仓库检货,再根据实际的发货数量进行配置,最后发出货物。仓储管理系统实现了局域网架构,通过局域网进行信息传递,实现一站式作业。企业接单后,管理系统会直接以电子表格的形式生成相关的货物信息,通过局域网传递到仓库分区,实现检货,通过系统扫描,完成货物的配置和发出。相较于纸质订单和人工检货方式,仓储管理系统更加快捷方便。

(三)库内作业

仓储管理系统可以对物流企业仓储的货物信息进行统计,并以代码的形式进行库位定义和供应商识别。在面对生产线需求时,系统将相关代码信息作为与供应商之间的结算依据,从而在货物成为呆滞品时可以通过虚拟库位释放的方式实现代码释放,保证供应商的利益。货物的特征和存放位置可通过代码的形式来体现,从而实现货物的差异化分放,提升查找效率。工作人员在进行具体的货物查找时,可以直接通过系统代码来实现。

(四)报废出库

在物流公司的仓储管理当中,货物存储时间超过两年,或因不可抗力而保管不善,无法满足供应商或客户的需求时,需要进行报废出库处理,以便为新货物存储腾出位置。在以往的工作流程中,货物的报废出库需要仓库管理人员、计划人员、检验人员多层级进行审核,并由管理层进行审批之后,才能开展集中处理。物流公司在进行审批时,因审批层级过多、工作效率较低而使审批时间较长,通常会超过半个月。而仓储管理系统可以通过定位、数据统计等管理方式,对废品、呆滞品等直接进行抓取,并通过扫描的方式将废品、呆滞品移入待报废区域,为仓储空间释放做准备,同时为审批争取时间。

五、仓储管理系统在我国的应用现状

仓储管理系统是仓储管理信息化的具体形式,它在我国的应用还处于起步阶段,主要包括以下几大类。

第一类,基于典型的配送中心业务的应用系统。在销售物流中如连锁超市的配送中心,在供应物流中如生产企业的零配件配送中心。北京医药集团有限责任公司的现代物流中心就是一个典型。该系统的主要目标,一是落实国家有关医药物流的管理和控制标准等,二是优化流程、提高效率。该系统功能包括进货管理、库存管理、订单管理、拣选、复核、配送、RF终端管理、货物与货位基本信息管理等模块;以网络化和数字化方式,提高库内作业控制和任务编排水平。该系统使配送时间缩短了一半,订单处理能力也提高了,同时取得了显著的社会效益,从而成为医药物流的一个样板。此类系统多用于制造业或分销业的供应链管理,是仓储管理系统中最常见的一类。

第二类,以仓储作业技术的整合为主要目标的系统。这类系统主要解决各种自动化设备的信息系统之间整合与优化的问题。武汉钢铁集团的生产物流信息系统即属于此类,该系统主要解决原材料库(钢坯)、半成品库(粗轧中厚板)与成品库(精轧薄板)之间的协调运行问题,保持连续作业,避免放空生产力、浪费能源。该系统的难点在于物流系统与轧钢流水线的各自动化设备系统要无缝连接,使库存成为流水线的一个流动环节,使流水线成为库存操作的一个组成部分。各种专用设备均有自己的信息系统,仓储管理系统不仅要整合设备系统和工艺流程系统,还要融入更大范围的企业整体信息化系统中。此类系统涉及的流程相对规范化、专业化,多出现在大型 ERP 系统之中,成为其中一个重要组成部分。

第三类,以仓储业的经营决策为重点的应用系统。其鲜明的特点是具有非常灵活的计费系统、准确及时的核算系统和功能完善的客户管理系统,为仓储业经营提供决策支持信息。华润物流(集团)有限公司的润发仓库管理系统就是一个典型。此类系统多用于一些提供公共仓储服务的企业,流程管理、仓储作业的技术共性多、特性少,要求不高,适合为多数客户提供通用的服务。该公司在采用了一套适合自身特点的仓储管理系统后,减少了人工成本,提高了仓库利用率,明显增加了经济效益。

上面是从应用角度对仓储管理系统进行的简单分类。第一类仓储管理系统比较标准,但是并非适合所有企业即刻使用。第二类是企业内部物流发展进程中经常会用到的,当生产企业或商贸企业在推进信息化的时候,物流部分往往先从自动化开始,然后与企业的其他信息系统整合起来。第三类则是传统仓储业在向现代物流业过渡的进程中经常会用到的。仓储管理系统的上述分类反映了我国物流业发展还不是很成熟的现状。

六、仓储管理系统发展趋势

从中外物流发展的动向来看,现代仓储管理系统呈现出以下发展趋势。

第一,随着物流资源的整合,如何在大型物流网络中妥善处理集中模式与分散模式的关系。集中总是相对的,分散却是绝对的。当我们构造一个大系统模型时,分布式系统是基础。现代仓储管理系统是在分布式仓库网络基础上解决集中管理的困难。IBM 推出的 SOA(Service Oriented Architecture)架构就是此类研究的一个典型代表。

第二,以射频识别技术(Radio Frequency Identification,简称 RFID)为代表的新技术正在深刻地影响着仓储管理和 WMS。RFID 目前还不可能马上普及应用到所有的货物上,全世界也不会很快地就采用统一的货物编码标准。但是在物流环节中,车辆、集装箱、托盘、货架等设备可应用 RFID。

第三,准时生产配送将逐渐成为 WMS 服务的主要市场需求。准时生产方式的普遍化将导致准时生产配送需求的增长。WMS 的发展主要基于需求的变化,与此同时,配送需求的专业化市场细分也在深入,这要求 WMS 支持准时生产配送的专业化。

第四，商业智能技术（Business Intelligence，简称 BI）在 WMS 中的应用越来越多。商业智能就是利用技术开发积累的数据，使数据变成可以利用的信息。信息的作用在于应用，在于支持决策。在低水平的应用中，往往是系统只采集数据，由人工进行决策。经过一定的积累，目前正在研究如何让系统具有决策的功能。在 WMS 中，BI 模块成为一个重要的研究方向。

在实际操作中，仓储管理与市场和产品的稳定性、货物类型、仓储设备的类型和数量、仓库的规模和数量、信息管理水平和单元负载的选择都有着重要关联。因此，要进行有效的仓储管理，必须考虑方方面面的因素，完善信息管理系统。

任务二　仓储设备发展趋势

仓储设备是指能够满足储藏和保管货物需要的技术装置和机具，具体可分为装卸搬运设备和保管设备、计量设备、养护检验设备、通风照明设备、消防安全设备、劳动防护设备以及其他用途设备和工具等。

"工欲善其事，必先利其器。"仓储设备是仓储企业提高作业效率、实现安全生产、提高经济效益的重要基础，是反映仓储与物流技术水平的主要标志。现代仓储设备体现了现代仓储与物流技术的发展情况。

一、现代仓储设备的发展现状和问题

随着物流行业的快速发展，各类自动或半自动仓储设备的数量也在不断增长，这些仓储设备主要包括货架、托盘、装卸搬运设备、分拣设备、信息采集设备等等，随着新技术的进一步发展和应用，现代仓储设备逐渐呈现出全面自动化发展趋势。在新技术出现和应用之前，传统的仓储物流管理主要通过人工操作和部分机械设备配合工作来完成，这种方法下的仓储物流管理效率低下，仓库利用率低。随着仓储物流管理中自动化、智能化设备不断增加，仓储管理中的劳动力资源得到了较大的解放，仓储物流对于自动化设备需求的增长促进了相关自动化设备企业的发展，仓储设备厂家少、售后服务水平低的状况得到了显著的改善。现代仓储设备企业构建了从生产到销售再到售后的全过程设备管理体系，为物流业的高效发展提供了有力的设备支持。虽然仓储设备的发展形势大好，但是其中也存在一些不足。首先是目前市场中的仓储设备总体水平不高，中低端设备产品较多，全自动化、智能化的仓储设备应用不多；其次，配套物流设备差，相关标准不统一，安全性有待提升。

二、现代仓储设备中新技术的应用

目前，仓储设备发展转型较快，传统的只能进行半自动化控制的仓储设备已经不能满足物流管理要求，因此，基于新技术研发的仓储设备发展迅速。目前，仓储设备中应用较多的新技术是电子计算机控制技术，它通过计算机的控制软件，建立起设备间的网络连接，以对设备下达指令和控制。借助于电子计算机的控制技术，仓储设备能够对相关仓储信息进行自动判断,分析和解决问题,以保持良好的工作状态,从而提升仓储物流管理效率。例如,在叉车生产设计中建立电子信息技术控制结构,这能够有效提升叉车的工作性能,使操作起来更加灵活舒适。此外,移动和语音技术也是目前仓储物流管理中应用比较广泛的新技术。在现代仓储物流管理体系中,库房需要承担更多的功能。通过移动和语音技术的应用,仓库能够对相关设备进行实时监控和跟踪观察,还能为通信提供语音支持。在现代仓储物流管理体系中,语音技术应用最多的就是分拣系统,仓储物流分拣系统借助于语音技术,能够实现精准分拣,这一过程不需要人力参与,且分拣效率高,失误少。移动技术的应用将物流订单分销工作变得更加简单,这大大节约了分销时间,提升了工作效率。

此外,条码技术在现代仓储物流设备中的应用也是十分普遍的。通过应用条码技术,仓库能够及时掌握货物的全部信息。通过 GPRS 技术的使用,仓库还能对货物进行准确定位,实现货物搬运和跟踪的可视化,大大提升仓储管理效率。射频识别技术也是现代仓储物流中应用较为普遍的技术之一,射频识别技术借助于电子标签,可实现物流管理的信息化。电子标签被贴在货物的包装上或托盘上,标签内容包括货物的具体资料、存放位置等信息。

三、现代仓储设备新技术的应用发展趋势

现代仓储设备新技术具体包含立体货架、分拣系统以及计算机管理系统等,它们能够对仓库中各类货物予以规模性、集中性管理,是实现现代物流仓储工作信息化发展的重要保证。

(一)仓储设备的电子化、智能化和人性化发展趋势

随着电子技术的不断发展与运用,电子化已成为现代仓储设备的重要标志,是现代仓储设备的重要存在形式。电子化仓储设备主要以微机控制技术为依托,使设备能够在不同的工况下自动诊断和自动运行,保障仓储设备处于良好的运行状态中,最大化提升仓储设备的使用效益,从而为企业创造更多的经济效益。在电子化仓储设备的发展过程中,设备的控制和操作的人性化问题是仓储设备研发人员的重点研究对象。注重仓储设备的人性化设计,这是提升仓储设备作业安全性和舒适性的关键环节,如在叉车的人性化设计中,应考虑叉车良好的运转性能、操作的灵敏度和舒适度,功率晶体管和微处理机等新型设备的应用能有效地提高叉车的操作运转性能。同时,应注重叉车的驾驶室和工作台的人性化设计,最大程度提升叉车的安全性和舒适感。

仓储设备的发展应以市场需求为落脚点,根据物流的实际情况,设计相应的仓储设备,以便保障仓储设备取得最大化的工作效益。随着科学技术的不断发展,市场更加注重仓储设备智能化和人性化的一体设计,更加注重绿色化和节能化的基础设计,从而保障物流仓储设备更好地为物流作业服务。当然,随着仓储设备的不断发展,设备研发企业不但注重仓储设备硬软件的开发,还更加注重仓储设备总体性物流系统的开发,以便对设备进行实时监控,保障设备作业取得最大化的效益。因此,将计算机网络技术、数据识别与处理技术、无线通信技术等高新技术融入仓储设备中,是现代仓储设备发展的必然趋势。

(二)仓储设备的语音化、移动化发展趋势

库房是物流仓储的主要场所,随着现代人们生活质量的提升,消费者的需求逐步增加,为了满足市场竞争的需求,需要转变库房单一的储存作用,实现库房储存、销售与管理的一体化发展。近年来,物流行业竞争压力较大,很多物流企业为了提升经济效益,更加注重内部的管理与发展,对物流管理期间的货物管理、货物运输等更加关注一体化发展。将仓储设备与各类新技术相互融合,通过语音技术、移动技术等在供应及分销期间实现信息的全面交流,能够为现代物流行业的发展奠定良好的基础,提升整体物流服务的品质。

(三)仓储设备的安全作业设计的发展趋势

仓储设备安全可靠,一直以来是操作人员进行作业的基础。仓储设备作为机械设备的重要组成部分,不可避免地存在一定的机械问题,这些机械问题都可能提升操作的危险系数。因此,分析和研究仓储设备的风险因素显得尤为重要。在仓储设备设计的过程中,应充分运用人机工程学原理,强化设备的可操作性,不断提高机械的安全系数。仓储设备的整体结构系数对设备操作有着直接的影响,可能导致设备在操作的过程中出现一系列问题,甚至发生翻覆、坍塌等危险情况。仓储设备制动系统的质量直接决定操作过程中的安全性和可靠性。若制动系统存在问题,则很容易导致事故发生。因此,要密切关注机组制动性及制动器的联动情况。当然,仓储设备安全报警系统在仓储设备中也占据着重要地位,是诊断机械问题、保障机械作业安全可靠性的重要技术。此外,随着市场对仓储设备的要求不断提高,仓储设备越来越趋向于专业化,配件越来越趋向于通用化。仓储设备的设计在注重机械组件的同时,也要注重整体环境,避免在机械操作的过程中产生过大噪声、震动等问题,从而严重影响操作人员的工作心情,导致工作效率降低。舒适的工作环境的营造应以人为本,既要考虑机械安置的舒适性,又要考虑人工操作的舒适性。例如,机床界面的设计应主要包括屏幕显示、布局设计、操控等。设计现代仓储设备时要紧密联系人机工程学原理,开展人性化设计;有效结合周围环境和人的因素,保证操作者能方便、舒适地工作,从而提高工作效率。

项目小结

本项目主要介绍 WMS 的基本概念和仓储管理系统在我国的应用现状,仓储管理系统发展趋势和现代仓储设备新技术的应用发展趋势。

同步练习

一、单项选择题

1.仓储管理系统的英文简称是(　　)。
A. VMI　　　　　　B. IMS　　　　　　C. WMS　　　　　　D. MRP

2.仓储管理系统的主要管理对象是（　　）。
A.货物　　　　　　B.作业　　　　　　C.供应商　　　　　　D.仓库
3.下列不属于物流创造的效用的是（　　）。
A.时间效用　　　　B.空间效用　　　　C.批量效用　　　　　D.生产效用

二、填空题

1.仓储管理系统（WMS）是用来管理_____、_____、_____、订单和设备的软件实施工具。

2.仓储管理系统主要为物流企业提供快速一站式的货物处理服务，因此应用方向主要集中在货物入库、_____、_____、_____等几个方面。

三、简答题

1.仓储管理系统的基本概念是什么？
2.仓储管理系统的主要内容是什么？

参考文献

[1] 薛威.仓储作业管理[M].北京:高等教育出版社,2012.

[2] 李天奇,王伟,郑书燕.仓储与配送实务[M].辽宁:辽宁大学出版社,2018.

[3] 曾海珠.仓储作业与管理[M].哈尔滨:哈尔滨工业大学出版社,2017.

[4] 傅莉萍.仓储管理[M].北京:清华大学出版社,2015.

[5] 孙秋高.仓储管理实务[M].北京:电子工业出版社,2010.

[6] 赵阳.仓储管理实务[M].北京:北京理工大学出版社,2010.

[7] 李英.仓储管理实务[M].南京:东南大学出版社,2010.

[8] 钟苹.仓储管理实务[M].大连:大连理工大学出版社,2009.

[9] 钟苹.仓储管理实务[M].大连:大连理工大学出版社,2009.

[10] 季敏.仓储与配送管理实务[M].北京:北京大学出版社,2011.

[11] 宋文官.仓储与配送管理实务[M].北京:高等教育出版社,2010.

[12] 王瑜.仓储与配送管理项目式教程[M].北京:北京大学出版社,2012.

[13] 腾宝红.仓库管理实操从入门到精通[M].北京:人民邮电出版社,2019.

[14] 中国仓储协会.仓储管理员[M].北京:北京师范大学出版社,2011.

[15] 王兴伟.配送管理实务[M].上海:华东师范大学出版社,2014.

[16] 王晓阔.配送管理[M].北京:机械工业出版社,2012.

[17] 沈文天.配送作业管理[M].北京:高等教育出版社,2012.

[18] 卢改红.配送管理实务[M].北京:北京师范大学出版社,2013.

[19] 宋文官.物流基础[M].北京:高等教育出版社,2012.

[20] 李瑞鹏.基于无线射频识别技术的仓储管理系统设计与实现[D].长沙:湖南大学,2016.

[21] 傅莉萍.物流管理信息系统[M].北京:机械工业出版社,2010.

[22] 刘士全.我国仓储管理系统的发展趋势[J].学理论,2009(22).

[23] 罗俊贤.现代仓储物流设备新技术发展的必然性[J].科技风,2018(20).

[24] 韩军.探析现代物流仓储设备新技术的应用发展方向[J].魅力中国,2018(12).

[25]王云龙.现代物流仓储设备行业新技术发展的新动向探析[J].信息与电脑,2017(5).

[26]张忆冬.试论仓储管理系统的应用与发展[J].中国经贸,2018(3).

[27]张凯,张志建.解读现代仓储物流设备行业新技术发展的新动向[J].货物与质量,2018(3).

后 记

随着社会经济的发展与技术的进步,人们对物流的认识也在逐步地改变。现代物流是企业降低成本、提高效益的重要途径,是企业的第三利润源泉,受到企业及政府部门的重视,在一定程度上得到国家相应的政策支持。我国物流业正面临着前所未有的机遇。

本书本着"必需、够用"的原则进行编排,结合现代高职高专物流人才教育的现状,以培养具有较扎实的理论知识基础且具有较强动手能力的仓储作业管理高端技能型人才为目标,贯彻"校企融合、工学结合"的人才培养理念,融合教育部物流管理"1+X"证书制度试点对教学改革的思考。本书依据项目教学理念,将仓储管理实务分为七个项目,在基础知识和基本作业要素学习的基础上,以仓储作业环节(流程)为主线进行编排,每章节以情境案例作为导入,选取先进行业企业的现代化作业成果,兼顾不同层次企业的现状,提取作业相同点,充分考虑全国职业院校技能大赛(高职组)和安徽省职业院校技能大赛(高职组)的成果,将知识学习和技能提升紧密结合。

本书由王兴伟、王凯担任主编,齐晗、梁艳明、周爽担任副主编,王凯、曹宝亚、梁艳明、周爽、齐晗、刘雪梅、李逸群等参与编写。王凯负责整本书的结构、策划及统稿工作。

本书在编写过程中,参考并借鉴了国内外一些学者的著作及研究成果,主要参考文献列于书后,在此谨向这些作者表示衷心的感谢!

由于编者本身的水平有限,书中难免存在不足之处,衷心希望各位读者批评指正。

编 者

2022 年 7 月